“十四五”普通高等教育规划教材

国家一流专业——会计学专业系列教材

房地产开发企业会计

弓锋伟　刘总理　主　编

中国财经出版传媒集团

中国财政经济出版社

图书在版编目（CIP）数据

房地产开发企业会计／弓锋伟，刘总理主编．--北京：中国财政经济出版社，2021.10
“十四五”普通高等教育规划教材　国家级一流专业课程教材
ISBN 978-7-5223-0740-4

Ⅰ.①房…　Ⅱ.①弓…　Ⅲ.①房地产企业-会计-高等学校-教材　Ⅳ.①F293.33

中国版本图书馆 CIP 数据核字（2021）第 170729 号

责任编辑：蔡　宾　　　　责任校对：胡永立
封面设计：陈宇琰

房地产开发企业会计
FANGDICHAN KAIFA QIYE KUAIJI

中国财政经济出版社 出版
URL：http：//www. cfeph. cn
E-mail：cfeph@ cfeph. cn

社址：北京市海淀区阜成路甲 28 号　邮政编码：100142
营销中心电话：010-88191522　编辑中心电话：010-88190666
天猫网店：中国财政经济出版社旗舰店
网址：https：//zgczjjcbs. tmall. com
北京密兴印刷有限公司印刷　各地新华书店经销
成品尺寸：185mm×260mm　16 开　13.25 印张　319 000 字
2022 年 3 月第 1 版　2022 年 3 月北京第 1 次印刷
定价：39.00 元
ISBN 978-7-5223-0740-4
（图书出现印装问题，本社负责调换，电话：010-88190548）
本社质量投诉电话：010-88190744
打击盗版举报热线：010-88191661　QQ：2242791300

编 委 会

总　序

西安财经大学会计学专业创建于1952年，在70年的发展历程中，伴随着学校的不断发展与几代会计人孜孜不倦的努力，目前，该专业已建设成为国家“一流专业”建设点。我们的专业教学队伍是由具有丰富实践经验和专业知识背景的中青年人才组成的，团队以“重品德、重基础、重实践、重规范、重人文”为教学理念，不断开拓进取，根据学校定位和学生特点，结合团队丰富的教学经验，自编专业教材，形成了自己的教学特色，为国家，特别是为西部地区建设培养了大批急需的应用型会计人才，形成了独具特色的会计学专业人才培养模式，得到了用人单位与会计教育界的认可和肯定。

进入21世纪以来，我校会计学专业秉承“为党育人、为国育才”的教学理念，按照“重品德、宽口径、厚基础、强能力、高素质”的人才培养要求和培养“信得过、用得上、干得好”且具有创新精神的高级应用型会计人才的特色定位，大力进行教学改革，努力提高教学质量，取得了一系列优秀的教学成果。2008年，会计学专业被立项为“省级特色专业建设点”；2010年，被立项为“国家级特色专业建设点”；2020年，被立项为“国家一流专业建设点”。会计学专业教学质量的提升，极大地提高了学校的知名度，对学生和就业单位的吸引力进一步增强，会计学专业的毕业生就业率一直稳居各相关专业前列。

教材是体现教学内容和课程体系的知识载体，是教师教学和学生学习的主要媒介，是教师进行教学，做好教书育人工作的具体依据，是学生获得系统知识、发展智力、提高思想品德觉悟的重要工具。为了系统总结西安财经大学会计学专业多年来的教学改革成果，整合会计学专业已有的教材资源，体现会计学专业最新的教学理念和学校特色，依托国家级和省级教学改革与质量工程项目，建设好“国家一流专业”，学校特组织编写了“国家一流专业——会计学专业系列教材”。

本系列教材主要包括：《会计学基础》《中级财务会计》《高级财务会计》《成本会计》《管理会计》《财务管理》《审计学》《财务报表分析》《纳税会计》《房地产开发企业会计》《会计信息系统实验教程》《计算机财务管理》《财经法规与会计职业道德》《管理会计案例》《审计案例分析》《政府与非营利组织会计》等。本系列教材的特点是重点突出、难点易化；重视系统性、讲求实用性、避免重复性；强调系统化、规范化，有助于对教材讲解的理解和掌握，并便于学生自习、复习和进行作业。以达到学者能提高学习效率、教者能提高教学质量的目的。

需要说明的是，本系列教材既是西安财经大学会计学专业、财务管理专业教学改革成果的系统总结，反映了前辈们的探索和当今会计学人的研究成果；也是会计“国家一流专业”和财务管理陕西省“一流专业”的重要建设项目。同时本系列教材还受到学校相关部门及其他院校同行教师的关心和支持，在此一并表示谢意。希望我们的共同努力能够为我国的会计教育和人才培养做出更多的有益贡献。

期望读者和同行对本系列教材提出宝贵意见和建议。

编委会

2021 年 10 月

前　言

为了适应房地产开发企业会计核算与管理的要求，提高房地产开发企业的整体管理水平，我们组织编写了《房地产开发企业会计》一书。本书以财政部颁发的具体会计准则、企业会计制度为依据，结合我国房地产开发企业的实际，系统阐述了房地产开发企业的基本理论、基本方法和基本实务操作技能，对房地产开发企业的货币资金、应收及预付款项、存货、对外投资、固定资产、无形资产和其他资产、投资性房地产、负债、所有者权益、开发产品成本，以及收入、费用和利润的核算作了详尽的介绍，并翔实说明了各章内容应把握的重点。

随着我国财税体制改革中营业税改增值税的全面推开，房地产业所涉税种由原来的营业税改为增值税。本书在编写过程中力求将最新的会计、税收政策法规融入本书的内容中，同时既注意学科完整性，又保证重点突出。本书的内容包括房地产开发企业所有的资产项目、负债项目及所有者权益项目，有些章节与其他行业会计具有较多的共同性，我们将内容适当简化，主要是为了避免教学内容的简单重复。另外，这样考虑主要还是为了保持学科的完整性，以便教材使用者在学习了有关内容之后，能够系统地掌握房地产开发企业的会计核算理论和方法体系。对于那些能够体现房地产开发企业会计业务特点的章节，例如开发产品成本、应交土地增值税和收入等，我们作为重点章节处理，内容尽量详尽，力求突出房地产开发企业会计的特色。

本教材每一章都以短小的、带有启发性的案例导入，以便引起学生的学习兴趣；每一章都指出关键概念，便于学生准确理解相关基础知识；章后配有基础训练测试，旨在强化学生对关键问题的理解；配有思考题和练习题，以便学生学以致用。另外，为教师开展教学提供全方位、一体化的服务，本教材配有PPT等相关教学资源。

本书是中国财政经济出版社组织出版的会计学专业规划教材之一，由西安财经大学弓锋伟任主编，负责全书的总纂和统稿。本书第一章、第二章由西安财经大学张强编写；第三章、第四章由西安财经大学弓锋伟编写；第五章由西安财经大学余秀丽编写；第六章由西安财经大学罗云庵编写；第八章由西安财经大学弓锋伟、刘总理编写；第七章、第九章、第十章由西安财经大学许宁宁编写。

本书在编写的过程中，参考了一些专家、学者的有关论著及同类教材的成功经验，在此谨向他们致以诚挚的谢意！

由于我们理论水平和实际经验有限，书中疏漏、不足及错误之处在所难免，恳求各位同行专家学者不吝赐教，以便我们不断提高和完善。

编 者

2021 年 7 月

目　　录

第一章　总论

学习目标

知识目标：通过本章的学习，要求掌握房地产开发企业的概念、特点、分类；重点掌握房地产开发企业的会计科目和账簿的设置。

能力目标：能够熟练掌握房地产开发企业的基础性知识，为以后各章的学习打好基础。

教学建议

本章主要为基础性、概念性的知识，建议运用启发式的教学方法，尽量从学生熟悉的生活中入手，充分利用相对真实、接地气的例子讲解基础知识点，扩展学生的知识面与思维方式，使学生可以深入理解相关概念。

本章导读

从1998年住房市场化改革以来，我国房地产市场发展已历时20余年。房地产市场发展改善了居民住房条件，加了快城镇化进程，促进了经济增长。同时，经济过度房地产化也导致了诸多问题，引起了社会各界的热议和关注。在当前外部贸易保护主义盛行、国内经济下行压力加大的内外部环境下，迫切需要超越稳增长与控房价的狭隘争论，加快构建房地产市场平稳健康发展长效机制，以不断满足、持续改善人民群众对于美好生活的向往和需求，实现“居者有其屋”。

从以上资料来看，房地产开发企业的发展前景是巨大的，但是相对于一般工业生产性企业的生产与销售同步进行而言，房地产开发企业成产周期较长而销售集中，因此，房地产开发企业会计是一门独具特色的专业会计，需要我们与一般企业会计区分开来，掌握其特点，将理论与知识融会贯通，才能达到最好的学习效果。

资料来源：中国民生银行研究院《民银智库专题报告》2019年第21期。

第一节　房地产开发企业概述

一、房地产开发企业的经营范围

房地产开发企业是随着我国城乡建设的发展，住宅商品化的推行，以及城市土地使用制度的改革而逐渐形成的一个新兴行业。近些年来，我国的房地产业进入了一个前所未有的发展高潮，房地产业已经成为我国国民经济发展的一个重要支柱产业。

本书指的房地产开发企业，是指按照城市房地产管理法的规定，是以营利为目的，从事房地产开发、经营、管理的具有法人资格，实行独立核算、自负盈亏的企业。

房地产开发企业的开发经营对象是房地产。房地产是房产和地产及其权属的统称。其中：房产是指各种房屋财产，包括住宅、厂房、商铺、以及文教、体育、办公用房等；地产是指土地财产，在我国，土地归国家和集体所有，企业只能取得土地使用权，所以企业的地产指的是对土地的使用权以及地下各种基础设施，如供水、供电、供气、供热、排水、排污等地下管线及地面道路等。

房地产开发企业的主要经营业务范围包括：

（一）土地开发和建设

土地是房地产开发的前提条件。土地开发和建设是指对征用或受让的土地进行平整、建筑物的拆除、地下管线的铺设和道路、基础设施的建设等。

（二）房屋、建筑物的开发建设和经营

房屋建筑物的开发建设是指在已开发完工的土地上进行的房屋和建筑物的建设。其工作内容主要包括：可行性研究、规划设计、工程施工、竣工验收、交付使用等。

房地产开发企业对已开发完成的房屋，按用途可分为商品房、出租房、周转房和代建房等。

房地产的经营从狭义上讲是指对已建成的房地产进行出售、租赁和抵押。目前，我国房地产经营主要是指房地产的出售和房地产的租赁业务。

（三）配套设施开发和建设

配套设施的开发和建设是指根据城市建设总体规划开发建设的大配套设施项目，包括：开发小区内公共配套设施，如商店、银行、邮局以及幼儿园、中小学、医院等。

（四）代建工程开发和建设

代建工程是指房地产开发企业接受当地政府和其他单位的委托，代为开发的各种工程项目，包括土地开发工程、房屋建设工程、道路铺设工程，供热、供气、供水管道及其他公用的设施等。

（五）物业管理和服务

有些房地产企业还从事物业经营。房地产物业的经营管理是指对出售或租赁后的房地产所进行的管理和各种服务，包括房屋和基础设施的维修与保养、房屋的装饰与装潢，住宅小

区的清洁与绿化及治安和通信的管理和服务等。

二、房地产开发企业的经营特点

房地产开发企业的生产经营与施工企业不同。其经营特点主要有以下几点：

（一）开发经营的计划性

企业征用的土地、建设的房屋、基础设施以及其他设施都应严格控制在国家计划范围之内，按照规划、征地、设计、施工、配套、管理“六统一”原则和企业的建设计划、销售计划进行开发经营。

（二）开发产品的商品性

房地产开发企业的产品全部都作为商品进入市场，按照供需双方合同协议规定的价格或市场价格作价转让或销售。

（三）开发经营业务的复杂性

1. 经营业务内容复杂。企业除了土地和房屋开发外，还要建设相应的基础设施和公共配套设施。经营业务囊括了从征地、拆迁、勘察、设计、施工、销售到售后服务全过程。

2. 涉及面广，经济往来对象多。企业不仅因购销关系与设备、材料物资供应单位等发生经济往来，而且因工程的发包和招标与勘察设计单位、施工单位发生经济往来，还会因受托代建开发产品、出租开发产品等与委托单位和承租单位发生经济往来。

（四）开发建设周期长，投资数额大

开发产品要从规划设计开始，经过可行性研究、征地拆迁、安置补偿、七通一平、建筑安装、配套工程、绿化环卫工程等几个开发阶段，少则一年，多则数年才能全部完成。另外，上述每一个开发阶段都需要投入大量资金，加上开发产品本身的造价很高，需要不断地投入大量的资金。

（五）经营风险大

开发产品单位价值高，建设周期长、负债经营程度高、不确定因素多，一旦决策失误，销路不畅，将造成大量开发产品积压，使企业资金周转不灵，导致企业陷入困境。

三、我国房地产企业类型

（一）从所有权的角度划分

在多种经济成分并存的条件下，我国现阶段房地产企业的性质划分为全民所有制企业、集体所有制企业、股份制企业、股份合作制企业、私营企业、外资企业等。

1. 全民所有制企业。全民所有制企业是指依法自主经营、自负盈亏、独立核算的生产和经营单位。企业的财产属于全民所有，国家依照所有权和经营权分离的原则授予企业经营管理权。企业对国家授予其经营管理的财产承担民事责任。目前，这种类型的房地产企业在我国占有相当大的比重。

2. 集体所有制企业。集体所有制企业是资产属于劳动群众集体所有、实行共同劳动，在分配方式上以按劳分配为主体的社会主义经济组织。

3. 股份制企业。股份制企业又称股份有限公司，它的全部资本分为等额股份，采取发

起设立和募集设立的方式筹集资本金。出资者通过投资取得相应的股份，成为公司股东，按所持股份享有权利并承担有限责任。它属于混合所有制性质。

4. 股份合作制企业。股份合作制企业，是指以企业职工出资为主或者全部由企业职工出资构成企业法人财产，是合作劳动、民主管理、按劳分配和按股分红相结合的企业法人，其性质是劳动者的劳动联合和劳动者的资本联合相结合的集体经济。

5. 私营企业。私营企业是指企业资产属于私人所有，雇用8人及以上的营利性经济组织（1988年6月颁布的《中华人民共和国私营企业暂行条例》）。私营企业可以分为独资企业、合伙企业和有限责任公司三种。

6. 外资企业。外资企业包括中外合资经营企业、中外合作经营企业和外商独资企业（简称“三资”企业）。中外合资经营企业是指我国的公司、企业或其他经济组织与外国的公司、企业或其他经济组织及个人按照中外合资经营企业法的规定，在我国境内共同投资、共同经营，并按投资比例分享利润、分担风险及亏损的企业。中外合作经营企业是指我国企业、其他经济组织与外国企业、其他经济组织或个人根据有关法律在我国境内设立的，依照合同联合经营的企业。外商独资企业是指依照外资企业法在我国境内设立的，全部资本为外国投资者所投入的企业。

改革开放以来，我国确定以公有制为主体、多种经济成分共同发展的方针。房地产经济同样出现了公有制实现形式多样化和多种经济成分共同发展的局面。2003年10月党的十六届三中全会发布了《中共中央关于完善社会主义市场经济体制若干问题的决定》，指出：“要适应经济市场化不断发展的趋势，进一步增强公有制经济的活力，大力发展国有资本、集体资本和非公有资本参股的混合所有制经济，实现投资主体多元化，使股份制成为公有制的主要实现形式。”为贯彻决定精神，房地产行业作为竞争性行业，独资的国有企业要逐步转制，大量改制为混合所有制的股份制企业，同时还要大力发展民营经济，使混合所有制成为公有制的主要实现形式。现有国有房地产企业，要按照建立现代企业制度的要求，深化改革，实行公司制改造，资产重组，加强科学管理，提高资本运作效率，特别是要提高集中度，发展具有国际竞争力的大公司和大企业集团。

（二）从经营内容和经营方式的角度划分

房地产企业主要可以划分为房地产开发企业、房地产中介服务企业和物业管理企业等。

1. 房地产开发企业是以营利为目的，从事房地产开发和经营的企业。主要业务范围包括城镇土地开发、房屋营造、基础设施建设，以及房地产营销等经营活动。这类企业又称为房地产开发经营企业。

2. 房地产中介服务企业包括房地产咨询企业、房地产价格评估企业、房地产经纪企业等。

3. 物业管理企业指以住宅小区、商业楼宇等大型物业管理为核心的经营服务型企业。这类企业的业务范围包括售后或租赁物业的维修保养、住宅小区的清洁绿化、治安保卫、房屋租赁、居室装修、商业服务、搬家服务，以及其他经营服务等。

（三）从经营范围的广度划分

房地产企业可以划分为房地产综合企业、房地产专营企业和房地产项目企业。

1. 房地产综合企业是指综合从事房地产开发、经营、管理和服务的企业。

2. 房地产专营企业是指长期专门从事如房地产开发、租售、中介服务，以及物业管理等某一方面经营业务的企业。

3. 房地产项目企业是指针对某一特定房地产开发项目而设立的企业。许多合资经营和合作经营的房地产开发公司即属于这种类型。项目企业是在项目可行并确立的基础上设立的，其生命期从项目开始，当项目结束时企业终了，这种组织形式便于进行经营核算，是房地产开发企业常用的一种形式。

第二节 房地产开发企业的会计科目和账簿设置

一、房地产开发企业会计核算对象

房地产开发企业会计核算的对象是房地产企业从事房地产开发建设、出售等经营过程中的资金运动。这些资金运动具体表现为六大会计要素：即资产、负债、所有者权益、收入、费用和利润。房地产企业的会计核算，就是对上述六大会计要素的增减变动进行监督、核算和反映。

二、房地产开发企业会计核算的会计科目和账簿设置

（一）房地产开发企业会计科目的设置

为了对房地产企业的经营活动进行会计核算，必须要设置相应的会计科目。并且要根据设置的会计科目在账簿中开设账户。

会计科目是对各大会计要素所做的进一步分类。为了会计核算的需要，将每一会计要素又划分为若干具体项目，每一个项目就是一个会计科目。

房地产开发企业根据《企业会计准则应用指南》的统一规定，并根据房地产企业会计核算的特点，应设置如下会计科目，如表1－1所示。

表1－1　房地产开发企业会计科目表

顺序号	编号	科目名称
		一、资产类
1	1001	库存现金
2	1002	银行存款
3	1012	其他货币资金
4	1101	交易性金融资产
5	1121	应收票据
6	1122	应收账款
7	1123	预付账款
8	1131	应收股利
9	1132	应收利息
10	1221	其他应收款

续表

顺序号	编号	科目名称
11	1231	坏账准备
12	1401	材料采购
13	1402	在途物资
14	1403	原材料
15	1404	材料成本差异
16	1405	开发产品
17	1406	发出商品
18	1408	委托加工物资
19	1411	周转材料
20	1412	周转房
21	1461	融资租入资产
22	1471	存货跌价准备
23	1501	持有至到期投资
24	1502	持有至到期投资减值准备
25	1503	可供出售金融资产
26	1511	长期股权投资
27	1512	长期股权投资减值准备
28	1521	投资性房地产
29	1522	投资性房地产累计折旧（累计摊销）
30	1531	长期应收款
31	1601	固定资产
32	1602	累计折旧
33	1603	固定资产减值准备
34	1604	在建工程
35	1605	工程物资
36	1606	固定资产清理
37	1701	无形资产
38	1702	累计摊销
39	1703	无形资产减值准备
40	1711	商誉
41	1801	长期待摊费用
42	1811	递延所得税资产
43	1901	待处理财产损溢
		二、负债类
44	2001	短期借款
45	2101	交易性金融负债
46	2201	应付票据
47	2202	应付账款

续表

顺序号	编号	科目名称
48	2203	预收账款
49	2211	应付职工薪酬
50	2221	应交税费
51	2231	应付利息
52	2232	应付股利
53	2251	其他应付款
54	2401	递延收益
55	2501	长期借款
56	2502	应付债券
57	2701	长期应付款
58	2801	预计负债
59	2901	递延所得税负债
		三、所有者权益类
60	4001	实收资本
61	4002	资本公积
62	4101	盈余公积
63	4103	本年利润
64	4104	利润分配
		四、成本类
65	5001	开发成本
66	5101	开发间接费用
67	5301	研发支出
		五、损益类
68	6001	主营业务收入
69	6051	其他业务收入
70	6101	公允价值变动损益
71	6111	投资收益
72	6301	营业外收入
73	6401	主营业务成本
74	6402	其他业务成本
75	6403	营业税金及附加
76	6601	销售费用
77	6602	管理费用
78	6603	财务费用
79	6701	资产减值损失
80	6711	营业外支出
81	6801	所得税费用
82	6901	以前年度损益调整

表1－1列示的82个会计科目就是房地产开发企业所使用的会计科目。其中绝大部分都是各类企业通用的会计科目，只有个别科目属于房地产业专用的会计科目。表中所列示的会计科目中，有些会计科目一般企业可能不需要，如“应付债券”科目，只有发行债券的企业才使用，还如“持有至到期投资”科目，只有购买了长期债券，才能使用本科目。企业如果没有相关的业务，就不必要设置相关的科目。

总的来说，房地产开发企业会计科目分为五大类：

第一类是资产类科目，本类科目用来核算和反映企业各类不同的资产增减变化情况，其中包括了流动资产和各项长期资产。在资产类科目中，“开发产品”“周转房”，这两个科目是房地产开发企业特设置的科目。其他科目是属于各类企业通用的科目。

第二类科目是负债类科目，本类科目用来核算和反映企业各类不同的负债增减变化情况，其中包括了各项流动负债和各项长期负债。负债类科目都是各类企业通用的会计科目。

第三类是所有者权益类科目，是用来核算各项所有者权益增减变化的科目。这些科目也是各类企业通用的科目。

第四类是成本类科目，这类科目有三个，即：“开发成本”“开发间接费用”和“研发支出”。其中前两个科目是房地产开发企业特有的科目，是用于进行房地产企业成本核算的科目。如果房地产企业本身也有施工队伍，有施工业务，那么还需要在成本类科目中增设“工程施工”和“施工间接费用”“工程结算”“机械作业”等科目。

第五类科目是损益类科目。损益类科目是用于计算企业损益的科目。损益类科目在会计期末都要转入本年利润账户，不留余额。这些科目也是各类企业通用的会计科目。

在使用会计科目时需要注意：必须要按统一规定的会计科目编号，不要随意打乱和重编。以便于查阅账目和实行会计电算化。上述会计科目表在许多科目之间都留有空号，这是供增设会计科目使用的。比如表中第20行次资产类科目中的“周转房”科目，国家统一科目表中没有设置此科目，是房地产开发企业增设的会计科目，可按顺序，在所留的空号中将本科目编号为“1412”号。

还需要说明，许多会计科目需要设置明细科目，以便设置明细账，更明细地反映有关会计信息。如房地产开发企业在“原材料”总账科目下可设置“设备”“钢材”“水泥”等二级科目，以对库存的各种不同的建筑材料和设备分别进行核算和反映。在二级科目下，还可以按钢材的品种，设备的种类设置三级科目核算，如在“原材料—设备”二级科目下还应设置“照明设备”“安全监控设备”等三级科目，以更详细反映各种不同设备和各种不同钢材的情况。

（二）房地产开发企业的账簿设置

为了全面系统地进行会计核算，房地产开发企业必须设置以下三类账簿。

1. 总分类账（也称“总账”）。总分类账是按总账科目（一级科目）开设账户，以提供企业总括的会计信息。根据需要，总分类账通常要开设30～50个账户，分类反映会计信息。

总分类账必须采用订本式账簿，其账页格式为三栏式，即金额的部分分为“借方”“贷方”和“余额”三个栏目。

具体账页格式，如表1－2所示。

表 1－2　　　　　　　　　　　　　　总分类账

账户名称：××××

年		凭证		摘要	借方	贷方	借或贷	余额
月	日	字	号					

2. 日记账。日记账是按经济业务发生的先后顺序，逐日逐笔进行记录的一种账簿。房地产开发企业至少要设置两本日记账。即“现金日记账”和“银行存款日记账”。

“现金日记账”和“银行存款日记账”也必须采用订本式账簿，其账页格式也是三栏式，与总分类账的账页格式是相同的。

3. 明细账。明细账是对某些总账科目的数据进一步明细记录和反映的账簿。对大部分总账科目都需要设置明细账。明细账要按明细科目开设账户。以反映更详细的会计数据。

如：对“应收账款”除需要在总账中开设账户外，还要专门设一本“应收账款明细账”。账内按应收账款的对方单位开设明细账户。以反映应收账款的明细情况。

又如，对“原材料”总账账户也要设一本“原材料明细账”，账内按材料的名称或类别开设账户，以分别记录和反映库存的各种不同材料和设备的收发和结存情况。

房地产开发企业，至少要设置二三十本明细账，以对总账科目的内容进行更详细的记录和反映。

明细账一般采用活页式账簿，但要注意，不同的明细账其账页格式的要求是不同的。只反映金额的明细账可以采用三栏式，与总分类账的格式相同；反映存货的明细账一般需要数量金额式；反映开发成本和各项费用的明细账需要多栏式，以便于对各不同的成本、费用项目分别进行记录和反映。

数量金额式明细账和多栏式明细账如表 1－3、表 1－4、表 1－5 所示。

表 1－3　　　　　　　　　　　　　　原材料明细账

材料名称：　　　　　　　　　　编号：　　　　　　　　　　类别：

金额计量单位：元　　　　　　　　　　　　　　　　数量计量单位：千克

年		凭证号	摘要	收入			发出			结存		
月	日			数量	单价	金额	数量	单价	金额	数量	单价	金额

表 1－3 的明细账属于“数量金额式明细账”。数量金额式明细账既要反映金额，同时也要反映数量和单价。

表 1-4　　**房屋开发成本明细账**

开发项目：××公寓　　单位：元

年		凭证号	摘要	借方金额	贷方金额	借方余额	借方明细项目					
月	日						土地征用及拆迁补偿费	前期工程费	基础设施费	建筑安装工程费	公共配套设施费	开发间接费用

表 1-5　　**开发间接费用明细账**

单位：甲开发现场　　单位：元

年		凭证号	摘要	借方金额	贷方金额	借方余额	借方明细项目						
月	日						人工费	折旧费	办公费	水电费	劳保费	周转房摊销	其他

（上述表 1-4、表 1-5 的明细账属于“多栏式明细账”）

以上介绍了各种明细账簿的账页格式，为了搞好房地产开发企业的会计核算，提供企业内部和外部所需要的会计信息，企业在建立总账和日记账以外，一定要根据需要选好各种明细账页，建好各种明细账。

本章小结

本章主要对房地产开发企业的基本概念、经营范围、经营特点以及我国的房地产企业类型进行了概括性的介绍；并且以房地产开发企业作为案例，概述了该企业的会计科目与账簿设置，同时由于所处行业的特殊性，指出了房地产开发企业在会计科目、账簿的设置上与一般企业存在的差别，并给出具体操作方面的注意事项。

一、关键术语

房地产开发企业（real estate development enterprise）

房地产开发企业会计科目（accounts of real estate development enterprises）

二、思考题

1. 简述房地产开发企业的概念及其特点。
2. 简述房地产开发企业的类型。
3. 房地产开发企业需要设置哪些账簿？

三、基础训练测试

（一）单项选择题

1. 下列属于顺达房地产开发企业特有的存货项目是（　　）。

A. 低值易耗品　　B. 开发产品

C. 库存商品　　D. 原材料

2. 管理费用属于属于顺达房地产开发企业会计科目中的（　　）科目。

A. 资产类会计科目　　B. 负债类会计科目

C. 损益类会计科目　　D. 成本类会计科目

3. 周转房应交税费属于顺达房地产开发企业会计科目中的（　　）。

A. 资产类会计科目　　B. 负债类会计科目

C. 损益类会计科目　　D. 成本类会计科目

4. 顺达房地产开发企业销售房地产时，计算的营业税在进行会计处理时其借记会计科目为（　　）。

A. 主营业务税金及附加　　B. 营业税金及附加

C. 其他业务成本　　D. 营业外支出

（二）多项选择题

1. 顺达房地产开发商财务部门在会计科目中设置的负债类科目，应包括以下（　　）。

A. 应收票据　　B. 应付票据

C. 应付账款　　D. 应收账款

2. 下列关于顺达房地产开发企业相关资产的处理中，正确的有（　　）。

A. 房地产开发企业持有的商品房属于存货

B. 房地产开发企业持有的准备近期出售的土地使用权属于存货

C. 房地产开发企业持有的准备近期出租的土地使用权属于存货

D. 房地产开发企业持有的自营的商场属于存货

（三）综合分析题

顺达房地产开发企业执行的会计制度是什么？顺达房地产公司的存货包括什么内容？其开发成本包括的项目有哪些？

第二章　货币资金

学习目标

知识目标：通过本章的学习，需要了解房地产开发企业库存现金相关规定；掌握房地产开发企业其他货币资金的核算；重点掌握库存现金的会计核算方法、银行存款的核算方法。

能力目标：能充分理解房地产开发企业货币资金的管理规定和会计核算方法；能够正确编制日记账及银行存款余额调节表；能够根据房地产开发企业实际情况正确处理货币资金的业务；通过掌握本章知识点为以后章节的学习打下基础。

教学建议

理论联系实际，充分利用 PPT 多媒体课件等教学手段，通过视频教学展示一些会计工作必要的手续过程，结合案例讨论及模拟会计岗位等方式，使学生更直观更深刻的理解并运用所学知识，全面提高学生的综合素质和能力。

本章导读

货币资金管理的重要性——“都是钱惹的祸”

王青是山东蓝天投资公司的一名出纳，丈夫是一家国有企业的技术工人，有一个活泼可爱的小男孩。在一次同学聚会中，王青听说同学李小虎通过“炒股”赚了 100 多万元。羡慕之余，王青也想试着炒点股票。可资金哪里来呢？在同学们的提醒下，她知道自己手中的权力——管钱。王青动摇了，第二天，利用工作之便，挪用了 50 万元资金投进了股市。由于她所在的单位会计管理制度缺陷，钱账由她一人兼管，她的非法行为未被及时发现并制止，于是她一发不可收拾，越陷越深。短短 5 年时间，王青利用提取现金不记账、涂改原始单据等手段累计挪用资金 249.796 万元，非法获利 97.68 万元。

一失足成千古恨。等待王青的是追缴其全部非法所得和剥夺其 6 年的人身自由。

资料来源：孟凡利《会计职业道德简明读本》。

货币资金的核算是所有企业会计核算普遍存在的业务。货币资金是企业经营的起点。没有货币资金，企业就无法开展经营。这里所说的货币资金是企业在开发经营过程中处于货币形态的那部分资金，具体包括了三个部分：库存现金、银行存款和其他货币资金。

第一节　库存现金的核算

一、库存现金的管理

库存现金是指存放在企业的库存现金。包括库存的人民币和外币。库存现金的管理主要包括现金的使用范围，现金的库存限额和现金的内部控制制度等。

（一）现金的使用范围

1. 职工工资、津贴。这里所说的职工工资指企业、事业单位和机关、团体、部队支付给职工的工资和工资性津贴。

2. 个人劳务报酬。指由于个人向企业、事业单位和机关、团体、部队等提供劳务而由企业、事业单位和机关、团体、部队等向个人支付的劳务报酬，包括新闻出版单位支付给作者的稿费，各种学校、培训机构支付给外聘教师的讲课费，以及设计费、装潢费、安装费、制图费、化验费、测试费、咨询费、医疗费、技术服务费、介绍服务费、经纪服务费、服务费，各种演出与表演费，以及其他劳务费用。

3. 根据国家制度条例的规定，颁发给个人的科学技术、文化艺术、体育等方面的各种奖金。

4. 各种劳保、福利费用以及国家规定的对个人的其他支出。如退休金、抚恤金、学生助学金、职工困难生活补助。

5. 收购单位向个人收购农副产品和其他物资的价款。如金银，工艺品，废旧物资的价款。

6. 出差人员必须随身携带的差旅费。

7. 结算起点（1 000 元）以下的零星支出。超过结算起点的应实行银行转账结算，结算起点的调整由中国人民银行确定，报国务院备案。

8. 中国人民银行确定需要现金支付的其他支出。如采购地点不确定，交换不便，抢险救灾以及其他特殊情况，办理转账结算不够方便，必须使用现金的支出。对于这类支出，现金支取单位应向开户银行提出书面申请，由本单位财会部门负责人签字盖章，开户银行审查批准后予以支付现金。

除上述 5、6 两项外，其他各项在支付给个人的款项中，支付现金每人不得超过 1 000 元，超过限额的部分根据提款人的要求，在指定的银行转存为储蓄存款或以支票、银行本票予以支付。企业与其他单位的经济往来除规定的范围可以使用现金外，应通过开户银行进行转账结算。

（二）库存现金限额规定

各开户单位的库存现金都要核定限额。

1. 库存现金限额概念。库存现金限额是指国家规定由开户银行给各单位核定一个保留现金的最高额度。核定单位库存现金限额的原则是，既要保证日常零星现金支付的合理需要，又要尽量减少现金的使用。开户单位由于经济业务发展需要增加或减少库存现金限额，应按必要手续向开户银行提出申请。

2. 库存现金限额的核定管理。为了保证现金的安全，规范现金管理，同时又能保证开户单位的现金正常使用，按照《现金管理暂行条例》及实施细则规定，库存现金限额由开户银行和开户单位根据具体情况商定，凡在银行开户的单位，银行根据实际需要核定 3 ~ 5 天的日常零星开支数额作为该单位的库存现金限额。边远地区和交通不便地区的开户单位，其库存现金限额的核定天数可以适当放宽在 5 天以上，但最多不得超过 15 天的日常零星开支的需要量。

库存现金限额每年核定一次，经核定的库存现金限额，开户单位必须严格遵守。其核定具体程序为：

（1）开户单位与开户银行协商核定库存现金限额。

库存现金限额 = 每日零星支出额 × 核定天数

每日零星支出额 = 月（或季）平均现金支出额（不包括定期性的大额现金支出和不定期的大额现金支出）/月（或季）平均天数

（2）出开户单位填制“库存现金限额申请批准书”。

（3）开户单位将申请批准书报送单位主管部门，经主管部门签署意见，再报开户银行审查批准，开户单位凭开户银行批准的限额数作为库存现金限额。

3. 各单位实行收支两条线，不准“坐支”现金。所谓“坐支”现金是指企事业单位和机关、团体、部队从本单位的现金收入中直接用于现金支出。各单位现金收入应于当日送存银行，如当日确有困难，由开户单位确定送存时间，如遇特殊情况需要坐支现金，应该在现金日记账上如实反映坐支情况，并同时报告开户银行，便于银行对坐支金额进行监督和管理。

4. 企业送存现金和提取现金，必须注明送存现金的来源和支取的用途，且不得私设“小金库”。

5. 现金管理“八不准”。按照《现金管理暂行条例》及其实施细则规定，企事业单位和机关、团体、部队现金管理应遵循“八不准”即：

（1）不准用不符合财务制度的凭证顶替库存现金；

（2）不准单位之间互相借用现金；

（3）不准谎报用途套取现金；

（4）不准利用银行账户代其他单位和个人存入或支取现金；

（5）不准将单位收入的现金以个人名义存入储蓄；

（6）不准保留账外公款；

（7）不准发生变相货币；

（8）不准以任何票券代替人民币在市场上流通。

二、库存现金的总分类核算

库存现金的总分类核算是指库存现金在总账中的核算。库存现金的总分类核算是通过编制记账凭证进行的。

（一）库存现金的支出

库存现金的支出要根据原始凭证（如原始发票、借款单、工资结算单等）编制记账凭证，根据记账凭证登记总账。

【例2-1】2×20年3月1日，李明因出差到财务部门借款4 000元。

会计人员要根据经批准的借款单，编制以下记账凭证：

借：其他应收款——李明　　4 000

　　贷：库存现金　　4 000

然后根据上述记账凭证登记总账。

【例2-2】顺达房地产开发企业将库存现金5 000元存入银行。

对此项业务，应根据企业编制的并经银行盖章的“送款单”回单联，编制记账凭证如下：

借：银行存款　　5 000

　　贷：库存现金　　5 000

然后根据记账凭证登记现金和银行存款总账。

（二）现金的收入

【例2-3】顺达房地产开发企业为了零星开支，开出现金支票，从银行提取现金5 000元。

对此项业务应根据企业开出的现金支票存根这一原始凭证，编制记账凭证如下：

借：库存现金　　5 000

　　贷：银行存款　　5 000

然后根据上述记账凭证登记现金和银行存款总账。

【例2-4】顺达房地产开发企业销售零星材料取得现金1 000元。

根据销货发票的记账联，编制记账凭证如下：

借：库存现金　　1 000

　　贷：其他业务收入——销售材料收入　　1 000

然后根据记账凭证登记现金总账。

需要说明，顺达房地产开发企业由于行业的特殊性，在预售商品房或大面积拆迁安置时，会发生笔数既多、数额又大的现金收付业务，在这种情况下，为了保证现金安全和提高工作效率，建议请开户银行到现场办公，由开户银行直接办理款项收付。这样，企业可不通过库存现金科目，而直接通过银行存款科目核算。

三、库存现金的序时核算

库存现金的序时核算，就是在现金日记账中的核算。也就是由出纳人员登记现金日记账。在记账凭证核算形式下，现金日记账的登记与总账的登记是根据相同的记账凭证同时进行的。现金日记账是由出纳人员根据记账凭证，收一笔记一笔，支一笔记一笔，每天结出余额，每日终了，要将现金日记账的余额与库存现金数进行核对。

四、库存现金的清查

库存现金的清查是指对库存现金进行实地盘点，并将实存的库存现金数与现金日记账的余额数相核对，并对盘亏盘盈及时进行处理的一种方法。

库存现金的清查包括了出纳人员的自查和清查组所组织的清查两种情况。

现金清查中如果发现现金溢缺，应通过“待处理财产损溢——待处理流动资产损溢”账户核算，待查明原因经批准后再进行处理。

【例2-5】顺达房地产开发企业进行现金清查时发现盘盈库存现金2 000元。

会计处理如下：

盘盈时：

借：库存现金　　2 000

　　贷：待处理财产损溢——待处理流动资产损溢　　2 000

经查，盘盈的原因不明，经批准转入营业外收入：

借：待处理财产损溢——待处理流动资产损溢　　2 000

　　贷：营业外收入——库存现金盘盈收入　　2 000

【例2-6】顺达房地产开发企业现金清查中发现现金盘缺300元。

会计处理如下：

盘亏时：

借：待处理财产损溢——待处理流动资产损溢　　300

　　贷：库存现金　　300

经查，现金盘缺是由出纳人员失职造成，经批准由出纳人员赔偿：

借：其他应收款——××出纳员　　300

　　贷：待处理财产损溢——待处理流动资产损溢　　300

出纳人员用现金赔偿时：

借：库存现金　　300

　　贷：其他应收款——××出纳员　　300

第二节　银行存款的核算

一、银行存款的管理

银行存款是企业存放在银行的货币资金。凡独立核算的企业都必须在当地银行开设账户，企业除留存少量的现金以备零星支出外，其余货币资金都应存入银行。企业发生的各种大额的结算款项，都需要通过银行转账办理。

银行存款的管理主要包括企业不能出租、出借银行账户；企业不得签发空头票据和远期支票；企业要定期、不定期将银行存款日记账的余额与银行进行核对等。

二、银行存款的总分类核算

银行存款的总分类核算，就是银行存款在总账账户中的核算。银行存款的总分类核算是根据原始凭证，通过编制记账凭证进行的。

（一）银行存款收入的核算

房地产开发企业银行存款的收入主要是来自收取房地产的销售款、租金以及企业将库存多余的现金送存银行等。

【例 2 -7】2×20 年 3 月 1 日，顺达房地产开发企业将库存多余现金 10 000 元送存银行。

根据企业编制的经银行盖章的送款单回单联，编制记账凭证如下：

借：银行存款　　10 000

　　贷：库存现金　　10 000

【例 2 -8】2×20 年 3 月 1 日，顺达房地产开发企业收到银行收款通知，收到某客户购房款 80 000 元。

根据银行收款通知，编制记账凭证如下：

借：银行存款　　80 000

　　贷：主营业务收入——房屋销售收入　　80 000

（二）银行存款支出的核算

银行存款支出，包括的项目很多，如企业从银行提取现金，购入材料及设备，购建固定资产，开发土地支出，支付工程款、支付各项税金、支付水电费等。银行存款支出是通过编制记账凭证进行。

【例 2 -9】2×20 年 3 月 2 日，顺达房地产开发企业管理部门报销差旅费、办公用品费 8 000 元。通过开具现金支票支付。

根据原始发票和企业开出的现金支票存根，编制记账凭证如下：

借：管理费用　　8 000

　　贷：银行存款　　8 000

【例 2 -10】2×20 年 3 月 2 日，顺达房地产开发企业从银行提取现金 60 000 元，备发职工工资。

根据企业现金支票存根，编制记账凭证如下：

借：库存现金　　60 000

　　贷：银行存款　　60 000

三、银行存款的序时核算

银行存款的序时核算就是通过设置和登记“银行存款日记账”进行的核算。银行存款日记账由出纳人员根据记账凭证按业务发生的先后顺序，逐日逐笔进行登记的账簿。

银行存款日记账要每天结出余额，以随时反映银行存款的收支动态和结存的金额。

在记账凭证记账程序下，银行存款日记账是与总分类账根据相同的记账凭证，同时进行登记的。

根据上述【例 2 -7】到【例 2 -10】的银行存款收付业务，银行存款日记账的登记情况，如表 2 -1 所示。

表 2 -1　银行存款日记账　　单位：元

2×20 年		凭证	银行结算凭证		摘要	收入	支出	结存
月	日	号数	种类	号数				
3	1				月初结存			35 000
	1				现金送存	10 000		

续表

2×20年		凭证	银行结算凭证		摘要	收入	支出	结存
月	日	号数	种类	号数				
	1		银票	315	收售房款	80 000		
	1				本日合计	90 000		125 000
3	2		现支	913	支付管理费		8 000	
	2		现支	914	提取现金		60 000	
	2				本日合计		68 000	57 000

四、银行存款的清查

银行存款的清查就是要查明企业在银行存款的实存数，查清企业银行存款日记账的记录是否正确。

银行存款的清查是通过将企业银行存款日记账的记录与银行对账单相核对进行的。银行定期要为企业的银行存款编制“银行对账单”。企业收到“银行对账单”后，要将企业的银行存款日记账与“银行对账单”逐笔进行核对。

在会计实务中，企业的“银行存款日记账”余额，与“银行对账单”的余额经常出现不一致的情况。这种情况的发生，除了记账可能有错误以外，更主要的是由未达账项所造成。所谓未达账项，就是因为凭证传递的时间先后而造成的银行和企业之间一方已收到凭证登记入账，而另一方尚未接到凭证而没有入账的情况。

企业对银行存款的清查，首先要查明未达账项。

未达账项的存在通常有四种情况：

（1）企业送存银行的各种款项，企业已经入账，但银行由于未办完有关的手续而尚未入账。

（2）企业已开出支票等付款凭据，并已付款入账，而银行尚未收到凭证或未办完有关手续而尚未入账。

（3）企业委托银行代收的款项，银行已收到并已入账，但企业尚未收到银行的收款通知而尚未入账。

（4）银行为企业代付的款项，银行已付款入账，但企业尚未收到银行的付款通知而尚未入账。

由于上述未达账项的存在，就会造成企业的银行存款日记账与银行对账单的余额不一致。所以企业必须将未达账项进行调节，将调节后的银行存款日记账的余额与调节后的银行对账单的余额进行核对。如果双方记账无误，调节后的余额是应该相符的。

对未达账项的调节是通过编制银行存款余额调节表进行的。在银行存款余额调节表中，要把双方的未达账项补充登记齐全，然后计算出调节后的余额，再进行核对。

【例2-11】 顺达房地产开发企业2×20年12月31日银行存款日记账的账面余额为59 900元，银行对账单上的企业银行存款的余额是66 400元。经逐笔核对后发现有以下几笔未达账项。

（1）企业于月末将从其他企业收到的转账支票5 000元已送交银行，企业已入账，银行尚未入账。

(2) 企业于月末开出转账支票6 000元，企业已付款入账，但持票人尚未到银行办理转账，银行尚未入账。

(3) 企业委托银行代收出租房租金8 000元，银行已经收款入账，但企业尚未收到银行收款通知，尚未入账。

(4) 银行为企业代付水电费2 500元，企业尚未收到银行付款通知，尚未入账。

根据查明的上述未达账项，企业编制银行存款余额调节表，如表2-2所示。

表2-2　银行存款余额调节表

2×20年12月31日　单位：元

项目	金额	项目	金额
企业银行日记账余额	59 900	银行对账单余额	66 400
加：银行已收，企业未收 减：银行已付，企业未付	8 000 2 500	加：企业已收，银行未收 减：企业已付，银行未付	5 000 6 000
调节后的余额	65 400	调节后的余额	65 400

经过对上述未达账项的调节，调节后的银行日记账的余额与银行对账单的余额相等。如果调节后的余额相符，一般表明双方记账没有差错。如果调节后的余额仍不相等，就表明记账有差错，要进一步查明原因，进行更正。

需要说明，银行存款余额调节表，只是为了查清未达账项，从而查明银行存款的实际余额。它不是原始凭证，也不是记账凭证。不能根据它调整账面记录。对企业尚未记录的那些未达账项，只有等到有关银行结算凭证到达企业，才能据以进行账务处理。

第三节　其他货币资金核算

其他货币资金是指企业除现金、银行存款以外的其他各种货币资金。其他货币资金就其性质来看，同现金、银行存款一样，都属于货币资金，但是由于存放地点和用途不同于现金和银行存款，因此在会计上将它们分别进行核算。房地产开发企业的其他货币资金，包括外埠存款、银行汇票存款、银行本票存款、信用卡存款、信用证保证金存款、存出投资款等。企业对上列各种其他货币资金，应设置“其他货币资金”科目，并在其下设“外埠存款”“银行汇票”“银行本票”“信用卡”“信用证保证金”“存出投资款”等二级科目，再按外埠存款的开户银行、银行汇票或本票及信用证的收款单位等进行明细核算。有信用卡业务的企业应在“信用卡”二级科目下按开出信用卡的银行和信用卡种类设置明细账。

一、外埠存款的核算

外埠存款是指企业到外地进行临时或零星采购时，汇往采购地银行开立采购账户的款项。企业将款项委托当地银行汇往采购地开立专户时，记入“其他货币资金——外埠存款”科目的借方和“银行存款”科目的贷方：

借：其他货币资金——外埠存款　　×××

贷：银行存款 ×××

收到采购员交来供应单位发票账单等报销凭证时，记入“物资采购”或“库存材料”或“原材料”等科目的借方和“其他货币资金——外埠存款”科目的贷方：

借：物资采购或库存材料或原材料等 ×××

贷：其他货币资金——外埠存款 ×××

采购结束将多余的外埠存款转回当地银行时，根据银行的收账通知，记入“银行存款”科目的借方和“其他货币资金——外埠存款”科目的贷方：

借：银行存款 ×××

贷：其他货币资金——外埠存款 ×××

二、银行汇票结算的核算

银行汇票是汇款人将款项交给当地银行，由银行签发给汇款人持往异地办理转账结算或支取现金的票据。企业填送“银行汇票申请书”并将款项交存银行、取得银行汇票后，应根据银行盖章退回的申请书存根联，记入“其他货币资金——银行汇票”科目的借方和“银行存款”科目的贷方：

借：其他货币资金——银行汇票 ×××

贷：银行存款 ×××

企业使用银行汇票后，根据发票账单等有关凭证，记入“物资采购”或“库存材料”或“原材料”等科目的借方和“其他货币资金——银行汇票”科目的贷方：

借：物资采购或库存材料或原材料等 ×××

贷：其他货币资金——银行汇票 ×××

如有多余款或因汇票超过付款期等原因退回款项时，根据开户行转来的银行汇票多余款收账通知联，记入“银行存款”科目的借方和“其他货币资金——银行汇票”科目的贷方：

借：银行存款 ×××

贷：其他货币资金——银行汇票 ×××

三、银行本票结算的核算

银行本票是申请人将款项交给银行、由银行签发给凭以办理转账结算或支取现金的票据。企业向银行提交“银行本票申请书”并将款项交存银行、取得银行本票后，应根据银行盖章退回的申请书存根联，记入“其他货币资金——银行本票”科目的借方和“银行存款”科目的贷方：

借：其他货币资金——银行本票 ×××

贷：银行存款 ×××

企业使用银行本票后，根据发票账单等有关凭证，记入“物资采购”或“库存材料”或“原材料”等科目的借方和“其他货币资金——银行本票”科目的贷方：

借：物资采购或库存材料或原材料等 ×××

贷：其他货币资金——银行本票 ×××

因银行本票超过付款期等原因而要求退款时，应填制进账单连同本票一并送交银行，根据银行盖章退回的进账单第一联，记入“银行存款”科目的借方和“其他货币资金——银行本票”科目的贷方：

借：银行存款　　×××

　　贷：其他货币资金——银行本票　　×××

四、信用卡存款的核算

信用卡是申请人将款项交给发卡银行，由银行签发给凭以办理结算的账卡。企业按规定填制申请表，连同支票和有关资料一并送交发卡银行时，根据银行盖章退回的进账单第一联，记入“其他货币资金——信用卡”科目的借方和“银行存款”科目的贷方：

借：其他货币资金——信用卡　　×××

　　贷：银行存款　　×××

企业用信用卡购物或支付有关费用时，根据有关发票账单记入“管理费用”等科目的借方和“其他货币资金——信用卡”科目的贷方：

借：管理费用等　　×××

　　贷：其他货币资金——信用卡　　×××

企业信用卡在使用过程中向其账户续存资金时，记入“其他货币资金——信用卡”科目的借方和“银行存款”科目的贷方。

五、信用证保证金存款的核算

信用证保证金存款是指企业为取得信用证按规定存入银行的保证金。企业向银行申请开立信用证，应按规定向银行提交开证申请书、信用证申请人承诺书和购货合同。企业向银行交纳保证金时，根据银行退回的进账单第一联，记入“其他货币资金——信用证保证金”科目的借方和“银行存款”科目的贷方：

借：其他货币资金——信用证保证金　　×××

　　贷：银行存款　　×××

根据开证银行交来的信用证来单通知书及有关单据列明的金额，记入“物资采购”或“库存材料”或“原材料”等科目的借方和“其他货币资金——信用证保证金”科目的贷方：

借：物资采购或库存材料或原材料等　　×××

　　贷：其他货币资金——信用证保证金　　×××

六、存出投资款的核算

存出投资款是指企业已存入证券公司但尚未进行短期投资的款项。企业向证券公司划出资金时，应按实际划出的金额，记入“其他货币资金——存出投资款”科目的借方和“银行存款”科目的贷方：

借：其他货币资金——存出投资额　　×××

　　贷：银行存款　　×××

购买股票、债券、基金等时，按其实际发生的金额，记入“短期投资”科目的借方和“其他货币资金——存出投资款”科目的贷方：

借：短期投资　　×××

贷：其他货币资金——存出投资款　×××

企业在会计工作中，应加强其他货币资金的管理，及时办理结算。对于逾期尚未办理结算的银行汇票、银行本票和没有进行短期投资的存出投资款等，应按规定及时转回。

其他货币资金科目的期末借方余额，反映企业实际持有的其他货币资金，在编制资产负债表时，应将其与“现金”“银行存款”科目的余额加总，反映于“货币资金”项目。

本章小结

货币资金是维持企业的正常运营的重点，做好货币资金方面的核算能够为企业的战略决策提供更好的参考。本章的主要内容为房地产开发企业货币资金的核算，从以下三个部分展开：库存现金、银行存款和其他货币资金，与此同时指出房地产开发企业对于货币资金核算的具体规定与要求。

一、关键术语

库存现金（cash on hand）
银行存款（deposit in bank）
未达账项（deposit in transit）
会计核算（financial accounting）

二、思考题

1. 房地产开发企业库存现金的使用范围。
2. 房地产开发企业未达账项的调整。

三、基础训练测试

（一）单项选择题

1. 顺达房地产开发企业支付材料款时，应借记（　　）科目，贷记银行存款。

A. 其他应付款　　B. 预付账款
C. 应付账款　　D. 开发成本

2. 按顺达房地产开发企业资金的占用形态划分，库存设备、材料等占用的资金属于（　　）。

A. 流动资金　　B. 固定资金
C. 企业负债　　D. 银行贷款

（二）多项选择题

顺达房地产开发企业贷款用于支持房地产企业进行（　　）。

A. 土地开发　　B. 商业用房开发
C. 住房开发　　D. 配套设施建设

（三）业务题

1. 顺达房地产开发企业发生有关现金的收入业务，编制会计分录如下：

（1）开出现金支票一张，从开户银行提取现金 10 000 元备用。
（2）出售废料收入现金 500 元。
（3）销售产品价款 300 元，增值税 51 元，共计收到 351 元。
（4）职员马林出差回来报销差旅费 900 元，原借款 1 000 元，将剩余现金 100 元交回。

2. 顺达房地产开发企业发生有关现金的支出业务，编制会计分录如下：

（1）职员马林出差预借差旅费 1 000 元，以现金付讫。

（2）以现金支付职工工资 50 000 元。

（3）用现金购买办公用品 800 元。

3. 顺达房地产开发企业在现金清查中发生有关现金的短款或长款业务，编制会计分录如下：

（1）现金清查中，发现库存现金较账面现金少 30 元。

（2）经查，上述现金短缺属于出纳员责任，应由其赔偿。

（3）收到出纳员赔款 30 元。

（4）现金清查中，发现库存现金较账面余额多出 80 元。

（5）经反复核查，上述现金长款原因不明，经批准转为营业外收入处理。

4. 顺达房地产开发企业某月末银行存款日记账余额为 507 000 元，开户银行对账单的余额为 508 000 元。经逐笔核对，发现有以下几笔未达账项：

（1）29 日，委托银行收款 50 000 元，银行已收入公司银行存款户，收款通知尚未到达。

（2）29 日，公司开出支票一张 16 000 元，公司已减少银行存款，银行尚未记账。

（3）30 日，银行代公司支付水电费 1 000 元，银行已入账，公司尚未入账。

（4）30 日，公司收到一张转账支票 64 000 元，公司已记账，银行尚未入账。

要求：编制银行存款余额调节表

5. 顺达房地产开发企业根据发生的有关外埠存款的业务，编制会计分录如下：

（1）公司在外地开立临时采购账户，委托银行将 100 000 元汇往采购地开立采购专户。

（2）采购员用外埠存款购买材料，材料价款 80 000 元，增值税款 13 600 元，共计 93 600元，材料尚未验收入库（按计划成本核算）。

（3）外地采购结束，将外埠存款清户，收到银行转来通知，余款 6 400 元已收妥入账。

6. 顺达房地产开发企业根据有关银行汇票的收付业务，编制会计分录如下：

（1）公司申请办理银行汇票，将银行存款 50 000 元转为银行汇票存款。

（2）收到收款单位发票等单据，采购材料付款 46 800 元，其中，材料价款 40 000 元，增值税款 6 800 元，材料已验收入库（按实际成本核算）。

（3）收到多余款项退回通知，将余款 3 200 元收妥入账。

第三章　应收及预付款项

学习目标

知识目标：要求学生了解房地产开发企业应收及预付账款的基本内容，了解应收账款、应收票据、预付账款、其他应收款的确认、计量和核算的一般原理；熟悉应收款项减值的测试、确认和计量方法，以及信用减值损失的账务处理。

能力目标：能够运用本章所学知识对房地产开发企业应收及预付款项进行账务处理。

教学建议

综合运用启发式、提问式、互动式教学方法及案例讨论等方式，结合 PPT 多媒体课件等教学手段，使学生尽快进入课程学习角色，提升学生的专业应用技巧与能力，扩展学生的知识面与思维方式。

本章导读

上海世贸股份有限公司是一家房地产公司，2009 年，其应收账款的账面价值为 4 512 万元，同比增长 540. 91%；其他应收款为 54 555 万元，同比增长 306. 73%；预付账款为 35 053万元，同比增长 143. 71%。同时，公司披露应收账款增加主要系收入增加以及银行按揭贷款到账时间性差异，其他应收款增加主要系济南项目及杭州项目本期支付土地投标保证金，预付账款增加主要系南京项目及徐州项目本期预付二期土地款。

该公司对于应收账款及其他应收款，在资产负债表日对其中单项金额重大的应收款项进行减值损失的测试。对于有客观证据表明其发生了减值的，根据其未来现金流量现值低于其账面价值的差额，确认减值损失，计提减值准备；对于经单独测试后未减值的以及其他部分应收款项按账龄分析法计提坏账准备。公司对关联方往来期末余额不计提坏账准备。

对于应收票据、预付款项、应收利息、应收股利、长期应收款应当按个别认定法进行减值测试。有客观证据表明其发生了减值的，根据其未来现金流量现值低于其账面价值的差额，确认减值损失，计提坏账准备。

该公司对于应收及预付款项计提坏账准备的政策符合会计准则的规定吗？房地产开发企业所涉及的应收及预付款项经济业务应怎样进行会计处理？对应收及预付款项计提坏账准备有哪些方法？企业该如何选择？

资料来源：中国房地产报。

第一节　应收账款和应收票据的核算

一、应收账款的核算范围和计价

（一）应收账款的范围

应收账款是指企业因转让、销售开发产品，提供出租房屋和劳务等业务，应向购买、接受或租用的单位和个人收取而尚未收取的款项。它是企业的一项短期债权，正常情况下，应该在一年内，或超过一年的一个营业周期内收回。

注意：与企业经营业务无关的应收款项不包括在应收账款的范围之内，而应在“其他应收款”账户核算。

（二）应收账款的计价

在一般情况下，应收账款的入账金额，是买卖双方在成交时的实际发生额。但在含有折扣条件的销售方式时，应收账款的计价还要考虑折扣因素。

销售的折扣有两种类型，即商业折扣和现金折扣。

1. 商业折扣

商业折扣是指企业出售开发产品时，对特定的客户，在销售价格上给予的一定的优惠。如对大批量购买的客户，按规定的销售价格给予5%的商业折扣等。由于商业折扣是从销售商品的价格中直接扣除的，所以，销售企业要按实际折扣以后的金额作为应收账款的入账价值。商业折扣在购销双方的账面上均不作任何反映。

2. 现金折扣

现金折扣是企业为了鼓励客户在一定期限内早日偿还销售款而给予的一种折扣优惠。现金折扣通常用下述形式来表示：2/10、1/20、n/30。表示的意思是信用期为30天，如果在10天之内付款可给予2%的现金折扣，20天内付款可给予1%的现金折扣，超过20天，不享受任何现金折扣，且付款的信用期是30天。

我国现行会计核算中，在存在现金折扣的情况下是按总价法确定应收账款的入账价值。也就是要按现金折扣前的总价格来确定应收账款的入账金额。现金折扣发生时，将折扣的部分计入财务费用。

二、应收账款核算的账户设置及会计处理

（一）应收账款核算应设置的账户

为了核算各项应收账款，企业要设置“应收账款”总账科目，该科目属于资产类科目，借方登记企业发生的各项应收账款，贷方登记收回的应收账款，余额一般在借方，表示的是尚未收回的应收账款。该账户有时也会出现贷方余额，贷方余额表示的是预收的款项。在不设“预收账款”总账账户的情况下，企业预收到的账款，登记在该账户的贷方，表示负债。

为了分别反映对不同单位和个人的应收账款，除在总账中设置应收账款科目外，还应设置“应收账款明细账”，应收账款明细账应按对方单位和个人设置二级科目或明细科

目，如：

“应收账款——××单位”“应收账款——××人”等。

（二）应收账款的会计处理

企业在销售开发产品时，如果当时不能收回款项，应在发出产品或向对方开出提货单和销售发票时，确认销售收入，同时确认应收账款。

【例3-1】顺达房地产开发企业于3月5日向甲公司销售商品楼一幢，售价600万元，货款尚未收到，当办完销售手续后（假设不考虑增值税），作如下会计分录：

借：应收账款——甲公司　　6 000 000

　　贷：主营业务收入——商品房销售收入　　6 000 000

【例3-2】顺达房地产开发企业于3月8日向乙公司出售多余的材料一批，价款共计10万元，货款尚未收到。当企业发货并办完销售手续时（假设不考虑增值税）作如下会计分录：

借：应收账款——乙公司　　100 000

　　贷：其他业务收入——材料销售收入　　100 000

当企业收回应收账款时，要借记“银行存款”科目，贷记“应收账款”科目。

【例3-3】顺达房地产开发企业3月20日接到甲公司转账支票一张，偿还企业售楼款500万元。企业到银行办完转账手续后作如下分录：

借：银行存款　　5 000 000

　　贷：应收账款——甲公司　　5 000 000

这样应收甲公司的账款600万元已收回500万元，还有100万元没有收回，仍反映在“应收账款——甲公司”的明细账的借方。

三、应收票据的核算

房地产企业的应收票据是指企业销售开发产品所收到的商业汇票。销售或出租开发商品收到经对方承兑的商业汇票后，按票面金额作如下分录：

借：应收票据——某单位

　　贷：主营业务收入

　　　　应交税费——应交增值税（销项税额）

商业汇票到期，持票到开户银行收取款项后，作如下会计分录：

借：银行存款

　　贷：应收票据——某单位

第二节　预付账款和其他应收款的核算

一、预付账款的核算

预付账款是指房地产开发企业按照工程合同预付给工程承包单位的款项，包括预付工程款和预付备料款，以及按照购货合同规定预付给供货单位的购货款。预付账款属于企业的一项债权资产。

为了核算预付账款，房地产开发企业可以设置“预付账款”账户进行核算，也可以不设预付账款账户，将预付账款直接在“应付账款”账户进行核算。

企业可以根据具体情况加以选择。

（一）设置预付账款账户的会计处理

如果企业单独设置“预付账款”账户，发生的预付账款登记在该账户的借方，与对方结算款项时将预付账款转入到应付账款的借方。预付账款账户的期末借方余额反映的是已经预付尚未进行结算的款项。该账户应按预付账款的对方单位设置明细账。如：预付账款——某单位

其会计处理举例如下：

【例3-4】某房地产开发企业发生下述业务：

（1）顺达房地产开发企业准备开发一项准备出售的房屋建筑工程，按合同规定，预付给A承包施工企业房屋建筑工程款40万元，备料款20万元。分录如下：

借：预付账款——A施工企业　　600 000

　　贷：银行存款　　600 000

（2）顺达房地产开发企业按合同规定拨付材料一批给承包单位抵作备料款，材料作价8万元。

借：预付账款——A施工企业　　80 000

　　贷：原材料　　80 000

（3）该项房屋建筑工程完工，A承包施工企业单位转来“工程价款结算账单”，应结算工程款一共96万元，做如下分录：

借：开发成本——房屋开发成本　　960 000

　　贷：应付账款——A施工企业　　960 000

同时将原来预付的账款转入应付账款，以冲减应付的工程账款：

借：应付账款——A施工企业　　680 000

　　贷：预付账款——A施工企业　　680 000

经过上述账务处理，“预付账款——A施工企业”明细账户已被冲平。“应付账款——A施工企业”明细账户的贷方有96万元，而借方从预付账款账户转来68万元，结果贷方的余额为28万元。这是该房地产开发企业应对A施工单位补付的承包工程款。

待支付该项工承包程款时作如下分录：

借：应付账款——A施工单位　　280 000

　　贷：银行存款　　280 000

该房地产企业为该项房屋工程前后一共支付了银行存款88万元，拨付了材料8万元，最后都计入到房屋开发成本，共计96万元。

（二）不设“预付账款”账户的会计处理

如果不设“预付账款”账户，企业的预付账款可直接在“应付账款”账户进行核算，“应付账款”账户如果出现了借方余额，就是预付账款，应作为一项债权资产在资产负债表中列示。

【承例 3-4】（1）顺达房地产开发企业按合同规定，预付给 A 承包施工企业房屋建筑工程款 40 万元，备料款 20 万元。根据企业开出的转账支票存根，编制记账凭证如下：

借：应付账款——A 施工企业　　600 000

　　贷：银行存款　　600 000

（2）顺达房地产开发企业按合同规定拨付材料一批给承包单位抵作备料款，材料作价 8 万元，根据材料出库单等原始凭证，编制记账凭证如下：

借：应付账款——A 施工企业　　80 000

　　贷：原材料　　80 000

（注意：上述应付账款账户借方一共登记了 68 万元，应作为债权资产来看待。）

（3）该项房屋建筑工程完工，A 承包施工企业单位转来"工程价款结算账单"，应结算工程款一共 96 万元，编制如下记账凭证：

借：开发成本——房屋开发成本　　960 000

　　贷：应付账款——A 施工企业　　960 000

经过上述账务处理，"应付账款——A 施工企业"明细账户的贷方登记了 96 万元，而借方登记了 68 万元，结果贷方的余额为 28 万元。这是该房地产开发企业应对 A 施工单位补付的承包工程款。

与上述第一种方法核算的结果是一样的。

因为核算结果一样，所以建议企业一般不要设预付账款只能过户，发生的预付账款直接在应付账款账户进行核算。以避免在预付账款与应付账款之间互相转账。

还需要说明：如果发包工程工期较长，而且事先没有预付款项，发包单位按合理估计的发包工程进度分期向承包单位结算工程进度款时，不需通过预付账款和应付账款账户核算，而将分工期结算的工程进度款直接计入"开发成本"或"在建工程"账户即可。

支付工程进度款时：

借：开发成本——房屋开发

（或：在建工程——某工程）

　　贷：银行存款

二、其他应收款的核算

（一）其他应收款核算的内容

其他应收款是指企业对其他单位和个人的除了应收票据、应收账款和预付账款以外的其他各种应收、暂付的款项。包括应收的各种赔款、罚款，应向职工收取的各种垫付的款项、应收出租包装物的租金，租入包装物支付的押金，以及企业拨付给内部有关部门周转使用的备用金等。

其他应收款虽然一般数额较小，但项目却较多，是企业会计核算经常遇到的业务。所以其他应收款的核算，是企业会计核算的一项重要的内容。

（二）其他应收款核算的账户设置

为了核算各项其他应收款，企业需要设置"其他应收款"总账账户，该账户属于资产类账户，借方登记企业发生的各项暂付和应收的款项，贷方登记收回和转销的其他应收款。

“其他应收款”账户应按欠款的单位和个人设置明细账户，进行明细核算。

如：其他应收款——××单位

——××人

（三）其他应收款会计处理举例

1. 顺达房地产开发企业管理部门职工王毅因出差预借差旅费 1 500 元，根据经有关人员批准的“借款单”编制记账凭证如下：

借：其他应收款——王毅　1 500

　贷：库存现金　1 500

2. 王毅出差回来报销差旅费，实际支出 1 380 元，多余的款项退回，根据实际支出的原始凭证和借款凭据编制记账凭证如下：

借：管理费用　1 380

　库存现金　120

　贷：其他应收款——王毅　1 500

3. 顺达房地产开发企业从 A 公司购货时用现金支付包装物押金 2 000 元。根据 A 公司开具的收款收据编制记账凭证如下：

借：其他应收款——A 公司　2 000

　贷：库存现金　2 000

包装物用完归还 A 公司，退回现金 2 000 元，根据 A 公司的付款凭据，编制记账凭证如下：

借：库存现金　2 000

　贷：其他应收款——A 公司　2 000

第三节　应收款项减值损失

在商业信用高度发达的市场经济条件下，企业的销售和服务活动大多采用赊销赊购的方式进行，目的是为了扩大销售，并使其产品在市场竞争中保持优势地位。赊销商品，就难免有收不回的款项，企业无法收回的应收账款称为企业的坏账，由此引发的损失称为坏账损失。

一、坏账准备的主要账务处理

资产负债表日账务处理

企业根据金融工具确认和计量准则确定应收款项发生减值的，按应计提的坏账准备金额，借记“信用减值损失”科目，贷记本科目。本期应计提的坏账准备大于其账面余额的，应按其差额计提；应计提的金额小于其账面余额的差额做相反的会计分录。对于确实无法收回的应收款项，按管理权限报经批准后作为坏账损失，转销应收款项，借记本科目，贷记“应收账款”“预付账款”“应收利息”“应收分保保险责任准备金”“其他应收款”“长期应收款”等科目。已确认并转销的应收款项以后又收回的，应按实际收回的金额，借记“应收账款”“预付账款”“应收利息”“应收分保保险责任准备金”“其他应收款”“长期应收款”等科目，贷记本科目；同时，借记“银行存款”科目，贷记“应收账款”“预付账款”“应收利息”“应收分保保险责任准备金”“其他应收款”“长期应收款”等科目。已确认并转销的应收款项以后又收回的，企业也可以按照实际收回的金额，借记“银行存款”科目，贷记本科目。本科目期末贷方余额，反映企业已计提但尚未转销的坏账准备。

二、坏账损失的核算方法——备抵法

在企业，凡已确认为坏账的应收账款，经批准应进行坏账的会计处理，历史上曾有两种方法：直接转销法和备抵法。目前我国企业单位采用备抵法核算坏账损失。估计坏账损失的方法：采用应收款项余额百分比法（组合测试）。

根据会计期末应收款项的余额和估计的坏账率，估计坏账损失，计提坏账准备。“坏账准备”的年末余额 = 应收账款年末余额 × 坏账率（比例金额）

当期应提坏账准备 = 当期按比例计算的金额 − “坏账准备”已有贷方余额

具体如下：

（1）第一次计提，金额为应收款项余额 × 坏账率

借：信用减值损失

　　贷：坏账准备

（2）发生坏账

借：坏账准备

　　贷：应收账款

（3）已核销的坏账重新收回

借：应收账款

　　贷：坏账准备

借：银行存款

　　贷：应收账款

或直接做以下分录：

借：银行存款

　　贷：坏账准备

（4）期末调整（年末）

A. 当“坏账准备”账户为借方余额，补提

借：信用减值损失

　　贷：坏账准备

B. 当“坏账准备”账户为贷方余额，而且小于比例金额，则按两者之差补提

C. 当“坏账准备”账户为贷方余额，而且大于比例金额，则按两者之差冲销

借：坏账准备

　　贷：信用减值损失

【例 3 − 5】 顺达房地产开发企业第一年年末应收账款余额为 3 000 000 元，该公司坏账准备的提取比例为 5‰。则计提的坏账准备为：

坏账准备提取额 = 3 000 000 × 5‰ = 15 000（元）

借：信用减值损失　　15 000

　　贷：坏账准备　　15 000

第二年5月，公司发现有4 000元的应收账款无法收回，确认为坏账。

借：坏账准备　　4 000

　　贷：应收账款　　4 000

年末，该公司应收账款余额为3 600 000元。按本年年末应收账款余额应保持的坏账准备金额（即坏账准备的余额）为：

3 600 000×5% =18 000（元）

年末计提坏账准备前，“坏账准备”科目的贷方余额为：

15 000－4 000＝11 000（元）

本年度应补提的坏账准备金额为：7 000元

借：信用减值损失　　7 000

　　贷：坏账准备　　7 000

第三年8月2日，按银行通知，公司上年度已冲销的4 000元坏账又收回，款项已存入银行。有关账务处理如下：

借：银行存款　　4 000

　　贷：坏账准备　　4 000

年末，公司应收账款余额为2 000 000元。本年末坏账准备余额应为：

2 000 000×5‰＝10 000（元）

本年度应冲销多提的坏账准备金额为：

11 000＋4 000－10 000＝5 000（元）

借：坏账准备　　5 000

　　贷：信用减值损失　　5 000

本章小结

应收及预付款项是指房地产开发企业在开发经营过程中，由于销售、转让开发产品，提供作业、劳务、咨询等业务，而向其他单位或个人索取货款及劳务补偿的要求权。其主要包括与销售开发产品等开发经营活动有关的应收账款、应收票据、预付工程款、预付备料款、预付购货款以及与销售开发产品等开发经营活动没有直接关系的其他应收款，这些内容属于企业的短期债权，属于流动资产范畴。

一、本章关键词

应收账款（accounts receivable）
应收票据（notes receivable）
预付账款（advance payment）
应收款项减值损失（impairment loss of receivables）
坏账（bad debt）
其他应收款（other receivables）

二、思考题

1. 什么是应收款项？应收款项包括哪些内容？
2. 如何对应收账款进行初始计量？
3. 商业折扣和现金折扣有何异同？
4. 什么是应收票据贴现？应如何进行账务处理？
5. 如何确认应收款项的减值损失？
6. 应收账款的减值损失应如何计量？

三、基础训练测试

（一）单项选择题

1. 企业销售商品时代垫的运杂费应记入（　　）科目。

A. “应收账款”　　B. “预付账款”
C. “其他应收款”　　D. “应付账款”

2. 销售商品时，根据情况在商品标价上给予的扣除，称为（　　）。

A. 商业折扣　　B. 现金折扣
C. 销货折扣　　D. 购货折扣

3. 下列各项中，不符合坏账确认条件的是（　　）。

A. 债务人死亡，以其遗产清偿后仍然无法收回
B. 债务人破产，以其破产财产清偿后仍然无法收回
C. 债务人较长时间未履行其偿债义务，并有足够的证据表明无法收回或收回的可能性极小

D. 超过1年的应收账款

4. 超过承兑期收不回的应收票据应（　　）。

A. 转作管理费用
B. 冲减坏账准备
C. 转作应收账款
D. 冲减营业收入

5. 带息票据每期计提利息时，借记“应收票据”科目，贷记（　　）科目。

A. “财务费用”
B. “管理费用”
C. “销售费用”
D. “其他业务收入”

6. 下列关于预付账款的说法中，不正确的是（　　）。

A. 预付账款是指房地产开发企业按照工程合同预付给承包单位的款项
B. 预付账款应当按实际发生额记账
C. 预付账款如有确凿证据表明其不符合预付账款性质，应将其转入应收账款
D. 除转入“其他应收款”科目的预付账款外，其他预付账款不得计提坏账准备

7. “坏账准备”账户的借方反映（　　）。

A. 冲回多提和发生坏账冲销的坏账准备
B. 计提的坏账准备
C. 冲回多提的坏账准备
D. 收回以前作为坏账核销的应收账款

8. 某房地产开发企业2×21年年初“坏账准备”账户的贷方余额为20 000元，2×21年发生的坏账损失2 000元，2×21年年末的“应收账款”账户的余额为1 000 000元，提取坏账准备金的比例为应收账款余额的1%，则该企业年末应提取的坏账准备为（　　）元。

A. 10 000
B. 0
C. 18 000
D. －8 000

（二）多项选择题

1. 下列各项中，符合应收账款含义的有（　　）。

A. 因销售活动形成的债权
B. 流动资产性质的债权
C. 本企业应收客户的款项
D. 本企业付出的存储保证金
E. 属于非流动资产

2. 下列各项中，属于应收账款的有（　　）。

A. 应收职工欠款
B. 应收赊销货款
C. 应收利息
D. 应收购货单位垫付的销售商品运费
E. 企业已宣告但未发放的股利

3. 下列各项中，属于备抵法核算坏账损失特点的有（　　）。

A. 账务处理简单
B. 防止虚增企业资产
C. 符合权责发生制原则
D. 不符合配比原则
E. 违背了权责发生制原则

4. 下列各会计账户中，在期末有余额的情况下不涉及计提坏账准备的有（　　）。

A. “预收账款”
B. “应收票据”
C. “预付账款”
D. “应收账款”
E. “应付账款”

5. 下列可能会减少应收账款收回数的项目有（　　）。

A. 现金折扣
B. 代垫运费

C. 坏账　D. 商业折扣
E. 以物易物交易

6. 房地产开发企业可能因（　　）业务形成应收账款。
A. 转让开发产品　B. 提供出租房屋
C. 提供劳务　D. 委托银行贷款给其他企业
E. 销售开发产品

7. 企业进行坏账核算时，估计坏账损失的方法有（　　）。
A. 余额百分比法　B. 账龄分析法
C. 销货百分比法　D. 个别认定法
E. 直接转销法

8. 备抵法与直接转销法相比较具有的优点包括（　　）。
A. 备抵法比较客观、真实，账务处理简单　B. 备抵法符合权责发生制原则
C. 备抵法更符合谨慎性原则　D. 备抵法一般不会虚增利润
E. 备抵法符合收支配比原则

（三）业务题

1. 某房地产开发企业发生以下经济业务：

（1）向B单位销售商品房一幢，货款200万元，增值税额18万元，共计218万元。取得不带息商业承兑汇票一张，面值218万元。

（2）向C公司销售商品房一幢，货款300万元，增值税额27万元，共计327万元。取得期限为3个月的带息银行承兑汇票一张，出票日期为2×21年11月1日，票面利率为10%。

（3）B单位承兑的商业汇票到期，企业收回款项218万元，存入银行。

（4）向D公司销售商品房，货款400万元，增值税额36万元。共计436万元，取得期限为2个月的带息商业承兑汇票一张，出票日期为2019年12月1日，票面利率为9%。

（5）2×21年12月31日，计提C公司和D公司商业汇票利息。

（6）向C公司销售商品房所收的银行承兑汇票到期，企业收回款项存入银行。

（7）向D公司销售商品房的商业承兑汇票到期，D公司无力偿还票款。

（8）向E单位销售商品房，货款450万元，增值税税率为9%，共计490.5万元。收取期限为4个月的商业承兑汇票一张面值为490.5万元，出票日期为2×21年3月1日。

（9）向F企业销售商品房，货款800万元，增值税额72万元，共计872万元收取期限为3个月的商业承兑汇票一张，面值为872万元，票面利率为10%，出票日期为2019年4月1日。

（10）2×21年6月10日，将持有的F企业带息商业承兑汇票一张到银行贴现，面值为872万元，票面利率为10%，期限为3个月，出票日为2×21年4月1日。银行年贴现率为12%。

（11）企业将持有的账面价值为1.09万元的商业汇票背书转让，以取得货款为1万元，增值税额为0.09万元的材料。

2. 资料：某房地产开发企业采用直接转销法核算坏账损失，发生以下经济业务：

（1）向B客户销售商品房，销价200万元，给予15%的商业折扣，增值税率为9%。

（2）收回 B 客户款项存入银行。

（3）C 客户由于破产，所欠企业 5 000 元账款无法收回，确认为坏账。

（4）经追索，收回已确认为坏账的 C 客户欠款 5 000 元。

（5）按购货合同规定，预付材料价款 3 万元。

（6）支付购进材料款 4 万元，增值税额 0.36 万元共计 4.36 万元，已预付 3 万元（参看业务 5）余款以银行存款支付。

3. 某房地产开发企业为一般纳税企业，增值税率为 9%。对于单项金额非重大的应收款项以及经单独测试后未减值的单项金额重大的应收款项，可以按类似信用风险特征划分为若干组合，再按这些应收款项组合在资产负债表日余额的一定比例计算确定减值损失，该公司历年采用余额 0.5% 的比例。有关资料如下：

（1）2×21 年期初应收账款余额 4 000 万元，坏账准备贷方余额 20 万元；2×21 年 8 月销售商品房一批，含税增值税价款 4 030 万元尚未收到货款，2×21 年 12 月实际发生坏账损失 30 万元。

（2）2×22 年 4 月收回以前年度的应收账款 2 000 万元存入银行，2×22 年 6 月销售商品房一批，含税增值税价款 4 010 万元尚未收到货款，2×22 年 12 月实际发生坏账损失 30 万元。

（3）2×23 年 3 月收回以前年度的应收账款 5 000 万元存入银行，2×23 年 7 月销售商品房一批，含税增值税价款 8 000 万元尚未收到货款，2×23 年 9 月收回已确认的坏账损失 25 万元。

要求：根据资料（1）编制该公司的相关会计分录；
　　　根据资料（2）编制该公司的相关会计分录；
　　　根据资料（3）编制该公司的相关会计分录。

注：分录中的金额单位为万元，计算结果有小数的保留两位小数。

第四章 存货

学习目标

知识目标：要求学生了解房地产开发企业存货的概况；了解存货的分类、特点和确认条件；掌握委托加工物资和周转材料、开发产品、存货清查和期末计量的核算方法；重点掌握房地产开发企业库存材料和库存设备的会计处理。

能力目标：能够利用本章所学知识对房地产开发企业的存货项目进行区分、判断与核算。

教学建议

综合运用启发式、提问式、互动式教学方法及案例讨论等方式，结合 PPT 多媒体课件等教学手段，使学生尽快了解和掌握本章课程学习内容，提升学生的专业应用能力，拓展学生的知识面。

本章导读

普华会计师事务所受托对某房地产开发企业的存货进行审计，发现存在下列问题：年终经财产清查发现，原材料账实不符。该企业已经建立了完善的内部控制制度。在存货的管理中实行了采购人员、运输人员、保管人员等不同岗位分工负责的内部牵制制度。然而在实际操作中，由于三者合伙作弊，使内部控制制度失去了监督作用。该企业 2007 年根据生产需要每月需要购进各种型号的铁矿石 1 500 吨，货物自提自用。2007 年 7 月，采购人员张某办理购货手续后，将发票提货联交给本企业汽车司机胡某由其负责运输，胡某在运输途中，一方面将 800 吨铁矿石卖给某企业，另一方面将剩余的 700 吨铁矿石运到本企业仓库，交保管员王某按 1 500 吨验收入库，三个人随即分得赃款。财会部门从发票、运单、入库单等各种原始凭证的手续上看，完全符合规定，照例如数付款。可是在进行年终财产清查时才发现账实不符的严重情况，只得将不足的原材料数量金额先作流动资产的盈亏处理，期末处理时，部分作管理费用处理，部分作营业外支出处理。我们应该对存货作出怎样的会计处理，并且如何在这过程中避免上述问题？

资料来源：中国房地产报。

第一节　存货概述

一、存货的概念

存货，是指企业在日常活动中持有已备出售的产成品或商品、处在生产过程中的在产品、在生产过程或提供劳务过程中耗用的材料和物料等。房地产开发企业的存货包括主要材料、其他材料、周转材料、设备、低值易耗品、机械配件、在建工程、在产品、产成品、半成品、结构件、商品等，作为房地产开发企业最终产品的商品房、建设用地、配套设施等也属于房地产开发企业的存货。

当某一项资产同时满足下列要求时，才能确认为资产：①与该存货有关的经济利益很可能流入企业；②该存货的成本能够可靠地计量。

二、存货的特点

同其他的资产相比较，存货具有以下特点：

(1) 存货是有形资产。存货都具有实物形态，所以在会计核算上，既要以货币提供价值指标，又要反映实物数量。

(2) 存货具有较强的流动性。在企业中，存货经常处在不断销售、耗用、购买或重置中，所以属于企业的流动资产。存货周转速度对企业经济效益有着重要影响，在不影响正常经营的前提下，应尽量缩短存货周转天数。

(3) 存货具有实效性和发生潜在损失的可能性。存货能给企业带来经济利益，如存货陈旧过时，或因保管不善而毁损，则会给企业带来损失。

(4) 存货的实物流动与价值流动存在着不一致。存货的价值，在一般情况下一次性转移，并随着销售的实现一次性得到补偿，但价值流动与实物流动并不一致。

三、房地产开发企业存货的种类

房地产开发企业的存货种类繁多，为了正确组织存货的核算，必须对存货进行科学的分类。按照存货在房地产开发企业中的作用和存放地点不同，可以分为以下几类：

(一) 库存材料

指房地产开发企业用于建筑安装工程而存放在仓库的各种材料，房地产开发企业的库存材料包括主要材料、结构件、机械配件和其他材料等。

1. 主要材料。指用于工程或产品并构成工程或产品实体的各种材料，如黑色金属材料、有色金属材料、木材、硅酸盐材料、小五金材料、电器材料、化工材料等。

2. 结构件。指经过吊装、拼砌和安装而构成房屋建筑物实体的各种金属的、钢筋混凝土的、混凝土的和木质的结构件等。

3. 机械配件。指施工机械、生产设备、运输设备等各种机械设备替换、维修使用的各种零件和配件，以及为机械设备准备的备品备件。

4. 其他材料。指不构成工程或产品实体，但有助于工程或产品形成，或便于施工、生产进行的各种材料，如燃料、油料等。

（二）周转材料

房地产开发企业在施工生产过程中能多次使用，并可基本保持原来的形态而逐渐转移其价值的材料。如模板、挡板、脚手架及其他周转材料等。

（三）低值易耗品

指使用年限较短，或价值较低，不做固定资产核算的各种用具物品。如铁镐、铁锹、安全带、办公桌等。

（四）在途物资

指企业从外部购进，货款已经支付，但尚在运输途中或虽已到达，但尚未验收入库的材料。

（五）委托加工物资

指企业委托外单位加工的各种材料物资。

（六）开发产品

是指企业已经开发完成并已验收合格，可以按照合同规定的条件移交购货单位，或者可以作为商品对外销售的产品。

（七）分期收款开发产品

是指企业以分期收款方式销售的开发产品。

（八）出租开发产品

是指企业已经开发完成并用于出租经营的土地和房屋。

（九）周转房

是指企业已经开发完成并用于安置拆迁居民周转使用的房屋。

（十）在建开发产品

是指企业正在开发建设过程中的开发产品。

四、存货的初始计量

存货的初始计量，是指确定存货的入账价值，即主要解决存货取得成本的确定问题。根据《企业会计准则第 1 号——存货》的规定，存货应当按照成本进行初始计量。存货成本包括采购成本、加工成本和其他成本。存货的来源不同，其实际成本的构成也不同，在会计实务中具体应按下列原则确定。

（一）外购存货的成本

企业外购的存货主要包括原材料和商品。外购存货的成本即存货的采购成本，指企业物资从采购到入库前所发生的全部支出，包括购买价款、相关税费、运输费、装卸费、保险费以及其他可归属于存货采购成本的费用。

1. 购买价款，是指企业购入的材料或商品的发票账单上列明的价款，但不包括按规定可以抵扣的增值税额。

2. 相关税费，是指企业购买、自制或委托加工存货发生的进口关税、消费税、资源税和不能抵扣的增值税进项税额等应计入存货采购成本的税费。

3. 其他可归属于存货采购成本的费用，是指除上述各项之外可归属于存货采购成本的费用，如在存货采购过程中发生的仓储费、包装费、运输途中的合理损耗、入库前的挑选整理费用等。这些费用能分清负担对象的，应直接计入存货的采购成本；不能分清负担对象的，应选择合理的分配方法，分配计入有关存货的采购成本。在会计实务中，一般可按所购存货的数量或采购价格比例进行分配。

对采购过程中发生的物资毁损、短缺等，除合理的途中损耗应作为其他可归属于存货采购成本的费用计入采购成本外，应区别不同情况进行会计处理：①从供货单位、外部运输机构等收回的物资短缺或其他赔款，应冲减所购物资的采购成本；②因遭受意外灾害发生的损失和尚待查明原因的途中损耗，暂作为待处理财产损溢进行核算，查明原因后再做处理。

（二）加工取得的存货的成本

企业通过进一步加工取得的存货主要包括产成品、在产品、半成品、委托加工物资等，其成本由采购成本、加工成本构成。某些存货换包括使存货达到目前场所和状态所发生的其他成本，如可直接认定的产品设计费用等。其中的采购成本是由所使用或消耗的原材料采购成本转移而来的，因此，计量加工取得的存货的成本，重点是确定存货的加工成本。存货的加工成本由直接人工和制造费用构成，其实质是企业在进一步加工存货的过程中追加发生的生产成本，因此，不包括直接由材料存货转移来的价值。

（三）投资者投入存货的成本

投资者投入存货的成本应当按照投资合同或协议约定的价值确定，但合同或协议约定价值不公允的除外。在投资合同或协议约定价值不公允的情况下，应按该项存货的公允价值作为其入账价值。

（四）盘盈存货的成本

盘盈的存货按其重置成本作为入账价值，并通过“待处理财产损溢”科目进行会计处理，按管理权限报经批准后冲减当期管理费用。

企业在对存货进行初始计量时，还应注意以下三点。

1. 非正常消耗的直接材料、直接人工及制造费用，应在发生时计入当期损益，不得计入存货成本。例如，企业超定额的废品损失以及因自然灾害而发生的直接材料、直接人工及制造费用，由于这些费用的发生无助于使该存货达到目前场所和状态，不应计入存货成本，而应计入当期损益。

2. 存货在采购入库后发生的仓储费用（不包括在生产过程中为达到下一个生产阶段所必需的费用），应计入当期损益，不得计入存货成本。

3. 不能归属于使存货达到目前场所和状态的其他支出，在发生时计入当期损益，不得计入存货成本。

五、存货发出的计价方法

企业应当根据各类存货的实物流转方式、企业管理的要求、存货的性质等实际情况，合理选择发出存货成本的计算方法，以合理确定当期发出存货的实际成本。对于性质和用途相似的存货，应当采用相同的成本计算方法确定发出存货的成本。企业在确定发出存货的成本时，可以采用先进先出法、移动加权平均法、月末一次加权平均法和个别计价法四种方法：

（一）先进先出法

先进先出法是假定先收到的存货先发出，并根据这一假定的成本流转程序，对发出存货和期末存货进行计价的方法。采用这种方法，收入存货时要逐笔登记购进的存货数量、单价和金额；发出存货时先购入的存货成本在后购入的存货成本之前转出，并逐笔登记存货发出和结存金额。采用这种方法，存货的成本流动与存货的实物流动较为接近，期末的存货成本比较接近现行市场价值。但这种方法工作量比较大，且当物价上涨时，会高估企业当期利润和存货价值；反之，则会低估企业当期利润和存货价值。

（二）月末一次加权平均法

月末一次加权平均法，是指以本月全部进货数量之和与月初存货结存数量作为权数，去除本月全部进货成本加上月初存货成本，计算出存货的加权平均单位成本，从而确定存货的发出成本和期末库存成本的方法。其计算公式如下：

$$存货单位成本=\frac{月初存货结存金额+\sum（本月各批进货的实际单位成本\times本月各批进货的数量）}{月初存货结存数量+本月各批进货数量之和}$$

本月发出存货成本＝本月发出存货数量×存货单位成本

期末库存存货成本＝期末库存存货数量×存货单位成本

采用这种方法，平时工作量较少，只在月末计算一次加权平均单位成本，比较简单，且单位成本平均化，对存货成本的分摊较为折中，当物价上涨时加权平均成本将会小于现行成本，当物价下降时加权平均单位成本将会超过现行成本。但是折中方法平时无法从账上提供发出和结存存货的单价及金额，因而不利于房地产开发企业加强对存货的管理。

（三）移动加权平均法

移动加权平均法，是指本次进货成本与原有库存成本之和，除以本次进货数量和原有库存数量之和，据以计算新的加权平均单位成本，并对发出存货和库存存货进行计价的方法。

$$新加权平均单位成本=\frac{新进存货成本+原结存存货成本}{新进存货数量+原结存存货数量}$$

采用这种方法，便于企业及时了解存货的结存情况，且计算的平均单位成本以及发出和结存的存货成本比较客观。但采用这种方法，每次进货都要重新计算加权平均单位成本，工作量较大。

（四）个别计价法

个别计价法，是指发出的存货要根据该存货购入时的实际单位成本作为计价依据。采用这种方法，一般须具备两个条件：一是存货项目必须是可以辨别认定的；二是必须有详细的记录据以了解每一存货或每批存货项目的具体情况。对于不能替代使用的存货、为特定项目专门购入或制造的存货以及提供的劳务，通常采用个别计价法确定发出存货的成本。

采用这种方法，得出的发出存货成本和期末存货成本比较合理、准确。但采用这种方法需要分别记录各批存货的单价和数量，实务操作的工作量较大且困难，进货批次较多时不宜采用。

对于性质和用途相似的存货，应当采用相同的成本计算方法确定发出存货的成本。房地产开发企业可以根据不同情况，选择上述四种方法中的一种确定各种存货发出时的实际成本。但是计价方法一经确定，不得随意更变，如确定有必要变更，应当将变更的原因、变更的情况及其对企业财务状况和经营成果的影响，在财务报告中加以说明。

第二节　库存材料与库存设备的核算

一、库存材料的核算

（一）库存材料核算应设置的账户

为了核算材料采购的实际成本（或计划成本），计算实际成本与计划成本的差异从而确认采购业务成果，房地产开发企业应设置下列有关会计账户：

1.“材料采购”账户。“材料采购”账户核算房地产开发企业购入各种物资（包括库存材料、周转材料等，下同）的采购成本。其借方登记根据发票、账单等支付的各种物资的采购成本，月终结算材料，低值易耗品的采购实际成本小于计划成本的节约差；贷方登记应向供应单位、运输机构、保险公司或其他负责人收回的物资短缺或其他应冲减采购成本的赔偿款项，已验收入库的各种物资的计划成本以及月终结算采购实际成本大于计划成本的超支差。期末借方余额反映货款已经支付或承付，而物资尚未到达或尚未验收入库的在途物资的实际成本。本账户应按物资品种设置明细账进行核算。

2.“原材料”账户。“原材料”账户核算企业各种库存材料的成本（实际成本或计划成本，下同）。其借方核算企业因各种途径增加并已验收入库的库存材料成本；贷方核算企业因各种原因减少的库存材料成本。期末借方余额反映库存材料的成本。本账户应按材料保管地点、类别、品种和规格设置有数量、金额的明细账进行核算。

3.“材料成本差异”账户。“材料成本差异”账户核算企业各种材料的实际成本与计划成本的差异，是采用计划成本进行存货日常核算的企业设置和使用的账户。其借方核算因各种途径而取得的存货（包括外购、自制、委托加工收入的材料、周转材料等，下同）实际成本大于计划成本的差额（超支差）；贷方核算取得的存货实际成本小于计划成本的差额（节约差）以及发出存货应负担的成本差异（超支差用蓝字登记，节约差用红字登记）。期末借方余额反映库存结余各种材料的超支差异，贷方余额反映库存结余各种材料的节约差异。本账户应按材料类别或品种设置明细账进行明细核算。

4.“在途物资”账户。采用实际成本进行存货日常核算的企业、可以不设“材料采购”账户和“材料成本差异”账户，而增设“在途物资”账户。

“在途物资”账户核算企业购入但尚未到达或尚未验收入库的各种存货（包括库存材料、库存设备、周转材料等，下同）的实际成本。其借方登记已支付货款或已开出承兑商业汇票而尚未到达或尚未验收入库的各种存货的实际成本；贷方登记已验收入库的各种存货的实际成本。期末借方余额反映已经付款或已开出承兑的商业汇票但尚未验收入库的在途物资。

（二）库存材料核算的会计处理

房地产开发企业在进行库存材料业务核算时，应特别注意下列业务的会计处理：

1. 对于已经验收入库但发票账单尚未到达的材料物资，在月份内可暂不入账，待发票账单到达时再按发票账单的金额记账。如果月中发票账单仍未到达，企业应按合同价格或计划、预算价格暂估入账，直接借记“原材料”科目，贷记“应付账款”科目，以便在月份会计报表上能真实反映库存材料物资的结存情况。但下月初，要用红字冲回，待收到发票账单付款或开出承兑商业汇票时，再按正常程序记账。

2. 企业根据合同规定预付给供应单位的购货定金或部分货款，应作为预付供应单位款在“预付账款”科目核算，而不得将预付款作为购入材料物资的价款入账。企业只有在收到购货发票账单后，才能根据发票账单列示的金额登记“材料采购”科目，同时将预付的货款转入“应付账款”科目。

3. 对于发票账单已经收到并已支付或承付货款，但材料尚未到达，应按支付或承付的数额，记入“在途物资”或“材料采购”科目，待材料到达并验收入库后，再按材料的实际成本或计划成本转入“原材料”等科目。

4. 采购的材料物资在运输途中发生的短缺和毁损，应根据不同情况作相应的账务处理。属于定额内的合理损耗计入材料的采购成本；属于供应单位、运输机构、保险公司或其他过失人负责赔偿的损失，应根据赔偿请求单所列的索赔金额，借记“应付账款”“其他应收款”等科目，贷记“原材料”“材料采购”等科目。

现举例说明按计划成本计价时材料收发的核算方法。

【例4-1】顺达房地产开发企业购入水泥一批，买价50 000元，运杂费1 000元，以银行存款支付，水泥已验收入库，其计划成本为52 000元（假设不考虑增值税）。其账务处理方法如下。

（1）支付货款时：

借：材料采购　　51 000

　　贷：银行存款　　51 000

（2）水泥验收入库时：

借：原材料——水泥　　52 000

　　贷：材料采购　　52 000

在实际工作中，对于验收入库的材料，企业也可以于月末按材料类别汇总后，一次结转其计划成本。

【例4-2】顺达房地产开发企业购入木材一批，买价160 000元，运杂费5 000元，企业已签发并承兑票面额为165 000元的商业承兑汇票一张，但月末材料尚未到达（假设不考虑增值税）。其账务处理方法如下：

借：材料采购　　165 000

　　贷：应付票据　　165 000

由于材料月末尚未到达，其买价和运杂费应保留在“材料采购”科目，作为在途材料。待以后月份材料到达并验收入库时，再作入库的账务处理。

【例4-3】顺达房地产开发企业于2×20年3月5日向A公司订购混凝土构件一批，按合同规定预付货款100 000元，以银行存款支付；4月16日，收到A公司的发票账单，该批混凝土构件的买价300 000元，运杂费20 000元，企业签发转账支票一张补付剩余的货款，混凝土构件已到货并验收入库，其计划成本为290 000元。其账务处理方法如下。

（1）预付货款时：

借：预付账款——A 公司　100 000

　贷：银行存款　100 000

（2）收到发票账单时：

借：材料采购　320 000

　贷：预付账款——A 公司　320 000

（3）补付货款时：

借：预付账款——A 公司　220 000

　贷：银行存款　220 000

（4）材料验收入库时：

借：原材料——混凝土构件　290 000

　贷：材料采购　290 000

【例 4-4】顺达房地产开发企业于 2×20 年 3 月 16 日向 M 公司购入钢材一批，其计划成本为 168 000 元，发票账单月末尚未到达，货款未付，按计划成本暂估入账；4 月 8 日，收到 M 公司的发票账单，该批钢材的买价 165 000 元，运杂费 11 000 元，以银行存款支付（假设不考虑增值税）。其账务处理方法如下。

（1）3 月末按计划成本暂估入账时：

借：原材料——钢材　168 000

　贷：应付账款——M 公司　168 000

（2）4 月初冲销暂估应付账款时：

借：应付账款——M 公司　168 000

　贷：原材料——钢材　168 000

（3）4 月 6 日支付货款时：

借：材料采购　176 000

　贷：银行存款　176 000

（4）结转入库材料的计划成本时：

借：原材料——钢材　168 000

　贷：材料采购　168 000

【例 4-5】假设顺达房地产开发企业 2×20 年 3 月已付款并验收入库硅酸盐类材料的计划成本为 400 000 元，实际成本为 450 000 元，月末结转其成本差异。其账务处理方法如下：

借：材料成本差异　50 000

　贷：材料采购　50 000

如为实际成本小于计划成本的差异，则应作相反的会计分录。

【例 4-6】顺达房地产开发企业收到投资者投入的钢材一批，投资合同约定的价值为 420 000 元，与市场公允价值一致，钢材已验收入库，其计划成本为 380 000 元。其账务处理方法如下：

借：原材料——钢材　380 000

　　材料成本差异　40 000

　贷：实收成本　420 000

【**例4－7**】顺达房地产开发企业2×20年6月发出硅酸盐类材料的计划成本为800 000元，其中，开发产品领用680 000元，开发现场管理部门领用50 000元，行政管理部门领用30 000元，其他业务部门领用40 000元，该类材料的本月成本差异率为3%。其账务处理方法如下。

（1）发出材料时：

借：开发成本　680 000
　　开发间接费用　50 000
　　管理费用　30 000
　　其他业务成本　40 000
　　贷：原材料——硅酸盐材料　800 000

（2）月末结转发出材料负担的成本差异时：

借：开发成本　20 400
　　开发间接费用　1 500
　　管理费用　900
　　其他业务成本　1 200
　　贷：材料成本差异　24 000

如为实际成本小于计划成本的差异，则应作相反的会计分录。

【**例4－8**】顺达房地产开发企业按合同规定拨给施工承包单位森达建筑公司钢材一批，抵作预付备料款，其计划成本为150 000元，应负担的材料成本差异为2%，结算价格为120 000元。其账务处理方法如下。

（1）拨付材料抵作预付备料款时：

借：预付账款——森达建筑公司　120 000
　　开发成本　30 000
　　贷：原材料——钢材　150 000

（2）月末结转材料成本差异时：

借：开发成本　30 000
　　贷：材料成本差异　30 000

【**例4－9**】顺达房地产开发企业发出塑钢一批，委托泰信加工厂加工成塑钢窗。发出塑钢的计划成本为200 000元，应负担的材料成本差异为3%。企业以银行存款支付加工费和往返杂费30 000元，塑钢窗已加工完毕验收入库，其计划成本为218 000元。其账务处理方法如下。

（1）发出塑钢时：

借：委托加工物资——泰信加工厂　206 000
　　贷：原材料——塑钢　200 000
　　　　材料成本差异　6 000

（2）支付加工费和往返运杂费时：

借：委托加工物资——泰信加工厂　30 000
　　贷：银行存款　30 000

（3）塑钢窗验收入库时：

借：原材料——塑钢窗　218 000
　　材料成本差异　18 000
　　贷：委托加工物资——泰信加工厂　236 000

二、库存设备的核算

1. 库存设备核算应设置的账户。为了核算企业直接用于开发产品的各种库存设备的实际成本，房地产开发企业应设置“库存设备”账户。其借方登记购入并已验收入库设备的实际成本；贷方登记领用、安装设备的实际成本。期末借方余额反映库存设备的实际成本。该账户应按设备的存放地点和设备的类别、名称等设置有数量、金额的明细账进行核算。

2. 库存设备核算的会计处理。假设企业库存设备的核算采用实际成本计价。

【例4-10】 顺达房地产开发企业采购安全监控设备的采购成本为120 000元，货款已付，但设备尚未到达。企业作如下会计分录：

借：在途物资　120 000
　　贷：银行存款　120 000

【例4-11】 设备入库

上项设备到达企业并已办完验收入库手续。企业作如下会计分录：

借：库存设备　120 000
　　贷：在途物资　120 000

【例4-12】 采购及领用设备

顺达房地产开发企业购入电照设备一台，采购成本18 100元，货款已付并已验收入库。企业作如下会计分录：

借：库存设备　18 100
　　贷：银行存款　18 100

顺达房地产开发企业领用电照设备进行安装，直接用于开发项目，设备实际成本为18 100元。企业作如下会计分录：

借：生产成本　18 100
　　贷：库存设备　18 100

【例4-13】 处置闲置设备

经批准，企业对外销售闲置采暖设备一台，实际成本为32 600元，收回价款为17 500元。企业作如下会计分录：

（1）确认收入时：

借：银行存款　17 500
　　贷：其他业务收入　17 500

（2）结转销售设备的实际成本时：

借：其他业务成本　32 600
　　贷：库存设备　32 600

需要说明的是，实务中一些房地产开发企业将库存设备联同安装一并对外发包，由施工企业进行采购并安装，所以就不对该部分类容进行单独核算，而是就相关合同进行账务处理。但是这些设备的成本最终都要分摊到各个成本核算对象里面，支付工程款并取得发票后，直接计入或分摊到相关成本核算对象成本里面，平时在“生产成本”账户进行核算，待开发产品竣工后再按成本核算对象转入“库存商品”账户。

第三节　委托加工物资和周转材料的核算

一、委托加工物资

（一）委托加工物资的计价

委托加工物资是指企业委托外单位加工的各种材料、商品等物资。企业委托外单位加工物资的成本包括加工中实际耗用物资的成本、支付的加工费用及应负担的运杂费等，支付的税金，包括委托加工物资所应负担的消费税（指属于消费税应税范围的加工物资）等。

（二）委托加工物资的核算科目

为了反映和监督委托加工物资增减变动及其结存情况，企业应当设置“委托加工物资”科目，借方登记委托加工物资的实际成本，贷方登记加工完成验收入库的物资的实际成本和剩余物资的实际成本，期末余额在借方，反映企业尚未完工的委托加工物资的实际成本和发出加工物资的运杂费等。委托加工物资也可以采用计划成本或售价进行核算，其方法与库存商品相似。

（三）委托加工物资的会计核算

与委托加工物资相关的业务主要包括加工材料的发出、加工费用的支付，以及委托加工物资的收回等，以下是各项业务的账务处理方法。

1. 发出物资。企业发给外单位加工的物资，按实际成本，借记“委托加工物资”科目，贷记“原材料”“库存商品”等科目。按计划成本或售价核算的，还应同时结转材料成本差异或商品进销差价。

2. 支付加工费、运杂费等。支付加工费、运杂费等，借记“委托加工物资”科目，贷记“银行存款”等科目。需要交纳消费税的委托加工物资，由受托方代收代交的消费税，借记本科目（收回后用于直接销售的）或“应交税费——应交消费税”科目（收回后用于继续加工的），贷记“应付账款”“银行存款”等科目。

3. 加工完成验收入库。加工完成验收入库的物资和剩余的物资，按加工收回物资的实际成本和剩余物资的实际成本，借记“原材料”“库存商品”等科目，贷记本科目。

采用计划成本或售价核算的，按计划成本或售价，借记“原材料”或“库存商品”科目，按实际成本，贷记本科目，按实际成本与计划成本或售价之间的差额，借记或贷记“材料成本差异”或贷记“商品进销差价”科目。

采用计划成本或售价核算的，也可以采用上期材料成本差异率或商品进销差价率计算分摊本期应分摊的材料成本差异或商品进销差价。

【例 4－14】顺达房地产开发企业委托甲公司加工商品一批 100 000 件，按照我国当前法规的要求，属于应该缴纳消费税的产品，有关经济业务如下：

（1）2×20年1月30日，发出材料一批，计划成本为6 000 000元，材料成本差异率为-3%。应作如下会计处理：

①发出委托加工材料时：

借：委托加工物资　6 000 000
　贷：原材料　6 000 000

②结转发出材料应分摊的材料成本差异时：

借：材料成本差异　180 000
　贷：委托加工物资　180 000

（2）2月20日，支付商品加工费120 000元，支付应当交纳的消费税660 000元，该商品收回后用于连续生产，消费税可抵扣，顺达房地产开发企业和甲公司均为一般纳税人，适用增值税税率为9%。应作如下会计处理：

借：委托加工物资　120 000
　应交税费——应交消费税　660 000
　　——应交增值税（进项税额）　10 800
　贷：银行存款　790 800

（3）3月4日，用银行存款支付往返运杂费10 000元。

借：委托加工物资　10 000
　贷：银行存款　10 000

（4）3月5日，上述商品100 000件（按售价计量，每件售价为65元）加工完毕，甲公司已办理验收入库手续。

借：原材料　6 500 000
　贷：委托加工物资　5 950 000
　　商品进销差价　550 000

需要注意的是，需要交纳消费税的委托加工物资，由受托方代收代交的消费税，收回后用于直接销售的，记入“委托加工物资”科目；收回后用于继续加工的，记入“应交税费——应交消费税”科目。

二、周转材料

周转材料，是指企业能够多次使用、逐渐转移其价值但仍保持原有形态，且不确定为固定资产的材料，如包装物、低值易耗品、钢模板、木模板、脚手架和其他周转材料等。

由于周转材料可以在一定期间内多次使用，与一次性消耗材料不同，在核算上将它们归并在“周转材料”账户之中，并对其损耗价值采用一次转销法、五五摊销法或分次摊销法计入成本或费用。

由于周转材料反复使用，它的价值是逐渐转移到成本费用中的，因此在核算上既要反映它的原值，又要反映它的损耗价值。根据这个要求，对周转材料应在“周转材料”科目下分别设置“在用周转材料”“在库周转材料”和“周转材料摊销”三个二级科目，用以反映在用周转材料的原值和损耗价值。

1. 一次转销法。一次转销法是指在领用周转材料时，将其成本一次全部摊入成本费用的做法。这种做法适用于使用期限短、单位价值低、容易损坏、一次用量较小的周转材料。

2. 五五摊销法。五五摊销法也称“五成摊销法”，是指在领用周转材料时先摊销其计划成本（或实际成本）的50%，报废时再摊销其余的50%（扣除收回的残值）的做法。这种方法适用于各期领用数量和报废数量比较均衡的周转材料，周转材料报废之前，账面上保留有相应的记录，有利于周转材料的实物管理。

【例4-15】顺达房地产开发企业某项目部本月领用周转材料一批，实际成本为3 000元，采用五五摊销法摊销其成本。

领用时：

借：周转材料——在用周转材料　3 000
　　贷：周转材料——在库周转材料　3 000
借：开发间接费用　1 500
　　贷：周转材料——周转材料摊销　1 500

报废时：

借：开发间接费用　1 500
　　贷：周转材料——周转材料摊销　1 500
借：周转材料——周转材料摊销　3 000
　　贷：周转材料——在用周转材料　3 000

3. 分次摊销法。分次摊销法是指在领用周转材料时，按其预计的可使用次数（或可使用期限、可完成工作量等）计算各次（或各期、本期工作量）的摊销额的方法，分次摊销法比较准确合理，有利于对周转材料实物的管理，但计算及处理较为麻烦，一般使用于单位价值较高、使用周期较长的周转材料。

采用分次摊销法确定摊销额可参考以下公式：

$$周转材料每使用一次摊销额=\frac{周转材料原值\times(1-残值占原值的\%)}{预计使用次数}$$

$$周转材料每月摊销额=\frac{周转材料原值\times(1-残值占原值的\%)}{预计使用月数}$$

周转材料每月摊销额=该月完成的建筑安装工程量×单位工程量周转材料消耗定额

【例4-16】2×20年1月1日，顺达房地产开发企业某项目部本月领用周转材料一批，实际成本为12 000元，采用分期摊销法摊销其成本，预计该周转材料可使用6个月，预计残值率为2%。

1月1日领用周转材料时：

借：周转材料——在用周转材料　12 000
　　贷：周转材料——在库周转材料　12 000

1月~6月，每月末摊销时：

借：开发间接费用　1 960
　　贷：周转材料——周转材料摊销　1 960

6月末，周转材料按期报废，残料价值200元，已验收入库，回收残值、注销周转材料：

借：原材料——其他材料　200
　　开发间接费用　40
　　贷：周转材料——周转材料摊销　240

借：周转材料——周转材料摊销　12 000

　　贷：周转材料——在用周转材料　12 000

房地产开发企业周转材料的摊销方法，由企业根据实际情况自行决定，但要遵守一致性原则。方法一经确定，不得随意变更，如确有必要变更，应当将变更的原因、变更的情况及其对企业财务状况和经营成果的影响在财务报告中加以说明。在实务中，房地产开发企业为简化核算手续通常按一次转销法和分期摊销法对周转材料进行核算。

第四节　开发产品的核算

一、开发产品的内容及分类

（一）开发产品的内容

开发产品是指房地产开发企业已经完成全部开发过程，并已验收合格，合乎设计标准，可以按照合同规定的条件移交购货单位，或者可以作为商品对外销售的产品，包括已开发完成的土地、房屋、配套设施和代建工程等。

（二）开发产品的分类

开发产品按用途的不同可分为以下几类：

1. 土地。土地是指房地产开发企业为出租或有偿转让而开发的商品性建设场地。企业为建设商品房、出租方、周转房而开发的自用建设场地属于企业的中间产品，不能列入开发产品。但如果企业开发完工的自用建设场地近期不使用，可以暂时视同最终产品。

2. 房屋。房屋包括为销售而开发建设的商品房、为出租而开发建设的出租方、为安置被拆迁居民周转使用而开发建设的周转房和受其他单位委托代为开发的房屋。

3. 配套设施。配套设施是指属于城市建设规划中的大型配套设施。具体包括：

（1）开发项目外为居民服务的给排水、供电、供暖、供气的增容及交通道路。

（2）开发项目内的营业性公共配套设施，如银行、商店、邮局等。

（3）开发项目内非营业性公共配套设施，如中小学、医院、文化站等。

4. 代建工程。代建工程是指企业接受其他单位委托，代为开发建设的各种工程，包括建设场地、房屋及其他工程等。

（三）特殊开发产品的核算

对于一些特殊的开发产品，企业应单独设置账户进行核算。这些特殊的开发产品包括：

1. 分期收款开发产品。指企业以分期收款方式销售的在全部款项收回之前其全部或部分产权仍归属企业的开发产品。

2. 出租开发产品。指房地产开发企业利用开发完成的土地和房屋，进行商业性出租的开发产品。其特点是以盈利为目的，已收取租金作为经营获利的手段。

3. 周转房。指房地产开发企业用与安置拆迁居民周转使用、产权归本企业所有的各种房屋。具体包括：①在开发建设过程中已明确其为安置被拆迁居民周转使用的房屋；②企业开发完成的商品房，在尚未销售以前用于安置被拆迁居民周转使用的房屋；③企业搭建的用于安置被拆迁居民周转使用的临时性简易房屋。

二、开发产品的核算

1. 开发产品的核算方法，开发产品应按其实际成本进行核算。

2. 应设置的会计科目。为核算企业已完成产品的实际成本，企业应设置“开发产品”账户。该账户借方登记竣工验收开发产品的实际成本，贷方反映结转对外转让、销售和结算的开发产品的实际成本。借方余额反映尚未转让、销售和结算的开发产品的实际成本。本账户应按土地、房屋、配套设施和代建工程等设置明细账户，并在明细账户下按成本核算对象设置帐页进行核算。

3. 开发产品核算的账务处理。

【例 4－17】 顺达房地产开发企业开发建设的高科家园小区，本月有关业务如下：

（1）小区 2 号楼已竣工，验收合格，实际总成本 3 000 万元。应作账务处理如下：

借：开发产品——房屋　　30 000 000

　　贷：开发成本——房屋开发　　30 000 000

（2）企业开发的高科家园小区配套工程已竣工验收，实际成本为 380 万元。应作账务处理如下：

借：开发产品——配套设施　　3 800 000

　　贷：开发成本——配套设施　　3 800 000

（3）高科家园小区住宅已部分销售，共取得销售收入 720 万元，结转销售成本 540 万元。应作账务处理如下：

借：库存现金　　7 200 000

　　贷：主营业务收入　　7 200 000

借：主营业务成本——商品房销售成本　　5 400 000

　　贷：开发产品——房屋　　5 400 000

（4）将开发的营业性配套设施——商店，作为从事第三产业的经营用房投入使用，实际成本 260 万元。应作账务处理如下：

借：固定资产　　2 600 000

　　贷：开发产品——配套设施　　2 600 000

第五节　存货清查和期末计量

一、存货清查

为保证存货的完整，做到账实相符，房地产开发企业必须建立存货清查盘点制度。由于存货种类繁多，收发频繁，并分散在各个仓库、现场存储，加上有的存货计量不准、自然损耗、收发时点错数量，以及人为短缺等原因，使存货账面结存数量和实际数量不符，因此，必须通过清查盘点进行检查核实。

存货的清查盘点，在平时应当轮流进行。每年在编制年度财务决算以前，还要进行一次全面清理盘点，使年度会计报表的数字正确可靠。

为反映企业财产物资的盘盈盘亏情况，应设置“待处理财产损溢”科目，借方登记盘亏、毁损数额及盘盈的转销数额，贷方登记盘盈数额及盘亏、毁损的转销数额，借方余额表示待处理财产的损失数额，贷方余额表示待处理财产的溢余数额。本账户应设置“待处理流动资产损溢”和“待处理固定资产损溢”两个明细科目，存货清查结果的处理应通过“待处理流动资产损溢”进行。

存货清查过程中的盈亏，在未经批准以前，应先根据“材料（设备）盘点盈亏报告单”，登记有关存货明细账卡，并从“库存材料”“库存设备”科目的贷方转到“待处理财产损溢——待处理流动资产损溢”科目的借方，作如下分录入账：

借：待处理财产损溢——待处理流动资产损溢

　　贷：库存材料（或库存设备）

对于原材料盘亏一般都按实际成本计算。在材料收发按计划价格计价时，除按计划价格或成本记入“库存材料”科目的贷方外，还要自“材料成本差异”科目将属于盘亏材料的成本差异，转入“待处理财产损溢——待处理流动资产损溢”科目的借方（如材料实际成本小于计划价格或成本时作相反分录）。

借：待处理财产损溢——待处理流动资产损溢

　　贷：材料成本差异

原材料盘点盈亏经由关部门批准后，再根据“材料（设备）盘点盈亏报告单”，分不同情况进行账务处理。

凡能以正当理由说明的材料短缺，如定额内自然损耗等，应计入管理费用：

借：管理费用

　　贷：待处理财产损溢——待处理流动资产损溢

由于原材料保管人员等过失造成的原材料损失，如能确定过失人员应负经济责任的，对赔偿款应记入“其他应收款”“应付职工薪酬”等科目的借方；不能确定过失人员的，经有关部门批准后，将它记入“管理费用”科目的借方：

借：其他应收款

　　应付职工薪酬

　　管理费用

　　贷：待处理财产损溢——待处理流动资产损溢

凡由于自然灾害等不可抗拒原因造成的原材料短缺，按规定手续报经有关部门批准后，应将扣除保险公司赔款后的净损失，记入“营业外支出——非常损失”科目的借方：

借：营业外支出——非常损失

　　其他应收款——应收保险公司赔偿款

　　贷：待处理财产损溢——待处理流动资产损溢

对原材料盘盈，应根据“材料（设备）盘点盈亏报告单”，登记有关原材料明细账卡，并按计划价格或估计价格记入“库存材料”“库存设备”科目的借方和“待处理财产损溢——待处理流动资产损溢”科目的贷方：

借：库存材料（或库存设备）

　　贷：待处理财产损溢——待处理流动资产损溢

按规定报经批准后，将盘盈原材料自“待处理财产损溢——待处理流动资产损溢”科目冲减有关费用科目：

借：待处理财产损溢——待处理流动资产损溢

　　贷：管理费用

二、存货期末计量

会计期末，为了客观真实的反映企业期末存货的实际价值，根据《企业会计准则第1号——存货》的规定，资产负债表日，存货应当按照成本与可变现净值孰低计量。存货成本高于其可变现净值的。应当计提存货跌价准备，计入当期损益。

可变现净值，是指在日常活动中，存货的估计售价减去至完工时估计将要发生的成本、估计的销售费用以及相关税费后的金额。

企业确定存货的可变现净值，应当以取得的确凿证据为基础，并且考虑持有存货的目的、资产负债表日后事项的影响等因素。为生产而持有的材料等，用其生产的产成品的可变现净值高于成本的，该材料仍然应当按照成本计量；材料价格的下降表明产成品的可变现净值低于成本的，该材料应当按照可变现净值计量。

为执行销售合同或者劳务合同而持有的存货，其可变现净值应当以合同价格为基础计算。企业持有存货的数量多于销售合同订购数量的，超出部分的存货的可变现净值应当以一般销售价格为基础计算。

企业通常应当按照单个存货项目计提存货跌价准备。对于数量繁多、单价较低的存货，可以按照存货类别计提存货跌价准备。与在同一地区生产和销售的产品系列相关、具有相同或类似最终用途或目的，且难以与其他项目分开计量的存货，可以合并计提存货跌价准备。

资产负债表日，企业应当确定存货的可变现净值。以前减记存货价值的影响因素已经消失的，减记的金额应当予以恢复，并在原已计提的存货跌价准备金额内转回，转回的金额计入当期损益。

【例4-18】顺达房地产开发企业经财产清查，发现盘盈钢材一批，计划成本4 320元，经查明是由于收发计量上的差错造成的。企业作如下会计分录：

（1）报经批准前：

借：原材料　　4 320

　　贷：待处理财产损溢——待处理流动资产损溢　　4 320

（2）报经批准后：

借：待处理财产损溢——待处理流动资产损溢　　4 320

　　贷：管理费用　　4 320

【例4-19】顺达房地产开发企业经财产清查，发现盘亏材料一批，计划成本8 000元，材料成本差异率为价差3%。经查明，属于定额内损耗980元，超定额损耗1 520元，应由过失人负责赔偿的损失1 250元，属于自然灾害造成的净损失4 490元。企业作如下会计分录：

（1）报经批准前：

借：待处理财产损溢——待处理流动资产损溢　　8 240

　　贷：原材料　　8 000

　　　材料成本差异　240

（2）报经批准后：

借：管理费用　2 500

　　其他应收款　1 250

　　营业外支出——非常损失　4 490

　　贷：待处理财产损溢——待处理流动资产损溢　8 240

【例 4-20】 2×20 年 12 月 31 日，顺达房地产开发企业存货的账面成本为 450 000 元，可变现净值为 300 000 元。企业作如下会计分录：

借：资产减值损失——存货减值损失　150 000

　　贷：存货跌价准备　150 000

【例 4-21】 承【例 4-20】，假设 2×21 年 6 月 30 日，存货可变现净值为 380 000 元。企业作如下会计分录：

借：存货跌价准备　80 000

　　贷：资产减值损失——存货减值损失　80 000

【例 4-22】 承【例 4-21】，假设 2×21 年 12 月 31 日，存货可变现净值为 500 000 元。企业作如下会计分录：

借：存货跌价准备　70 000

　　贷：资产减值损失——存货减值损失　70 000

本章小结

存货是企业在正常生产经营过程中持有以备出售的产成品或商品，或者为了出售仍然处在生产过程中的在产品，或者将在生产过程或提供劳务过程中耗用的材料、物料等。房地产开发企业的存货主要包据各类材料、库存设备、周转材料、委托加工物资、在建开发产品、已完工开发产品、出租开发产品和周转房等。存货确认的前提条件是与该存货相关的经济利益很有可能流入企业，并且该存货的成本能够可靠计量。

一、本章关键词

存货（stock）
实际成本法（actual cost method）
先进先出法（first - infirst - out method）
月末一次加权平均法（monthly weignted average method）
移动加权平均法（moring weighted average method）
个别计价法（individual valuation method）
委托加工物资（entrusted processing）
周转材料（revolving materials）
开发产品（product development）
成本与可变现净值孰低（cost vs net realizable value method）

二、思考题

1. 什么是存货？房地产开发企业的存货包括哪些种类？
2. 如何对存货进行计价，包括哪些方法？
3. 什么是库存材料和库存设备？如何进行会计处理？
4. 作为房地产开发企业存货的开发产品如何进行会计核算？
5. 存货盘盈、盘亏如何进行会计核算？
6. 存货期末计量如何进行会计核算？
7. 如何进行周转材料的核算？

三、基础训练测试

（一）单项选择题

1. 下列材料物资中，不属于房地产开发企业存货的是（　　）。
A. 在途物资　　B. 工程物资
C. 委托加工物资　　D. 周转材料
2. 下列项目中，不属于房地产开发企业存货范围的是（　　）。
A. 委托外单位加工的材料　　B. 已付货款正在运输途中的外购材料
C. 委托代销的商品　　D. 已开出发票售出但购货方尚未运走的商品

3. 房地产开发企业采购过程中发生的存货短缺，应计入有关存货采购成本的是（　　）。

A. 运输途中的合理损耗　B. 运输单位的责任造成的存货短缺

C. 供货单位的责任造成的存货短缺　D. 意外事故等非正常原因造成的存货短缺

4. 房地产开发企业的存货计价采用先进先出法，在存货价格上涨的情况下，将会使企业（　　）。

A. 期末存货减少，当期利润减少　B. 期末存货减少，当期利润增加

C. 期末存货升高，当期利润减少　D. 期末存货升高，当期利润增加

5. 某房地产开发企业购进工程材料一批，支付买价 6 000 元，装卸费 500 元，入库前挑选整理费 200 元，该批工程材料的采购成本是（　　）元。

A. 6 000　B. 6 700

C. 6 500　D. 5 920

6. 下列存货相关损失项目中，不应计入当期损溢的是（　　）。

A. 收发过程中计量差错引起的存货盘亏　B. 责任事故造成的存货净损失

C. 购入存货运输途中发生的合理损耗　D. 自然灾害造成的存货净损失

7. 房地产开发企业期末存货成本如果计价过高，可能会引起（　　）。

A. 当期利润增加　B. 当期销售收入增加

C. 当期所得税增加　D. 当期所有者权益增加

8. 在物价持续下跌的情况下，房地产开发企业发出存货采用（　　）方法更能体现谨慎性要求。

A. 移动加权平均法　B. 月末一次加权平均法

C. 个别计价法　D. 先进先出法

9. 房地产开发企业存货期末计价采用成本与可变现净值孰低法，体现的是会计核算信息质量的（　　）要求。

A. 谨慎性　B. 重要性

C. 可比性　D. 客观性

10. 某房企盘亏 A 材料 1 000 千克，计划单价 10 元，材料成本差异率为 4%，经查明盘亏系保管人员失职所致，则该保管人员应赔偿（　　）元。

A. 10 400　B. 9 600

C. 10 000　D. 9 615

11. 房地产开发企业外购存货所发生的由本企业负担的自然灾害损失，应计入（　　）。

A. 期间费用　B. 入库存货的成本

C. 营业外支出　D. 销货成本

（二）多项选择题

1. 下列属于房地产开发企业存货范围的有（　　）。

A. 库存材料　B. 委托其他单位代销的商品房

C. 其他单位委托本单位代销的商品房　D. 委托外单位加工的材料

E. 购入的在途物资

2. 影响房地产开发企业存货入账价值的因素主要有（　　）。

A. 购货发票上注明的购货价格
B. 企业负担的购入存货运杂费
C. 购入存货应依法缴纳的价内税，如关税等
D. 管理费用
E. 开发间接费用

3. 根据企业会计准则的规定，房地产开发企业发出存货的计价可以采用（　　）。
A. 先进先出法　　B. 个别计价法
C. 月末一次加权平均法　　D. 移动加权平均法
E. 后进先出法

4. “材料成本差异”账户贷方核算的内容有（　　）。
A. 结转发出材料应负担的超支差异　　B. 结转发出材料应负担的节约差异
C. 入库材料成本超支差异　　D. 入库材料成本节约差异
E. 结转材料成本

5. 下列各项中，属于房地产开发企业周转材料摊销方法的有（　　）。
A. 一次摊销法　　B. 分次摊销法
C. 五五摊销法　　D. 分期摊销法
E. 定额摊销法

6. 房地产开发企业委托其他单位加工的物资，其实际成本应包括（　　）。
A. 支付加工物资的往返运杂费　　B. 委托加工物资应负担的增值税
C. 委托加工合同的印花税　　D. 委托加工费用
E. 加工中耗用物资的实际成本

7. 下列有关存货清查的说法正确的有（　　）。
A. 存货清查是企业财产清查的一个重要方面
B. 存货清查可弄清企业有无属于呆滞积压物资的存货
C. 存货清查工作要形成制度
D. 仓库保管员调离工作时，应按规定进行存货实物盘点工作
E. 在永续盘存制下，存货清查没什么意义

8. 下列情形中，表明存货的可变现净值为零的情况有（　　）。
A. 已霉烂变质的存货
B. 已过期但是有转让价值的存货
C. 生产中已不再需要，并且已无使用价值和转让价值的存货
D. 其他足以证明已无使用价值和转让价值的存货
E. 非正常情况造成的存货损失

9. 存货按计划成本计价核算的房地产开发企业（　　）。
A. 应设置“材料采购明细账”“原材料明细账”和“材料成本差异明细账”
B. 必须编制存货计划价格目录
C. 存货入库时，按计划成本记入存货明细账
D. 材料采购账户贷方按入库存货的计划成本入账
E. 发出的存货应以实际成本记入存货明细账

（三）业务题

1. 某房地产开发公司周转材料采用分期摊销法摊销其成本。2×21 年 1 月 1 日，公司某项目部项目本月领用周转材料一批，实际成本为 36 000 元，预计该周转材料可使用 6 个月，预计残值率为 1%。请编制该批周转材料领用、摊销和报废的相关会计分录。

2. 2×21 年 12 月 31 日，某房地产开发企业期末存货有关资料如下：

甲商品房，账面余额为 1 000 万元，按照一般市场价格预计售价为 1 100 万元，预计销售费用和相关税费为 20 万元。已计提存货跌价准备 40 万元。

乙商品房，账面余额为 400 万元，其中，有 20% 已签订销售合同，合同价款为 80 万元；另有 80% 未签订合同。期末库存乙商品房如果按照一般市场价格计算，其预计销售价格为 440 万元。有合同部分乙商品房的预计销售费用和税金为 3 万元，无合同部分乙商品房的预计销售费用和税金为 12 万元。此前未计提存货跌价准备。

分别计算上述存货的期末可变现净值和应计提的跌价准备，并进行相应的会计处理。

第五章　非流动资产

学习目标

知识目标：要求学生熟悉如下重点概念——固定资产、以摊余成本计量的金融资产、以公允价值计量且其变动计入其他综合收益的金融资产、长期股权投资、投资性房地产和无形资产；掌握这些资产确认条件、初始计量、后续计量以及处置；熟悉不同方法下固定资产折旧金额的计算、债权投资的实际利息和摊余成本的计算；理清其他债权投资和其他权益工具投资的不同会计处理方式、长期股权投资在成本法和权益法不同的会计处理、投资性房地产以成本模式计量和公允价值模式计量不同的会计处理、无形资产内部研发支出的处理。

能力目标：能提前阅读相关会计准则，预习相关概念和规定，熟悉理论，掌握方法、理清不同资产的会计处理方式，通过掌握本章知识点为以后章节的学习打下基础。

教学建议

综合运用启发式、提问式、互动式教学方法及讨论等方式，结合 PPT 多媒体课件等教学手段，使学生能提前阅读相关会计准则，预习教材内容、把握重点和难点，课堂提高效率认真听课，课后独立完成作业和巩固复习，并不断总结、提炼。与老师同学深入探讨，提升学生的专业应用技巧与能力，扩展学生的知识面与思维方式。

本章导读

房地产企业多元化业务——对外投资

2020 年，中国的房地产行业逆市上行，在经历了第一季度的停摆后迅速复苏，商品房全年成交额又创出了新高。据中指研究院的统计，2020 年百亿企业销售额平均增速为 14.4%。相较销售市场，开发商在资本市场的处境要困难得多。房地产开发指数从年初的低点起步，逐渐爬上 8 月份相对高点，然而好景不长，自 2020 年 8 月下旬开始，行业指数便持续向下，全年跌幅近 11%，远远跑输同期上证指数 12.6% 的涨幅，位列最惨烈行业板块之一。2020 年地产股的颓势，与“三道红线”监管政策的出台息息相关。“8 月份以后，地产股受到了‘三道红线’的影响。”融资新规改变了整个地产行业的增长预期。鉴于地产业务本身已无太多想象空间，不少机构开始将目光投向了拥有多元化业务的发展商。中国恒大便是一个典型案例，2020 年 12 月，该公司斥资 9.2 亿港元在二级市场增持了 1.035 亿股恒大物业股份，还花了超过 20 亿港元增持恒大汽车，就连新成立的房车宝集团都是奔着万亿元估值去的。2021 年 1 月 5 日，珠江投资与广汽集团签订了战略合作协议，计划投资 19.23 亿元切入新能源汽车领域。

资料来源：中国房地产报。

第一节　房地产企业的固定资产

一、固定资产概述

（一）固定资产的含义及特征

固定资产，是指同时具有以下特征的有形资产：①为生产商品、提供劳务、出租或经营管理而持有；②使用寿命超过一个会计年度。

房地产开发企业的固定资产包括使用期限在 1 年以上的主要劳动资料，还包括一些非开发经营用房屋及单位价值在 2 000 元以上、使用年限在 2 年以上的设备。作为开发地产企业主要劳动资料的固定资产应具有如下三个基本特点：

1. 持有固定资产的目的是用于开发经营活动，不是为了出售。这一特征是将房地产开发企业的固定资产与其开发产品区别开来的重要标志。房地产开发企业开发的商品房、出租房和周转房，虽然也具有使用期限较长、在使用中保持原有实物形态的特点，但是它们的取得都是为了销售，只能作为开发产品管理和核算。

2. 固定资产的使用寿命超过一个会计年度。固定资产的使用寿命，企业使用固定资产的预计期间，某些机器设备或运输设备等固定资产的使用寿命，可以以该固定资产所能生产产品或提供劳务的数量来表示。因此，为取得固定资产而发生的支出，属于资本性支出，而非收益性支出，从而将它与流动资产中的包装物及低值易耗品等工具区分开来。固定资产的寿命是有限的（土地除外），这说明必须将固定资产的价值采用一定的方法分摊到费用中去，必须按期计提折旧。

3. 固定资产能多次参加开发经营活动，保持原来的实物形态。这表明固定资产作为劳动工具和劳动条件，随着使用的时间和强度，逐渐将其价值转移到开发的产品中去，长久地维持着自己的物质形态。该特征将固定资产与无形资产区别开来。

（二）固定资产的分类

通常，结合固定资产的经济用途和使用状况综合分类，固定资产可以分为以下七大类：①开发经营用固定资产，是指直接服务于企业开发经营过程的各种固定资产，如开发经营用房屋、建筑物、机械设备、运输设备、试验设备及仪器和办公管理用设备等；②非开发经营用固定资产，如职工宿舍、食堂、浴室、理发室、托儿所等使用的房屋、设备和其他固定资产；③租出固定资产；④不需用固定资产；⑤未使用的固定资产；⑥融资租入的固定资产；⑦土地。

（三）固定资产的确认

固定资产在符合其定义的前提下，应当同时满足以下两个条件，才能加以确认：①与固定资产有关的经济利益很可能流入企业，主要通过判断与该固定资产有关的风险和报酬是否转移到企业来确定；②该固定资产的成本能够可靠地计量，企业取得该固定资产所发生的支出必须能够可靠地计量或者合理估计。

二、固定资产取得的会计核算

固定资产应该按照取得成本进行初始计量，该成本是指房地产开发企业所取得的固定资产达到预定可使用状态之前的所有合理的、必要的支出。这些支出既有直接发生的购买或建造价款、运杂费、包装费、进口关税、保险费和安装费等，又有间接发生的借款利息、外币借款折算差额以及应分摊的其他间接费用。

为了核算、监督固定资产的取得过程及其结果，房地产开发企业应设置系列会计科目：

1. “固定资产”科目。它属于资产类科目，借方登记增加的固定资产的原价；贷方登记减少固定资产的原价；期末余额反映企业持有的固定资产原价。企业应设置“固定资产登记簿”和“固定资产卡片”进行登记。

2. “工程物资”科目。它属于资产类科目，用来核算企业为在建工程准备的各种物资的成本，包括工程用材料、尚未安装的设备以及为生产准备的工器具等。借方登记购入的工程物资成本；贷方登记领用的工程物资的成本。

3. “在建工程”科目。它属于资产类科目，用来核算企业基建、更新改造等在建工程发生的支出。借方登记各项在建工程所发生的实际成本；贷方登记结转的各项在建工程成本；期末借方余额反映企业尚未达到预定可使用状态的在建工程的成本。

房地产开发企业取得固定资产的方式不同，它们的会计处理方法也不同。

（一）购入固定资产的会计核算

购入的固定资产，按照买价加上支付的运输费、保险费、包装费、安装调试费和缴纳的税金等计价。企业购建固定资产交纳的固定资产投资方向调节税、耕地占用税，计入固定资产价值。

1. 购入不需要安装的固定资产。按照发生的实际成本，直接计入“固定资产”；按可抵扣的增值税，计入“应交税费——应交增值税（进项税额）”。

【例 5-1】 2×21 年 9 月，顺达房地产开发企业购入一台不需要安装的设备，取得的增值税专用发票上注明的设备价款为 200 万元，增值税按规定可以抵扣，该增值税进项税额为 26 万元，发生运输费 4 000 元，款项全部付清。账务处理如下：

借：固定资产	2 004 000	
应交税费——应交增值税（进项税额）	260 000	
贷：银行存款		2 264 000

2. 购入需要安装的固定资产。按照发生的实际成本，先通过“在建工程”归集，安装完成达到可使用状态后转入“固定资产”。按可抵扣的增值税，计入“应交税费——应交增值税（进项税额）”。

【例 5-2】 2×21 年 11 月，顺达房地产开发企业购入一台需要安装的设备，取得的增值税专用发票上注明的设备价款为 100 万元，增值税进项税额为 13 万元，该增值税按规定可以抵扣，发生运输费 5 000 元，款项全部付清。安装设备时，领用本公司原材料一批，价值 2 万元，购进该原材料时支付的增值税进项税额为 2 600 元；支付安装工人工资 7 000 元，支付其他费用3 000元。2×21年12月该设备达到预定可使用状态。账务处理如下：

（1）购入需要安装设备时

借：在建工程　1 005 000

　　应交税费——应交增值税（进项税额）　130 000

　　贷：银行存款　1 135 000

（2）支付安装工人工资、其他费用、领用材料时：

借：在建工程　32 600

　　贷：原材料　20 000

　　　　应交税费——应交增值税（进项税额转出）　2 600

　　　　应付职工薪酬　7 000

　　　　银行存款　3 000

（3）设备安装完毕达到预定可使用状态：

借：固定资产　1 037 600

　　贷：在建工程　1 037 600

（二）自行建造固定资产的会计核算

在自营方式下建造的固定资产，按照建造过程中实际发生的全部支出计价，包括直接材料、直接人工、直接机械施工费用等，按可抵扣的增值税，计入“应交税费——应交增值税（进项税额）”。核算时，先通过“在建工程”科目归集，借记“在建工程”，贷记“银行存款”“工程物资”“应付职工薪酬”等；工程达到可使用状态时，由“在建工程”转入“固定资产”。

（1）购入工程物资。

借：工程物资

　　应交税费——应交增值税（进项税额）

　　贷：银行存款

（2）领用工程物资。

借：在建工程

　　贷：工程物资

（3）领用原材料。

借：在建工程

　　贷：原材料

　　　　应交税费——应交增值税（进项税额转出）

（4）计算施工人员工资。

借：在建工程

　　贷：应付职工薪酬

（5）工程竣工交付使用。

借：固定资产

　　贷：在建工程

（三）接受投资的固定资产

投资者投入的，按照评估确认或者合同、协议约定的价值计价。

借：固定资产

　　贷：实收资本（或“股本”）

三、固定资产的折旧

（一）固定资产计提折旧的有关规定

1. 计提折旧的固定资产，包括房屋及建筑物、在用施工机械、运输设备 、生产设备、仪器及试验设备、其他固定资产，季节性停用、修理停用的固定资产，融资租赁方式租入和经营租赁方式租出的固定资产。

2. 不计提折旧的固定资产，包括除房屋及建筑物以外的未使用、不需用固定资产，经营租赁方式租入的固定资产，已提足折旧继续使用的固定资产，破产、关停企业的固定资产等。

3. 企业固定资产折旧，从固定资产投入使用月份的次月起，按月计提。停止使用的固定资产，从停用月份的次月起，停止计提折旧。提足折旧的逾龄固定资产不再计提折旧。企业计提固定资产折旧一般采用平均年限法和工作量法。技术进步较快或使用寿命受工作环境影响较大的施工机械和运输设备，经财政部批准，可采用双倍余额递减法或年数总和法计提折旧。

（二）固定资产计提折旧的方法

1. 平均年限法。平均年限法又称直线法，是将固定资产的应提折旧总额平均的分配到预计使用寿命期间的折旧方法。平均年限法的固定资产折旧率和折旧额的计算公式为：

年折旧率 =（1 - 预计净残值率）÷ 折旧年限 × 100%

月折旧率 = 年折旧率 ÷ 12

月折旧额 = 固定资产原值 × 月折旧率

净残值率按照固定资产原值的 3% ~ 5% 确定，净残值率低于 3% 或者高于 5% 的，由企业自主确定，报主管财政机关备案。

【例 5 - 3】 顺达房地产开发企业 2 × 21 年 1 月对投入使用的一台设备开始计提折旧，其原始成本为 50 000 元，预计净残值 2%，预计使用年限为 5 年。

采用平均年限法计算年折旧额、月折旧额、年折旧率、月折旧率：

年折旧率 =（1 - 预计净残值率）÷ 折旧年限 × 100%

　　　　 =（1 - 2%）÷ 5 × 100% = 19.6%

年折旧额 = 50 000 × 19.6% = 9 800（元）

月折旧率 = 年折旧率 ÷ 12 = 19.6% ÷ 12 = 1.633%

月折旧额 = 固定资产原值 × 月折旧率 = 50 000 × 1.633% = 816.5（元）

2. 工作量法。工作量法是指根据固定资产在经营过程中实际完成的工作量（行驶里程、工作小时等）计算固定资产折旧额的一种方法。也可按同类固定资产折旧年限换算确定。企业按照上述规定，有权选择具体折旧方法和折旧年限，在开始实行年度前报主管财政机关备案。

采用工作量法的固定资产折旧额计算公式为：

（1）按照行驶里程计算折旧的公式：

单位工作量折旧额 = 原值 ×（1 - 预计净残率）÷ 总行驶里程

（2）按照工作小时计算折旧的公式：

单位工作量折旧额 = 原值 ×（1 - 预计净残值率）÷ 总工作小时

月折旧额 = 该固定资产当月实际完成工作量 × 单位工作量折旧额

【例 5 - 4】 顺达房地产开发企业 2 ×21 年 1 月对投入使用的设备开始计提折旧，其原始成本为 50 000 元，预计净残值 2%，预计使用年限为 5 年。在使用年限内估计工作量总计 50 000小时，每年实际工作分别 20 000 小时、10 000 小时、9 000 小时、7 000 小时和 4 000 小时。

单位工作量折旧额 = 50 000 ×（1 - 2%）÷ 50 000 = 98%

第一年折旧额 = 20 000 × 98% = 19 600（元）

第二年折旧额 = 10 000 × 98% = 9 800（元）

第三年折旧额 = 9 000 × 98% = 8 820（元）

第四年折旧额 = 7 000 × 98% = 6 860（元）

第五年折旧额 = 4 000 × 98% = 3 920（元）

3. 双倍余额递减法。双倍余额递减法是指在不考虑固定资产净残值的情况下，以固定资产期初账面余额作为折旧基数，以直线法折旧率的双倍作为折旧率来计算固定资产折旧的一种方法。

采用双倍余额递减法的固定资产折旧率和折旧额的计算公式为：

年折旧率 = 2 ÷ 折旧年限 × 100%

月折旧率 = 年折旧率 ÷ 12

月折旧额 = 固定资产账面净值 × 月折旧率

实行双倍余额递减法的固定资产，应当在其固定资产折旧年限到期前两年内，将固定资产净值扣除预计净残值后的净额平均摊销，即改用直线法平均计算最后两年的折旧额。

【例 5 - 5】 顺达房地产开发企业 2 ×21 年 1 月对投入使用的一台设备开始计提折旧，其原始成本为 50 000 元，预计净残值 2%，预计使用年限为 5 年。

采用双倍余额递减法计算各年折旧额：

年折旧率 = 2 ÷ 5 × 100% = 40%

第一年折旧额 = 50 000 × 40% = 20 000（元）　余额 50 000 - 20 000 = 30 000（元）

第二年折旧额 = 30 000 × 40% = 12 000（元）　余额 30 000 - 12 000 = 18 000（元）

第三年折旧额 = 18 000 × 40% = 7 200（元）　余额 18 000 - 7 200 = 10 800（元）

固定资产净残值 = 50 000 × 2% = 1 000（元）

第四年折旧额 = 第五年折旧额 =（10 800 - 1 000）÷ 2 = 4 900（元）

4. 年数总和法。年数总和法是指将固定资产的应提折旧额乘以初年递减的折旧率来计算折旧额的一种方法。采用年数总和法的固定资产折旧率和折旧额的计算公式为：

年折旧率 = 期初尚可使用年限 ÷ 各年尚可使用年限之和 × 100%

月折旧率 = 年折旧率 ÷ 12

月折旧额 =（固定资产原值 - 预计净残值）× 月折旧率

【例 5 - 6】 顺达房地产开发企业 2 ×21 年 1 月对投入使用的一台设备开始计提折旧，其原始成本为 50 000 元，预计净残值 2%，预计使用年限为 5 年。

采用年数总和法计算各年折旧额：

年限之和 = 5 + 4 + 3 + 2 + 1 = 15

1 ~ 5 年折旧率分别为 5/15，4/15，3/15，2/15，1/15

第一年折旧额 = (50 000 - 50 000 × 2%) × 5/15 = 16 333.33(元)

第二年折旧额 = (50 000 - 50 000 × 2%) × 4/15 = 13 066.67(元)

第三年折旧额 = (50 000 - 50 000 × 2%) × 3/15 = 9 800(元)

第四年折旧额 = (50 000 - 50 000 × 2%) × 2/15 = 6 533.33(元)

第五年折旧额 = (50 000 - 50 000 × 2%) × 1/15 = 3 266.67 (元)

折旧年限和折旧方法一经确定，不得随意变更。需要变更的，由企业提出申请，并在变更年度前报主管财政机关批准。

会计处理：

借：制造费用

　　管理费用

　　销售费用等

　　贷：累计折旧

四、固定资产后续支出

房地产开发企业发生的与固定资产相关的后续支出，通常包括固定资产在使用过程中发生的修理费用、更新改造支出、房屋装修费用等。企业固定资产在投入使用后，为了适应新技术发展的需要、或者为维护、提高固定资产使用效能，往往需要对现有固定资产进行维护、改建、扩建或改良。

后续支出处理原则：符合固定资产确认条件时，应当资本化，计入固定资产成本，同时将被替换部分的账面价值扣除，先通过“在建工程”核算，达到可使用状态时，再转入“固定资产”。这些后续支出不满足固定资产确认条件时，应该在“管理费用”等科目核算，属于收益性支出。

【例 5 - 7】 顺达房地产开发企业将办公楼进行装修，办公楼原价 425 万元，预计使用年限 20 年，预计净残值 25 万元，已使用 10 年，采用直线法提折旧。装修过程中发生支出 100 万元，发生变价收入 25 万元，所有款项都以银行存款支付。装修后的办公楼预计残值 20 万元，预计可以寿命 14 年，有关会计处理如下：

（1）将原办公楼投入装修：

装修前固定资产年折旧额 = (425 - 25) ÷ 20 = 20 (万元)

装修前累计折旧 = 2 × 210 = 200 (万元)

借：在建工程	2 250 000	
累计折旧	2 000 000	
贷：固定资产		4 250 000

（2）发生装修支出：

借：在建工程	1 000 000	
贷：银行存款		1 000 000

（3）取得变现收入：

借：银行存款　　250 000

　　贷：在建工程　　250 000

（4）装修完毕投入使用：

借：固定资产　　3 000 000

　　贷：在建工程　　3 000 000

（5）调整折旧额：

装修前固定资产年折旧额 =（425 − 25）÷ 20 = 20（万元）

装修前累计折旧 = 2 × 210 = 200（万元）

装修前固定资产净额 = 425 − 200 = 225（万元）

装修后固定资产价值 = 225 + 100 − 25 = 300（万元）

装修后固定资产年折旧额 =（300 − 20）÷ 14 = 20（万元）

五、固定资产的处置

固定资产的处置包括固定资产的出售、报废、对外投资、非货币资产交换、债务重组等。处于处置状态的固定资产不再用于生产商品、提供劳务等，不能产生经济利益。出售、报废等固定资产转入清理时，“固定资产”等相关科目转出，转入到“固定资产清理”科目核算；清理过程中发生相关税费时借记“固定资产清理”科目，收回残料或出售价款时贷记“固定资产清理”科目。

固定资产清理完成后，产生净损益，依据固定资产处置方式不同，分别适用不同的处理方法：

（1）属于生产经营期间正常报废清理产生的处理净损失，借记“营业外支出——处置非流动资产损失”科目，贷记“固定资产清理”科目；属于生产经营期间由于自然灾害等造成的净损失，借记“营业外支出——非常损失”科目，贷记“固定资产清理”科目；如果为净收益，“固定资产清理”转入“营业外收入”科目。

（2）因出售、转让等原因产生的固定资产处置利得或损失应计入资产处置损益，产生净损失的，借记“资产处置损益”科目，贷记“固定资产清理”科目；产生净收益的，借记“固定资产清理”科目，贷记“资产处置损益”科目。

【例 5 − 8】顺达房地产开发企业有一厂房，因太过陈旧经批准报废。该厂房原价为 20 万元，累计已提折旧 18 万元，已提减值准备 4 000 元。在清理过程中，以银行存款支付清理费用 6 000 元，残料变价收入 8 000 元。

（1）固定资产转入清理：

借：固定资产清理　　16 000

　　累计折旧　　180 000

　　固定资产减值准备　　4 000

　　贷：固定资产　　200 000

（2）支付清理费用：

借：固定资产清理　　6 000

　　贷：银行存款　　6 000

（3）收到残料变价收入：

借：银行存款 8 000

贷：固定资产清理 8 000

（4）结转清理净损益：

借：营业外支出——处置非流动资产损失 14 000

贷：固定资产清理 14 000

如果残料变价收入为 23 000 元，结转清理净损益：

借：固定资产清理 1 000

贷：营业外收入——处置非流动资产利得 1 000

六、固定资产的清查和减值

企业对固定资产应每年盘点一次。盘盈或盘亏的固定资产账面余额转入“待处理财产损溢”科目。经批准处理时，盘盈的固定资产，按照原价减去估计累计折旧的净收益，计入“营业外收入”科目；盘亏、毁损、报废的固定资产，按其原值扣除累计折旧、变价收入、过失人或保险公司赔偿以及残值后的净损失，计入“营业外支出”科目。

【例 5－9】顺达房地产开发企业年末对固定资产进行清查，发现丢失一台机械设备，设备原价 65 000 元，已提折旧 20 000 元，已计提减值准备 15 000 元。经调查，该设备丢失原因是保管不善被偷。经批准，保管员赔偿 10 000 元。会计处理如下：

（1）发现设备丢失

借：待处理财产损益 30 000

累计折旧 20 000

固定资产减值准备 15 000

贷：固定资产 65 000

（2）报经批准后

借：其他应收款 10 000

营业外支出 20 000

贷：待处理财产损益 30 000

如果固定资产的公允价值减去处置费用后的净额与资产预计未来现金流量的现值之中任意一项低于账面价值，就表明该项固定资产发生减值，将其差额计提减值准备，借记“资产减值损失”科目，贷记“固定资产减值准备”科目。处置固定资产时，应同时接转已计提的固定资产减值准备。固定资产减值准备一经确认，在以后会计期间不得转回。

第二节 房地产企业的长期金融资产

金融资产划分为以下三类：①以摊余成本计量的金融资产；②以公允价值计量且其变动计入其他综合收益的金融资产；③以公允价值计量且其变动计入当期损益的金融资产。上述分类一经确定，不得随意变更，本节主要介绍前两类金融资产。

一、以摊余成本计量的债权投资

金融资产同时符合下列条件的，应当分类为以摊余成本计量的金融资产：①企业管理该金融资产的业务模式是以收取合同现金流量为目标；②该金融资产的合同条款规定，在特定日期产生的现金流量，仅为支付的本金和以未偿付本金金额为基础的利息。例如普通债券的合同现金流量是到期收回本金及按约定利率在合同期间按时收取的利息。购买这种普通债券，是以摊余成本计量的债权投资。它的会计处理主要解决该投资的实际利息的计算、摊余成本的确定、持有期间的收益确认及将其处置时损益的处理。相关账务处理如下：

（1）房地产开发企业取得以摊余成本计量的债权投资时，实际支付的价款可能大于、等于或小于债券面值，会形成溢价购买、平价购买或折价购买。实际支付价款与面值的差额进入“债权投资——利息调整”科目，该金额按照实际利息法在持有期间内摊销进入“投资收益”科目。

借：债权投资——成本　（按面值）
　　应收利息　（按已到付息期但尚未领取的利息）
　　贷：银行存款　（按实际支付的金额）
　　　　债权投资——利息调整　（按差额，借记或贷记）

（2）资产负债表日，投资为按分期付息、一次还本债券投资的处理：

借：应收利息　（按票面利率计算的利息）
　　贷：投资收益　（按摊余成本和实际利率计算利息收入）
　　　　债权投资——利息调整　（按差额，借记或贷记）

资产负债表日，一次还本付息债券投资的处理

借：债权投资——应计利息　（按票面利率计算的利息）
　　贷：投资收益　（按摊余成本和实际利率计算利息收入）
　　　　债权投资——利息调整　（按差额，借记或贷记）

（3）出售以摊余成本计量的债权投资时：

借：银行存款　（按实际收到的金额）
　　贷：债权投资——成本、应计利息
　　　　　　　　——利息调整　（借记或贷记）
　　　　投资收益　（按差额，借记或贷记）

（4）以摊余成本计量的债权投资到期一次性收回本金时：

借：银行存款
　　贷：债权投资——成本

【例 5-10】 顺达房地产开发企业 2×16 年 1 月 1 日以银行存款 1 000 万元购买 A 公司发行的 5 年期债券，债券面值 1 250 万元，票面利率 4.72%，每年年末支付利息，到期还本，债券实际利率为 10%。债券分类为以摊余成本计量的金融资产。

按上述业务，该房地产开发企业分别作相关的会计处理，数据单位为万元。

（1）房地产开发企业购买债券作为以摊余成本计量的金融资产时：

借：债权投资——成本　12 500 000
　　贷：银行存款　10 000 000
　　　　债权投资——利息调整　2 500 000

（2）12 月 31 日，资产负债表日。

表 5 - 1　　分期付息、一次还本的债券投资资产负债表日的相关分录　　单位：万元

分录	2×16 年	2×17 年	2×18 年	2×19 年	2×20 年
借：应收利息	59	59	59	59	59
债权投资——利息调整	41	45.1	49.61	54.57	59.72
贷：投资收益	100	104.1	108.61	113.57	118.72

应付利息 = 票面利息 (a) 1 250 ×4.72% =59 (万元)

表 5 - 2　　分期付息、一次还本的债券投资资产负债表日实际利息的相关计算　　单位：万元

年份	票面利息 (a)	实际利息 (b) 期初摊余成本 ×10%	摊销金额 (c) = (b) - (a)	期末摊余成本 (d) = 期初摊余成本 + (c)
2×16	59	1 000 ×10% =100	100 - 59 =41	1 000 +41 =1 041
2×17	59	1 041 ×10% =104.1	104.1 - 59 =45.1	1 041 +45.1 =1 086.1
2×18	59	1 086.1 ×10% =108.61	108.61 - 59 =49.61	1 086.1 +49.61 =1 135.71
2×19	59	1 135.71 ×10% =113.57	113.57 - 59 =54.57	1 135.71 +54.57 =1 190.28
2×20	59	59.72 +59 =118.72	1 250 - 1 190.28 =59.72	1 250

注：① 购买当年期初摊余成本就是实际购买价；

② 折价购买债券时，期末摊余成本等于期初摊余成本加上当年摊销金额；

③ 最后一年期末摊余成本应该达到债券面值。

2×16 年至 2×20 年，每年收到利息时：

借：银行存款　　590 000

　贷：应收利息　　590 000

(3) 2×21 年 1 月 1 日，债券到期时，企业除了收到当年利息外，还收回本金。

借：银行存款　　12 500 000

　贷：债权投资——成本　　12 500 000

二、以公允价值计量且其变动计入其他综合收益的金融资产

金融资产同时符合下列条件的，应当分类为以公允价值计量且其变动计入其他综合收益的金融资产：①企业管理该金融资产的业务模式，既以收取合同现金流量为目标又以出售该金融资产为目标；②该金融资产的合同条款规定，在特定日期产生的现金流量，仅为支付的本金和以未偿付本金金额为基础的利息。以公允价值计量且其变动计入其他综合收益的金融资产的会计处理如下：

1. 房地产开发企业取得该金融资产的核算：

(1) 如果是取得债券类投资时：

借：其他债权投资——成本　　(按债券面值)

　应收利息　　(按已到付息期但尚未领取的利息)

　贷：银行存款　　(按实际支付的金额，含交易费用)

　　其他债权投资——利息调整　　(按差额，借记或贷记)

(2) 如果是取得股票类的非交易性权益工具投资时：

借：其他权益工具投资——成本　　（按公允价值与交易费用之和）
　　应收股利　　（按已宣告但尚未发放的股利）
　　贷：银行存款　　（按实际支付的金额，含交易费用）

2. 该金融资产持有期间被投资单位宣告发放现金股利时，或在资产负债表日按分期付息、一次还本债券投资的票面利率计算的利息时：

借：应收股利或应收利息
　　贷：投资收益
　　　　其他债权投资——利息调整　　（借记或贷记）

3. 资产负债表日，该金融资产公允价值发生变动形成的利得或损失，计入其他综合收益。

（1）其他债权投资，公允价值高于其账面余额时：

借：其他债权投资——公允价值变动
　　贷：其他综合收益——其他债权投资公允价值变动

公允价值低于其账面余额时，作相反分录。该金融资产终止确认时，其他债权投资的其他综合收益转入投资收益。

（2）其他债权投资发生减值时：

借：信用减值损失
　　贷：其他综合收益——信用减值准备

（3）其他权益工具投资，公允价值高于其账面余额时：

借：其他权益工具投资——公允价值变动
　　贷：其他综合收益——其他权益工具投资公允价值变动

公允价值低于其账面余额时，作相反分录。该金融资产终止确认时，其他权益工具投资的其他综合收益转入留存收益。

4. 出售该金融资产时的核算

（1）如果是出售债券类投资时：

借：银行存款　　（按实际收到的金额）
　　其他综合收益——信用减值准备
　　　　　　　——其他债权投资公允价值变动　　（借记或贷记）
　　贷：其他债权投资——成本
　　　　其他债权投资——公允价值变动、利息调整　　（借记或贷记）
　　　　投资收益　　（按差额，借记或贷记）

（2）如果是出售股票类投资时：

借：银行存款　　（按实际收到的金额）
　　贷：其他权益工具投资——成本
　　　　　　　　　　　——公允价值变动　　（借记或贷记）
　　　　留存收益　　（借记或贷记）

同时：

借：其他综合收益——其他权益工具投资公允价值变动
　　贷：留存收益

或者相反分录。

【例 5 - 11】 顺达房地产开发企业 2×21 年 9 月 1 日购入股票 100 000 股，作为以公允价值计量且其变动计入其他综合收益的金融资产，当时股票市价 5.0 元，交易费用 1 000 元，12 月 31 日股票市价 4.8 元。该企业 2022 年 3 月 1 日将上述股票出售，每股 4.5 元，有关会计处理如下：

（1）9 月 1 日购入股票时：

借：其他权益工具投资——成本	501 000	
贷：银行存款		501 000

（2）12 月 31 日，公允价值低于其账面余额时：

借：其他综合收益——其他权益工具投资公允价值变动	20 000	
贷：其他权益工具投资——公允价值变动		20 000

（3）出售可供出售金融资产：

借：留存收益	20 000	
贷：其他综合收益——其他权益工具投资公允价值变动		20 000
借：银行存款	450 000	
其他权益工具投资——公允价值变动	20 000	
留存收益	31 000	
贷：其他权益工具投资——成本		501 000

第三节　房地产企业的长期股权投资

长期股权投资是指应当按照《企业会计准则第 2 号——长期股权投资》进行核算的权益性投资。房地产企业的长期股权投资的主要包括三种：①能够对被投资单位的实施控制的权益性投资，即对子公司的投资；②与其他合营方一同对被投资单位的实施共同控制且对被投资单位净资产享有权利的权益性投资，即对合营企业的投资；③对被投资单位的具有重大影响的权益性投资，即对联营企业的投资。

一、长期股权投资的初始计量

（一）企业合并形成的长期股权投资

企业合并是指将两个或两个以上单独的企业合并形成一个报告主题的交易或事项。

1. 同一控制下企业合并形成的长期股权投资。同一控制下企业合并是指参与合并的企业在合并前后均受同一方或相同的多方最终控制且该控制并非暂时性的企业合并。会计处理时，合并方在合并日按取得被合并方所有者权益账面价值的份额，借记“长期股权投资”科目，按应享有被投资单位已宣告但尚未发放的现金股利或利润，借记“应收股利”科目，按支付的合并对价的账面价值，贷记有关资产或借记有关负债科目，按其差额，贷记“资本公积——股本溢价或资本溢价”科目；如果是借方差额，借记“资本公积——股本溢价或资本溢价”科目，资本公积（股本溢价或资本溢价）不足冲减的，借记“盈余公积”“利润分配——未分配利润”科目。

2. 非同一控制下企业合并形成的长期股权投资。非同一控制下企业合并是指参与合并的企业在合并前后不受同一方或相同的多方最终控制的企业合并。会计处理时，购买方在合并日按合并方成本，包括放弃的资产、发生或承担负债、发行权益性工具或者债务性工具的公允价值之和，借记“长期股权投资”科目；按应享有被投资单位已宣告但尚未发放的现金股利或利润，借记“应收股利”科目；按支付的合并对价的账面价值，贷记有关资产或借记有关负债科目，按发生的直接相关费用，贷记“银行存款”等科目。

支付对价为非现金资产的，其差额按照资产处置的规范核算：

(1) 支付对价为固定资产、无形资产，公允价值与账面价值的差额，计入资产处置损溢；

(2) 支付对价为长期股权投资或金融资产，公允价值与账面价值的差额，计入投资收益；

(3) 支付对价为存货的，应当作为销售处理，公允价值确认为收入，同时以账面价值结转相关成本；

(4) 支付对价为投资性房地产的，公允价值确认为其他业务收入，同时以账面价值结转其他业务成本。

(二) 以企业合并以外的方式取得的长期股权投资

1. 以支付现金取得的长期股权投资。以支付现金取得的长期股权投资，应当按照实际支付的购买价款及相关手续费等必要支出作为初始投资成本，借记“长期股权投资”科目，按应享有被投资单位已宣告但尚未发放的现金股利或利润，借记“应收股利”科目，按实际支付的金额贷记“银行存款”等科目。

2. 以发行权益性证券方式取得的长期股权投资。以发行权益性证券方式取得的长期股权投资，其成本为所发行权益性证券的公允价值，支付的相关手续费、拥金等，直接费用应从权益性证券的溢价发行收入中扣除，溢价发行收入不足冲减的，应冲减盈余公积或未分配利润。

【例 5-12】 2×21 年 10 月，顺达房地产开发企业通过增发公司普通股 1 000 万股取得对丙公司 30% 的股权，能够对丙公司的经营决策施加重大影响。股票面值每股 2 元，增发日公允价值为每股 3 元。为增发该股份，顺达房地产开发企业支付了 50 万元的佣金和手续费。会计处理如下：

借：长期股权投资	30 000 000	
贷：股本		20 000 000
资本公积——股本公积		10 000 000
借：资本公积——股本公积	500 000	
贷：银行存款		500 000

3. 投资者投入的长期股权投资。投资者投入的长期股权投资，是指投资者以其持有的对第三方的投资作为出资投入企业。应当按照投资各方在投资合同或协议中约定的价值作为初始投资成本，但投资合同或协议中约定的价值不公允的除外。

二、长期股权投资的后续计量

企业取得长期股权投资，在持有期间，根据对被投资单位的影响程度等情况的不同，应分别采用成本法和权益法进行核算。对子公司的长期股权投资应当按照成本法核算，对合营企业、联营企业的长期股权投资应当按照权益法核算。

（一）成本法核算长期股权投资

房地产企业持有的对子公司的投资应当按照成本法核算，投资方为投资性主体且子公司不纳入其合并报表的除外。采用成本法核算长期股权投资，应当按照初始成本计价，长期股权投资的账面价值一直保持不变，除非发生追加投资、处置投资、资产减值。

在成本法下，主要涉及三个科目，即“长期股权投资”“应收股利”和“投资收益”。

【例 5 -13】 2×20 年 1 月 10 日，顺达房地产开发企业以银行存款，自非关联方购入 A 公司 60% 股份，并能够对 A 公司实施控制，初始投资成本 120 万元，采用成本法核算。A 公司于 2×21 年 3 月 1 日宣告分派 2×20 年度的现金股利 10 万元，并于 2×21 年 3 月 16 日实际发放股利。顺达房地产开发企业的会计处理如下：

（1）2×20 年 1 月 10 日时

借：长期股权投资——A 公司　　1 200 000

　　贷：银行存款　　1 200 000

（2）2×21 年 3 月 1 日，被投资单位宣告分派现金股利时

按持股比例，顺达房地产开发企业可获得 100 000×60% =60 000（元）

借：应收股利　　60 000

　　贷：投资收益　　60 000

（3）2×21 年 3 月 16 日，被投资单位实际发放股利时

借：银行存款　　60 000

　　贷：应收股利　　60 000

（二）权益法核算长期股权投资

对合营企业、联营企业的长期股权投资应当按照权益法核算。房地产企业在判断被投资单位是否具有共同控制或重大影响时，应综合考虑直接持有的股权和通过子公司间接持有的股权。

长期股权投资采用权益法核算时，在“长期股权投资”科目下，企业分别设置“成本”“损益调整”“其他权益变动”等明细核算。具体会计处理如下：

（1）初始投资或追加投资时，按照投资成本，增加长期股权投资账面价值。

（2）比较初始投资成本与投资时应享有的被投资单位可辨认资产公允价值份额，如果长期股权投资初始投资成本大于投资时应享有的被投资单位可辨认资产公允价值份额，则不调整已确认的初始投资成本；如果长期股权投资初始投资成本小于投资时应享有的被投资单位可辨认资产公允价值份额，应调整长期股权投资账面价值，按其差额，借记“长期股权投资——成本”科目，贷记“营业外收入”科目。

（3）持有投资期间，随着被投资单位所有者权益的变动而相应调整增加或减少长期股权投资的账面价值。引起被投资单位所有者权益变动的原因主要有三个方面：一是被投资单位实现净利润或发生净亏损；二是被投资单位宣告分派现金股利或利润；三是被投资单位除净损益以外所有者权益的其他变动。

当被投资单位实现净利润时，投资企业按应享有的份额借记“长期股权投资——损益

调整”科目，贷记“投资收益”科目；当被投资单位发生净亏损时，借记“投资收益”科目，贷记“长期股权投资——损益调整”科目。在长期股权投资的账面价值减记至零以后，借记“投资收益”科目，贷记“长期应收款”科目；因投资合同或协议约定导致投资企业需要承担额外义务时，借记“投资收益”科目，贷记“预计负债”科目。

当被投资单位宣告发放现金股利或利润时，投资企业按持股比例计算应享有的份额，借记“应收股利”科目，贷记“长期股权投资——损益调整”科目。

对于被投资单位除净损益以外所有者权益的其他变动，投资企业按持股比例计算应享有的份额，借记或贷记“长期股权投资——其他权益变动”科目，贷记或借记“资本公积——其他资本公积”科目。

【例5-14】 2×20年1月3日，顺达房地产开发企业以银行存款30万元购入A公司40%股份，并打算长期持有。顺达房地产开发企业对A公司的财务决策和经营决策实施重大影响，采用权益法核算投资。A公司2×20年1月可辨认净资产公允价值100万元，2×20当年A公司实现净利润50万元；2×21年2月A公司宣告分派现金股利20万元，2×21年A公司发生净亏损40万元。顺达房地产开发企业的会计处理如下：

（1）2×20年1月投资时：

借：长期股权投资——A公司（成本） 400 000（100万元×40%）

　　贷：银行存款 300 000

　　　　营业外收入 100 000

（2）确认2×20年投资收益50万×40%=20（万元）。

借：长期股权投资——A公司（损益调整） 200 000

　　贷：投资收益 200 000

（3）2×21年2月，A公司宣告分派现金股利。

借：应收股利 80 000（20万元×40%）

　　贷：长期股权投资——A公司（损益调整） 80 000

（4）确认2×21年投资损失40万×40%=16（万元）

借：投资收益 160 000

　　贷：长期股权投资——A公司（损益调整） 160 000

三、长期股权投资的减值与处置

长期股权投资金额的确定：企业对子公司、合营企业以及联营企业的长期股权投资，在资产负债日其可收回金额低于账面价值的，其差额确认为减值损失，同时计提资产减值准备。借记“资产减值损失”科目，贷记“长期股权投资减值准备”科目。

处置长期股权投资时，企业应按实际收到的金额，借记“银行存款”科目，按账面余额，贷记“长期股权投资”科目，按尚未领取的现金股利或利润，贷记“应收账款”科目，已计提减值准备的，还应同时结转减值准备。采用权益法核算的长期股权投资的处置，除上述规定外，还应结转原计入资本公积的相关金额，借记或贷记“资本公积——其他资本公积”科目，贷记或借记“投资收益”科目。

第四节　房地产企业的投资性房地产

一、投资性房地产的定义与特征

房地产通常是指土地和房屋及其权属的总称。在我国，土地归国家或集体所有，企业只能取得土地使用权。因此，房地产中的土地是指土地使用权。

投资性房地产，是指为赚取租金或资本增值，或者两者兼有而持有的房地产。投资性房地产应当能够单独计量和出售。投资性房地产具有以下特征：

（1）投资性房地产是一种经营性活动。投资性房地产的主要形式是出租建筑物、出租土地使用权，这实质上属于让渡资产使用权行为。投资性房地产的另一种形式是持有并准备增值后转让的土地使用权，尽管其增值收益通常与市场供求、经济发展等因素有关，但其目的是为了增值后转让以赚取增值收益。

（2）投资性房地产有别于作为生产经营场所的房地产和用作销售的房地产。投资性房地产在用途、状态、目的等方面与自身使用和用作销售的房地产不同。为了区别，就需要将投资性房地产单独作为一项资产进行核算和列报。

投资性房地产的范围包括：已出租的土地使用权、持有并准备增值后转让的土地使用权以及已出租的建筑物。投资性房地产的范围不包括：自用房地产以及房地产开发企业在正常经营过程中销售或为销售而正在开发的商品房和土地。

二、投资性房地产的确认与初始计量

投资性房地产的确认：除了符合投资性房地产定义外，还必须同时满足下列两个条件：①与该投资性房地产有关的经济利益很可能流入企业；②该投资性房地产的成本能够可靠的计量。

投资性房地产应该按照成本进行初始计量，取得方式不同，其成本的构成内容有所不同。外购的投资性房地产，只有在购入的同时开始对外出租或用于资本增值，才能作为投资性房地产加以确认。如果购入的房地产，企业自用一段时间后再改为出租或用于资本增值，应当先确认为固定资产或无形资产，自租赁期开始日或者资本增值日起，才能从固定资产或无形资产转为投资性房地产。外购投资性房地产的成本包括购买价款、相关税费和可直接归属于该资产的其他支出。如果企业购入的房地产，部分用于出租（或资本增值），部分自用，用于出租（或资本增值）的部分应当予以单独确认，按照不同部分的公允价值占公允价值总额的比例进行分配。外购的投资性房地产时，按照成本借记“投资性房地产”科目，贷记“银行存款”等科目。

自行建造的房地产，只有在房地产达到预定的可使用状态的同时开始对外出租或用于资本增值，才能作为投资性房地产加以确认。如果自行建造的房地产，达到预定的可使用状态后一段时间才对外出租或用于资本增值，应当先确认为固定资产、无形资产存货。自行建造的房地产成本由建造该项资产达到预定可使用状态前发生的必要支出构成，包括土地开发成本、建筑安装成本、应予以资本化的借款费用等。在达到预定的可使用状态时，按照成本借记“投资性房地产”科目，贷记“在建工程”或“开发产品”等科目。

【例5－15】 2×21年5月，顺达房地产开发企业购入一块土地使用权，并在该土地上自行建造两栋楼房。2×22年4月，预计楼房即将完工，顺达房地产开发企业与乙公司签订了租赁合同，将其中一栋楼房租赁给乙公司，该楼房于完工时开始起租。2×22年6月，两栋楼房同时完工，租赁给乙公司的楼房造价1 500万元，准备出售的楼房造价2 500万元，能够单独出售。该土地使用权成本为500万元。

楼房总造价1 500＋2 500＝4 000（万元），土地使用权中对应部分转换成投资性房地产为500×（1 500÷4 000）＝187.5（万元）

借：投资性房地产——楼房　　15 000 000

　　贷：在建工程　　15 000 000

借：投资性房地产——土地使用权　　1 875 000

　　贷：无形资产——土地使用权　　1 875 000

三、与投资性房地产有关的资本化后续支出

与投资性房地产有关的资本化后续支出，如果满足投资性房地产确认条件的应当计入投资性房地产成本，例如对投资性房地产进行的改扩建、装饰装修等。采用成本模式计量的，投资性房地产在进入改扩建或装修阶段时，应当将其账面价值转入改扩建工程，借记“投资性房地产——在建”“投资性房地产累计折旧”等科目，贷记“投资性房地产”科目。发生资本化支出时，借记“投资性房地产——在建”科目，贷记“银行存款”等科目。改扩建或装修完成后，借记“投资性房地产”科目，贷记“投资性房地产——在建”科目。

【例5－16】 2×21年5月31日，顺达房地产开发企业与乙公司的楼房租赁合同到期，楼房随即进入改扩建工程，楼房原价6 000万元，已计提折旧5 000万元。11月30日，改扩建工程完工，共发生支出150万元，均已通过银行存款支付，即日出租给丙公司。

（1）2×21年5月31日，投资性房地产转入改扩建工程

借：投资性房地产——在建（楼房）　　10 000 000

　　投资性房地产累计折旧　　50 000 000

　　贷：投资性房地产　　60 000 000

（2）2×21年5月31日至11月30日，改扩建工程发生支出

借：投资性房地产——在建（楼房）　　1 500 000

　　贷：银行存款　　1 500 000

（3）2×21年11月30日，改扩建工程完工，出租给丙公司

借：投资性房地产　　11 500 000

　　贷：投资性房地产——在建（楼房）　　11 500 000

采用公允价值模式计量的，投资性房地产在进入改扩建或装修阶段时，应当将其账面价值转入改扩建工程，借记“投资性房地产——在建”科目、贷记“投资性房地产——成本”“投资性房地产——公允价值变动”等科目。发生资本化支出时，借记“投资性房地产——在建”科目，贷记“银行存款”等科目。改扩建或装修完成后，借记“投资性房地产——成本”科目，贷记“投资性房地产——在建”科目。

【例5－17】 承【例5－16】，2×21年5月31日，楼房账面价值1 300万元，其中成本

1 000 万元，累计公允价值变动 300 万元。顺达房地产开发企业对投资性房地产采用公允价值模式计量，其他资料不变。

（1）2×21 年 5 月 31 日，投资性房地产转入改扩建工程

借：投资性房地产——在建（楼房） 13 000 000

　　贷：投资性房地产——成本 10 000 000

　　　　投资性房地产——公允价值变动 3 000 000

（2）2×21 年 5 月 31 日至 11 月 30 日，改扩建工程发生支出

借：投资性房地产——在建（楼房） 1 500 000

　　贷：银行存款 1 500 000

（3）2×21 年 11 月 30 日，改扩建工程完工，出租给丙公司

借：投资性房地产——成本 14 500 000

　　贷：投资性房地产——在建（楼房） 14 500 000

与投资性房地产有关的后续支出，不满足投资性房地产确认条件的，应当在发生时予以费用化，计入其他业务成本等当期损益。例如对投资性房地产进行日常维护所发生的支出，在发生当期借记“其他业务成本”科目，贷记“银行存款”等科目。

四、投资性房地产的后续计量

投资性房地产的后续计量有成本和公允价值两种模式，通常应当采用成本模式，满足特定条件的情况下也可以采用公允价值模式。但是，同一企业只能采用一种模式对所有投资性房地产进行后续计量，不得同时采用两种计量模式。

（一）采用成本模式进行后续计量的投资性房地产

采用成本模式进行后续计量的投资性房地产，应当按照固定资产、无形资产会计准则等有关规定，按期（月）计提折旧或者摊销，借记“其他业务成本”等科目，贷记“投资性房地产累计折旧（摊销）”科目。取得租金收入，借记“银行存款”等科目，贷记“其他业务收入”等科目。投资性房地产存在减值迹象的，经减值测试后，计提减值准备，借记“资产减值损失”科目，贷记“投资性房地产减值准备”科目。已经计提的减值准备以后期间不得转回。

【例 5－18】 顺达房地产开发企业的楼房出租给乙公司，已确认为投资性房地产，楼房成本为 4 800 万元，按直线法计提折旧，使用寿命 20 年，预计净残值为 0。乙公司每月支付租金 11 万元。当年 12 月，这栋楼房经减值测试，估计可收回金额为 3 200 万元，此时楼房账面价值为 3 600 万元，以前未计提减值准备。

（1）计提折旧，每月计提折旧额 4 800 ÷ 20 ÷ 12 = 20（万元）。

借：其他业务成本 200 000

　　贷：投资性房地产累计折旧 200 000

（2）取得租金收入。

借：银行存款 110 000

　　贷：其他业务收入 110 000

（3）计提减值准备 3 600 － 3 200 = 400（万元）。

借：资产减值损失 4 000 000

贷：投资性房地产减值准备　　4 000 000

（二）采用公允价值模式进行后续计量的投资性房地产

采用公允价值模式进行后续计量的投资性房地产应满足条件：①投资性房地产所在地有活跃的房地产交易市场；②企业能够从房地产交易市场上取得同类或者类似房地产的市场价格及其他相关信息，从而对投资性房地产的公允价值做出科学合理的估计。

采用公允价值模式进行后续计量的投资性房地产，应当不计提折旧或者摊销，企业应当以资产负债表日投资性房地产的公允价值计量，公允价值与原账面价值的差额计入当期损益。公允价值高于原账面价值时，借记“投资性房地产——公允价值变动”科目，贷记“公允价值变动损益”科目。公允价值低于原账面价值时，作相反分录。取得租金收入，借记“银行存款”等科目，贷记“其他业务收入”等科目。

【例5-19】2×21年9月1日，顺达房地产开发企业的写字楼出租给乙公司，租赁期10年，该写字楼所在区域有活跃的房地产交易市场，而且能够取得同类房地产的报价，投资性房地产以公允价值模式计量。写字楼成本为4 800万元，公允价值相同。2×21年12月31日，这栋写字楼房公允价值为5 000万元，乙公司每月支付租金11万元。

（1）2×21年9月1日，出租写字楼。

借：投资性房地产——成本　　48 000 000

　　贷：固定资产——写字楼　　48 000 000

（2）取得租金收入。

借：银行存款　　110 000

　　贷：其他业务收入　　110 000

（3）2×21年12月31日，按照公允价值调整账面价值。

5 000-4 800=200（万元）

借：投资性房地产——公允价值变动　　2 000 000

　　贷：公允价值变动损益　　2 000 000

五、投资性房地产的转换

（一）采用成本模式进行后续计量下的转换

投资性房地产的转换，采用成本模式进行后续计量下的转换：

1. 采用成本模式计量的投资性房地产转换成自用房地产时，应当按该项投资性房地产在转换日的账面余额、累计折旧（摊销）、减值准备等，借记“固定资产”或“无形资产”科目，贷记“投资性房地产”科目；按已经计提的折旧或摊销，借记“投资性房地产累计折旧（摊销）”科目，贷记“累计折旧（摊销）”科目；原已计提减值准备的，借记“投资性房地产减值准备”科目，贷记“固定资产减值准备”或“无形资产减值准备”科目。

2. 采用成本模式计量的投资性房地产转换成存货时，应当按该项投资性房地产在转换日的账面余额，借记“开发产品”科目，按已经计提的折旧或摊销，借记“投资性房地产累计折旧（摊销）”科目，原已计提减值准备的，借记“投资性房地产减值准备”科目，按该项投资性房地产账面余额，贷记“投资性房地产”科目。

3. 自用房地产转换成采用成本模式计量的投资性房地产时，应当按该项建筑物或土地使用权在转换日的原价，借记“投资性房地产”科目，贷记“固定资产”或“无形资产”科目；按已经计提的折旧或摊销，借记“累计折旧”或“累计摊销”科目，贷记“投资性房地产累计折旧（摊销）”科目；原已计提减值准备的，借记“固定资产减值准备”或“无形资产减值准备”科目，贷记“投资性房地产减值准备”科目。

4. 作为存货的房地产转换成采用成本模式计量的投资性房地产时，应当按该项存货在转换日的账面余额，借记“投资性房地产”科目，原已计提减值准备的，借记“存货跌价准备”科目，按账面余额，贷记“开发产品”等科目。

（二）采用公允价值进行后续计量下的转换

投资性房地产的转换，采用公允价值进行后续计量下的转换：

1. 采用公允价值模式计量的投资性房地产转换成自用房地产时，应当按该项投资性房地产在转换日的公允价值，借记“固定资产”或“无形资产”科目，按该项投资性房地产的成本，贷记“投资性房地产——成本”科目；按该项投资性房地产的累计公允价值变动，借记或贷记“投资性房地产——公允价值变动”科目；按其差额，借记或贷记“公允价值变动损益”科目。

2. 采用公允价值模式计量的投资性房地产转换成存货时，应当按该项投资性房地产在转换日的公允价值，借记“开发产品”科目，按该项投资性房地产的成本，贷记“投资性房地产——成本”科目；按该项投资性房地产的累计公允价值变动，借记或贷记“投资性房地产——公允价值变动”科目；按其差额，借记或贷记“公允价值变动损益”科目。

3. 自用房地产转换成采用公允价值模式计量的投资性房地产时，应当按该项建筑物或土地使用权在转换日的公允价值，借记“投资性房地产（成本）”科目，按已经计提的折旧或摊销，借记“累计折旧”或“累计摊销”科目，原已计提减值准备的，借记“固定资产减值准备”或“无形资产减值准备”科目；按账面价值，贷记“固定资产”或“无形资产”科目。同时，转换日的公允价值小于账面价值的，按其差额，借记“公允价值变动损益”科目；转换日的公允价值大于账面价值的，按其差额，贷记“其他综合收益”科目。待该项投资性房地产处置时，因转换计入其他综合收益的部分应转入当期损益。

4. 作为存货的房地产转换成采用公允价值模式计量的投资性房地产时，应当按该项房地产在转换日的公允价值，借记“投资性房地产（成本）”科目，原已计提减值准备的，借记“存货跌价准备”科目；按账面价值，贷记“开发产品”科目。同时，转换日的公允价值小于账面价值的，按其差额，借记“公允价值变动损益”科目；转换日的公允价值大于账面价值的，按其差额，贷记“其他综合收益”科目。待该项投资性房地产处置时，因转换计入其他综合收益的部分应转入当期损益。

六、投资性房地产的处置

采用成本模式计量的投资性房地产处置时，按照实际收到的金额，借记“银行存款”等科目，贷记“其他业务收入”等科目；应当按该项投资性房地产的账面价值，借记“其他业务成本”科目，按已经计提的折旧或摊销，借记“投资性房地产累计折旧（摊销）”科目，原已计提减值准备的，借记“投资性房地产减值准备”科目，按照账面余额，贷记“投资性房地产”科目。

采用公允价值模式计量的投资性房地产处置时，按照实际收到的金额，借记“银行存款”等科目，贷记“其他业务收入”等科目；应当按该项投资性房地产的账面余额，借记“其他业务成本”科目，按该项投资性房地产的成本，贷记“投资性房地产——成本”科目；按该项投资性房地产的累计公允价值变动，借记或贷记“投资性房地产——公允价值变动”科目；同时结转投资性房地产的累计公允价值变动，若存在原转换日计入其他综合收益的金额，也一并结转。

【例5-20】 顺达房地产开发企业与乙公司签订租赁合同，将其原来自用的一栋写字楼出租给乙公司使用，租赁期开始日为2×21年7月1日，该写字楼账面余额6 000万元，已提折旧1 800万元，公允价值5 000万元。2×21年12月31日，该投资性房地产公允价值为5 400万元。2×22年12月31日，该投资性房地产公允价值为5 100万元。2×23年7月1日，租赁期满，企业收回该投资性房地产，并以5 200万元出售。顺达房地产开发企业采用公允价值模式计量的投资性房地产，不考虑相关税费。

（1）2×21年7月1日，自用房地产转为投资性房地产。

借：投资性房地产——成本	50 000 000	
累计折旧	18 000 000	
贷：固定资产——写字楼		60 000 000
其他综合收益		8 000 000

（2）2×21年12月31日，按照公允价值调整，5 400-5 000=400（万元）。

借：投资性房地产——公允价值变动	4 000 000	
贷：公允价值变动损益		4 000 000

（3）2×22年12月31日，按照公允价值调整，5 400-5 100=300（万元）。

借：公允价值变动损益	3 000 000	
贷：投资性房地产——公允价值变动		3 000 000

（4）2×23年7月，企业收回并出售该投资性房地产。

借：银行存款	52 000 000	
贷：其他业务收入		52 000 000
借：其他业务成本	42 000 000	
公允价值变动损益	1 000 000	
其他综合收益	8 000 000	
贷：投资性房地产——公允价值变动		1 000 000
投资性房地产——成本		50 000 000

第五节　房地产企业的无形资产

无形资产是指企业拥有或控制的没有实物形态的可辨认的非货币性资产，包括专利权、商标权、著作权、土地使用权、非专利技术等。无形资产具有以下特点：①无形资产是由企业拥有或控制并能为企业带来经济利益的资源；②无形资产不具有实物形态；③无形资产具有可辨认性；④无形资产属于非货币性资产。

一、无形资产的初始计量

（一）购买的无形资产

购买的无形资产按取得时的实际成本计价，包括购买价款、相关税费、专业服务费用以及直接归属于使该项无形资产达到预定用途所发生的其他支出。借记“无形资产”，贷记“银行存款”“长期应付款”等。

（二）自行研究开发的无形资产

对于房地产开发企业自行研究开发的无形资产，应当区分研究阶段和开发阶段分别核算。

1. 研究阶段。研究阶段是指为获得新的技术和知识等进行的有计划的调查。研究阶段是探索性的，是为进一步的开发活动进行资料及相关方面的准备，研究活动将来是否转入开发、开发后是否形成无形资产等均具有较大的不确定性，不会形成阶段性成果。所以，研究阶段的有关支出，在发生时应当费用化计入当期损益。

2. 开发阶段。开发阶段是指在进行商业性生产或使用之前，将研究成果应用于某项计划或设计，以生产出新的或具有实质性改进的材料、装置、产品等。开发阶段在很大程度上如果具有了形成一项新产品或新技术的相关确认条件，则相关支出应当资本化，确认为无形资产。

开发阶段相关支出资本化应满足如下条件：

（1）完成该无形资产在技术上具有可行性；

（2）具有完成该无形资产并使用或出售的意图；

（3）该无形资产具有有用性或能给企业带来经济利益；

（4）有足够技术和资源支持完成该无形资产的开发，并有能力使用或出售该无形资产；

（5）该无形资产开发阶段的成本能够可靠计量。

房地产开发企业自行开发的无形资产发生的支出，无论是否满足资本化条件，均应先在“研发支出”科目进行归集。对于不符合资本化条件的“研发支出——费用化支出”，期末转入当期“管理费用”科目；符合资本化条件的，在开发项目完成达到预定用途时，由“研发支出——资本化支出”转入“无形资产”科目。

【例 5-21】 2×21 年 1 月 1 日，顺达房地产开发企业经董事会批准研发新产品专利技术，研发该项目具有可靠的技术和财务资源支持，研发成功后将提高产品质量和性能。在研发过程中，发生人工工资费用 50 万元，材料费用 90 万元，其他费用 60 万元，总计 200 万元。其中符合资本化条件的支出为 120 万元。2×22 年 1 月该专利技术达到预定用途。顺达房地产开发企业的会计处理如下：

（1）发生研发支出时：

借：研发支出——费用化支出	800 000	
——资本化支出	1 200 000	
贷：应付职工薪酬		500 000
原材料		900 000
银行存款		600 000

（2）2021 年 12 月 31 日，资产负债表日：

借：管理费用　800 000

　　贷：研发支出——费用化支出　800 000

（3）2022 年 1 月，该专利技术达到预定用途：

借：无形资产　1 200 000

　　贷：研发支出——资本化支出　1 200 000

（三）投资者投入的无形资产

投资者投入无形资产的成本，按照投资合同或协议约定的价值确定。但合同或者协议约定价值不公允的，应按无形资产的公允价值入账。

（四）土地使用权的核算

房地产开发企业取得的土地使用权，通常应当按照取得时所支付的价款以及相关税费确认为无形资产。土地使用权用于自行开发建造厂房等地上建筑物时，土地使用权的价值与地上建筑物合并计算其成本，仍作为“无形资产”进行核算，土地使用权与地上建筑物分别进行摊销和计提折旧。但下列情况除外：

（1）房地产开发企业取得的土地使用权用于建造对外出售的房屋建筑物时，相关土地使用权的账面价值应当计入所建造的房屋建筑物成本。

（2）企业外购的房屋建筑物，实际支付的价款中包括土地使用权以及建筑物的价值，应当对支付的价款按照合理的方法（如公允价值的相对比例）在土地使用权和地上建筑物之间进行分配；如果确实无法进行合理分配的，应当全部作为“固定资产”进行核算。

房地产企业改变土地使用权的用途，将其用于赚取租金或资本增值时，应按账面价值将其转为投资性房地产。

【例 5 - 22】 2×21 年 1 月，顺达房地产开发企业购入一块土地使用权，以银行存款支付 500 万元，并在该土地上自行建造厂房等工程，发生材料支出 200 万元，人工 400 万元，其他相关费用 100 万元。该工程 2×21 年 12 月达到预定可使用状态。假定土地使用权的使用年限为 50 年，该厂房的使用年限 20 年，两者都没有净残值，都采用直线法进行摊销和计提折旧。顺达房地产开发企业的会计处理如下：

（1）购买土地使用权。

借：无形资产——土地使用权　5 000 000

　　贷：银行存款　5 000 000

（2）在土地上自行建筑厂房。

借：在建工程　7 000 000

　　贷：工程物资　2 000 000

　　　　应付职工薪酬　4 000 000

　　　　银行存款　1 000 000

（3）厂房达到预定使用状态。

借：固定资产　7 000 000

　　贷：在建工程　7 000 000

（4）2×21 年 12 月 31 日摊销土地使用权。

5 000 000 ÷ 50 = 100 000（元）

借：管理费用　　100 000

　　贷：累积摊销　　100 000

该厂房从 2 × 22 年开始计提折旧，年折旧额为：

7 000 000 ÷ 20 = 350 000（元）

借：制造费用　　350 000

　　贷：累积折旧　　350 000

二、无形资产的摊销与减值

使用寿命有限的无形资产，从开始受益之日起，在使用寿命内摊销，借记“制造费用”“管理费用”等科目，贷记“累计摊销”科目。当月增加的无形资产，当月开始摊销；当月减少的无形资产，当月不再摊销。

无形资产的使用寿命按照下列原则确定：

（1）源自合同性权利或其他法定权利取得的无形资产，其使用寿命通常不应超过合同性权利或其他法定权利的期限。如果企业使用无形资产的预期期限短于合同性权利或其他法定权利的期限，则应当按照预期使用期限来确定使用寿命。

（2）没有明确的合同或法律规定的无形资产使用寿命的，企业应当综合各方面的因素判断，例如聘请相关专家进行论证、与同行业的情况进行比较及参考企业的历史经验等来确定无形资产为企业带来未来经济利益的期限。

（3）企业经过上述努力仍无法合理确定无形资产为企业带来未来经济利益的期限的，应作为使用寿命不确定的无形资产核算，在持有期间不需要摊销，只在每个会计期末进行减值测试。

使用寿命有限的无形资产，应以成本减去预计残值和累计减值损失后进行摊销。摊销方法应根据与无形资产有关的经济利益的预期消耗方式做出决定，并一致地用于不同会计期间。具体摊销方法包括直线法、产量法等。受技术陈旧因素影响较大的专利权或专有技术等无形资产，可采用类似固定资产加速折旧的方法进行摊销；有特定产量限制的特许经营权或专利权，应采用产量法进行摊销。无法可靠确定预期消耗方式的，应当采用直线法摊销。

当某项无形资产已被其他新技术所替代，以致创造经济效益的能力受到重大不利影响；或某项无形资产的市价在当期大幅度下跌，在剩余摊销年限内不能恢复；以及其他足以证明某项无形资产实质上已经发生了减值的迹象时，均应对预计可收回金额低于其账面余额的部分，计提减值准备。借记“资产减值损失”科目，贷记“无形资产减值准备”科目。可收回金额应当根据该无形资产的公允价值减去处置费用后的净额与资产预计未来现金流量的现值两者之间较高者确定。

三、无形资产的处置

（一）无形资产的出售

房地产开发企业出售无形资产，按实际收到的价款借记“银行存款”等科目；按已计提的累计摊销，借计“累计摊销”科目；如果已计提减值准备的，借记“无形资产减值准备”科目；按应支付的相关税费，贷记“应交税费”科目；按账面余额贷记“无形资产”

科目；按差额借记或贷记“资产处置损益”科目。

【例5-23】 2×21年3月，顺达房地产开发企业将所拥有专利权出售给A公司，不含税价款300万元，应缴纳的增值税18万元。该专利权成本为500万元，已摊销金额为200万元，已计提减值准备40万元。顺达房地产开发企业的会计处理如下：

借：银行存款	3 000 000	
累计摊销	2 000 000	
无形资产减值准备	400 000	
贷：无形资产		5 000 000
应交税费——应交增值税（销项税额）		180 000
资产处置损益		220 000

如果出售专利权不含税价款200万元，应交增值税12万元。顺达房地产开发企业的会计处理如下：

借：银行存款	2 000 000	
累计摊销	2 000 000	
无形资产减值准备	400 000	
资产处置损益	720 000	
贷：无形资产		5 000 000
应交税费——应交增值税（销项税额）		120 000

（二）无形资产的出租

房地产开发企业出租无形资产给他人，并收取租金，在满足收入确认条件的情况下，按实际收到的价款借记“银行存款”科目，贷记“其他业务收入”“应交税费——应交增值税（销项税额）”等科目；摊销出租无形资产的成本时，借记“其他业务成本”科目，贷记“累计摊销”科目。

（三）无形资产的报废

如果无形资产预期不能为房地产开发企业带来未来经济利益，则不再符合无形资产的定义，应将其报废予以转销。按已计提的累计摊销借记“累计摊销”科目；如果已计提减值准备的，借记“无形资产减值准备”科目；按账面余额，贷记“无形资产”科目；按其差额，借记“营业外支出”科目。

本章小结

本章主要对房地产企业的非流动资产做了具体介绍：①固定资产的确认、初始计量、后续计量以及处置，重点是不同方法下固定资产折旧金额的计算；②以摊余成本计量的金融资产的确认、初始计量、后续计量，重点和难点是实际利息和摊余成本的计算；③以公允价值计量且其变动计入其他综合收益的金融资产的确认、初始计量、后续计量和出售，重点和难点是其他债权投资和其他权益工具投资的不同会计处理；④长期股权投资的范围、初始计量和后续计量，重点和难点是在成本法和权益法不同的会计处理；⑤投资性房地产确认、初始计量、后续计量以及转换和处置，重点和难点是成本模式计量和公允价值模式计量不同的会计处理；⑥无形资产的确认、初始计量、后续计量以及处置，重点和难点是内部研发支出的确认和会计处理。

一、本章关键词

固定资产（fixed assets）
累计折旧（accumulated depreciation）
平均年限法（直线法）（straight - line depreciation method）
工作量法（生产产量法）（production unit depreciation method ）
双倍余额递减法（double balance declining depreciation method）
年限总和法（sum - of - years' - digits depreciation method）
以摊余成本计量的金融资产（financial assets measured at amortized cost）
债权投资（investment in debt securities）
摊余成本（amortized cost）
以公允价值计量且其变动计入其他综合收益的金融资产（financial assets measured at fair value with changes included in other comprehensive income）
其他综合收益（other comprehensive income）
其他债权投资（other investment in debt securities）
其他权益工具投资（investment in other equity instruments）
长期股权投资（long term equity investment）
权益法（equity method）
成本法（cost method）
投资性房地产（investing real estate）
成本模式计量（cost measurement model）
公允价值模式计量（fair value measurement model）
无形资产（intangible assets）
研发支出（research and development expenditure）
累计摊销（accumulated amortization）

二、思考题

1. 房地产开发企业常用的固定资产折旧方法有哪几种？它们是如何计算折旧额的？

2. 固定资产后续支出哪些属于收益性支出？哪些属于资本性支出？在会计核算上有哪些不同？

3. 固定资产处置如何进行会计处理？

4. 房地产开发企业以摊余成本计量的金融资产，折价购买与溢价购买的债券每期摊销金额以及期末摊余成本分别如何计算？

5. 房地产开发企业以公允价值计量且其变动计入其他综合收益的金融资产，其他债权投资和其他权益工具投资分别如何核算？

6. 房地产开发企业长期股权投资的成本法核算与权益法核算的适用范围分别是什么，会计处理的主要区别是什么？

7. 房地产开发企业的投资性房地产，以成本模式计量和以公允价值模式计量有什么区别？

8. 房地产开发企业自行研发的无形资产如何进行会计处理？

三、基础训练测试

（一）单项选择题

1. 某设备原价 200 000 元，预计使用年限 4 年，预计净残值 8 000 元，则在年数总和法下，第二年的折旧额为（　　）元。

A. 76 800　　B. 57 600

C. 38 400　　D. 19 200

2. 企业将自用房地产转为以公允价值模式计量的投资性房地产。下列关于转换日该房地产公允价值小于账面价值的差额的会计处理表述中，正确的是（　　）。

A. 计入当期损益　　B. 计入递延收益

C. 计入其他综合收益　　D. 计入资本公积

3. 2×21 年 5 月 10 日，甲事业单位以一项原价为 50 万元，已计提折旧 10 万元、评估价值为 100 万元的固定资产对外投资，作为长期投资核算，在投资过程中另以银行存款支付直接相关费用 1 万元，不考虑其他因素，甲事业单位该业务应计入长期投资成本的金额为（　　）万元。

A. 41　　B. 100

C. 40　　D. 101

4. 下列选项中，属于其他业务成本核算内容的是（　　）。

A. 出售长期股权投资发生的损失　　B. 出售无形资产的损失

C. 出售固定资产的损失　　D. 投资性房地产计提的折旧额

5. 企业自行研制的一项专利技术，在研发过程中发生费用化支出 30 000 元，资本化支出 100 000 元。另外，申请专利发生注册费 2 000 元，则该项无形资产的入账价值为（　　）。

A. 100 000 元　　B. 130 000 元

C. 102 000 元　　D. 132 000 元

6. 甲房地产公司对其购入债券的业务管理模式是以收取合同现金流量为目标，该债券的合同条款规定，在特定日期产生的现金流量仅为对本金和以未偿还本金金额为基础的利息的支付。不考虑其他因素，甲公司应将该债券投资分类为（　　）。

A. 其他货币资金

B. 以公允价值计量且其变动计入其他综合收益的金融资产

C. 以摊余成本计量的金融资产

D. 以公允价值计量且其变动计入当期损益的金融资产

（二）多项选择题

1. 下列各项中，应该通过“固定资产清理”科目核算的有（　　）。

A. 报废的固定资产　　B. 毁损的固定资产

C. 改扩建的固定资产　　D. 盘亏的固定资产

2. 下列各项资产发生减值后不得转回的有（　　）。

A. 长期股权投资　　B. 无形资产

C. 应收账款　　D. 固定资产

3. 下列关于企业内部研发支出会计处理的表述中，正确的有（　　）。

A. 开发阶段的支出，满足资本化条件的，应予以资本化

B. 无法合理分配的多项开发活动所发生的共同支出，应全部予以费用化

C. 无法区分研究阶段和开发阶段的支出，应全部予以费用化

D. 研究阶段的支出，应全部予以费用化

4. 投资性房地产从成本计量模式转为公允价值计量模式，其差额影响哪些要素（　　）。

A. 资本公积　　B. 盈余公积

C. 未分配利润　　D. 其他综合收益

5. 企业对下列金融资产进行初始计量时，应将发生的相关交易费用计入初始确认金额的有（　　）。

A. 其他权益工具投资　　B. 债权投资

C. 交易性金融资产　　D. 其他债权投资

6. 下列关于同一控制下企业合并形成的长期股权投资会计处理表述中，正确的有（　　）。

A. 合并方发生的评估咨询费用，应计入当期损益

B. 与发生债务工具作为合并对价直接相关的交易费用，应计入债务工具的初始确认金额

C. 与发生权益工具作为合并对价直接相关的交易费用，应计入当期损益

D. 合并成本与合并对价账面价值之间的差距，应计入其他综合收益

（三）业务题

1. 某房地产开发企业有机器设备一台，原始成本 30 000 元，预计净残值率 4%，预计使用年限 4 年。要求：

①采用平均年限法计算年折旧额、月折旧额、年折旧率、月折旧率。②采用双倍余额递减法计算各年折旧额。③采用年数总和法计算各年折旧额。

2. 某房地产企业毁损 3 吨汽车式起重机一台，原始成本 30 000 元，已提折旧 5 000 元，经查明这台起重机的毁损是由司机操作不当造成的。经上级部门批准，司机应当赔偿 10 000 元。并决定对该起重机进行报废清理，在清理过程中，发生拆卸人工费 1 000 元，拆下的零部件、废铁、轮胎等卖价 3 500 元存入银行。根据上述经济业务编制会计分录：

①发现起重机毁损　②报经批准后，固定资产转入清理

③支付清理费用　④收到残料变价收入　⑤结转清理净损益

3. 某房地产开发企业 2×21 年 1 月 1 日购入 5 年期，面值 60 000 元的债券作为持有至到期投资，购买价 62 460 元，债券票面利率 8%，实际市场利率 7%，每年年末收到利息，到期一次收回本金，债券分类为以摊余成本计量的金融资产。根据上述业务进行相关计算并编制会计分录：

（1）房地产开发企业购买债券作为以摊余成本计量的金融资产。

（2）12 月 31 日，资产负债表日，计算利息并编制会计分录。

（3）2×22 年 1 月 1 日，债券到期时，企业除了收到当年利息外，收回本金分录。

4. 某房地产开发企业 2×21 年 6 月购入 A 股票 3 000 股，当时每股市价 6 元，交易费用 500 元，购入 A 股票作为以公允价值计量且其变动计入其他综合收益的金融资产。2×21 年 12 月 31 日，市价每股为 5 元。2×22 年 3 月以市价每股 5.2 元的价格出售。要求做出相关的会计处理：

①6 月购入股票时；②12 月 31 日，公允价值低于其账面余额时；③出售该金融资产。

5. 某房地产企业 2×21 年初以银行存款 200 万元购买 A 公司股票份作为长期股权投资，当年 A 公司税后净利润为 600 万元，2×22 年初，A 公司宣告并分派发放现金股利 50 万元。

①如果该房地产开发企业拥有 A 公司 60% 的股份，并能够对 A 公司实施控制，该房地产开发企业按照成本法作相关的会计处理。

②如果该房地产开发企业拥有 A 公司 40% 的股份，能够对 A 公司实施重大影响，该房地产开发企业按照权益法作相关的会计处理。

6. 某房地产开发企业 2×21 年自行研制某产品，并经法律程序取得专利权，研制过程中发生材料费用 20 000 元、人工费用 10 000 元，专利登记费 8 000 元，律师鉴定费 4 000 元，总计 42 000 元，其中 25 000 元满足资本化条件。该专利 2×22 年 1 月达到预定用途，法律规定该专利的有效期为 10 年。作相关的会计处理：

①发生研发支出时。②2×21 年 12 月 31 日，资产负债表日。③2×22 年 1 月，该专利技术达到预定用途。

第六章　负债

学习目标

知识目标：要求学生掌握房地产开发企业应付职工薪酬、应交土地增值税、长期借款、应付债券的核算；熟知短期借款、应付票据、应付账款、预收账款、应交增值税、长期应付款的核算；了解负债的概念、分类与确认条件。

能力目标：要求学生熟知房地产开发企业常用的流动负债的种类及与非流动负债的主要区别；学会计算短期借款的利息；能够掌握应付职工薪酬、应交税费、长期借款、应付债券核算的会计处理；能够熟悉短期借款、应收票据、应付账款和长期应付款的会计处理。

教学建议

综合运用启发式、提问式、互动式教学方法及案例分析等方式，复习已学过的相关会计专业知识，结合 PPT 多媒体课件等教学手段，使学生尽快进入课程学习角色，提升学生的专业应用技巧与能力，扩展学生的知识面和思维方式。

本章导读

据保利地产 2019 年年报显示，该公司负债项目金额为 80 368 671. 10 万元，比期初增加了 14 368 714. 38 万元，增幅为 21. 77%。流动负债项目期末余额为 59 970 047. 50 万元，比期初增加了 15 480 351. 77 万元，增幅 34. 795%，包括的项目有：短期借款项目为 313 347. 36万元，应付票据项目为 782 756. 33 万元，应付账款项目为 10 532 534. 63 万元，预收账款项目为 32 781 289. 89 万元，应付职工薪酬项目为 36 999. 26 万元，应交税费项目为 –908 921. 20 万元，应付利息项目为 94 791. 57 万元，应付股利为 15 839. 19 万元，其他应付款为 9 895 172. 67 万元，一年内到期的非流动负债为 6 332 564. 61 万元。非流动负债项目为 20 398 623. 60 万元，包括的项目有：长期借款项目为 17 207 233. 44 万元，应付债券项目为 3 151 785. 49 万元。为此，该公司财务人员，就必须了解、熟悉和掌握房地产企业负债确认、计量、核算和披露等理论和实务操作技能。

本章阐述了房地产开发企业的负债，简要说明了负债的概念、特征和分类，明确了流动负债和非流动负债所包含的内容，在此基础上详细叙述了短期借款、应付账款、预收账款、应付票据、应付职工薪酬和应交税费的确认、计量和核算，及长期借款、应付债券与长期应付款的核算，为实际操作技能打下理论基础。

资料来源：保利地产（600048）2019年年报（资产负债表），新浪网。

第一节　房地产开发企业的流动负债

一、房地产开发企业负债的概念与分类

（一）房地产开发企业负债的概念

根据企业会计准则对负债的定义：负债，是指企业过去的交易或者事项形成的，预期会导致经济利益流出企业的现时义务。根据负债的概念，负债具有以下几个方面的特征。

1. 负债是企业承担的现时义务。房地产开发企业的负债作为企业的一种义务，是由企业过去的交易或事项形成的、现已承担的义务。现时义务可以是法定义务，也可以是推定义务。其中，法定义务，是指具有约束力的合同或者法律、法规规定的义务，通常在法律意义上需要强制执行。推定义务，是指根据企业多年来的习惯做法、公开的承诺或者公开宣布的政策而导致企业将承担的责任，这些责任也使有关各方形成了企业将履行义务，解脱责任的合理预期。例如，某房地产开发企业一直对其销售的商品楼在一定的期间提供免费的售后服务，那么预期的售后服务就属于推定义务，也应该将其确认为一项负债。

2. 负债的清偿预期会导致经济利益流出企业。无论负债对应的现时义务是法定义务还是推定义务，其履行预期均会导致企业经济利益的流出。具体表现为交付资产、提供劳务、将一部分股权转给债权人等。对此，房地产开发企业不能或很少可以回避。从这个意义上讲，如果房地产开发企业能够回避义务，则不能相应地确认为一项负债。

3. 负债是由企业过去的交易或者事项形成的。房地产开发企业负债应当由企业过去的交易或者事项所形成，过去的交易或者事项包括购买货物、使用劳务、接受银行贷款等。即只有过去发生的交易或者事项才形成负债，企业将在未来发生的承诺、合同等交易或者事项，不形成负债。

（二）房地产开发企业负债的确认条件

将一项现时义务确认为负债，首先应当符合负债的概念。除此之外，还需要同时满足以下两个条件：

1. 与该义务有关的经济利益很可能流出企业。根据负债的定义，预期会导致经济利益流出企业是负债的一个本质特征。鉴于履行义务所需流出的经济利益带有不确定性，尤其是与推定义务相关的经济利益通常需要依赖于大量的估计，因此，负债的确认应当与经济利益流出的不确定性程度的判断结合起来。如果根据编制财务报表时所取得的证据判断，与现时义务有关的经济利益很可能流出企业，那么就应当将其作为负债予以确认。

2. 未来流出的经济利益的金额能够可靠地计量。负债的确认也需要符合可计量性的要求，即对于未来流出的经济利益的金额应当能够比较准确地计量。对于与法定义务有关的经济利益流出金额，通常可以根据合同或者法律规定的金额予以确定。考虑到经济利益的流出一般发生在未来期间，有时未来期间的时间还很长，在这种情况下，有关金额的计量通常需要考虑货币时间价值等因素的影响。对于与推定义务有关的经济利益流出额，通常需要较大

程度的估计。为此，房地产开发企业应当根据履行相关义务所需支出的最佳估计数进行估计，并综合考虑有关货币时间价值、风险等因素的影响。

（三）房地产开发企业负债的分类

房地产开发企业负债按照承担经济义务期限的长短，可以分为流动负债和非流动负债。

1. 流动负债。房地产开发企业的流动负债，是指房地产开发企业预计在一个正常营业周期中清偿、或者主要为交易目的而持有、或者自资产负债表日起 1 年内（含 1 年）到期应予以清偿、或者企业无权自主地将清偿推迟至资产负债表日后 1 年以上的债务。房地产开发企业的流动负债主要包括短期借款、应付票据、应付账款、预收账款、应付职工薪酬、应交税费、应付利息、应付股利、其他应付款和 1 年内到期的非流动负债等。

2. 非流动负债。房地产开发企业的非流动负债，是指房地产开发企业预计将在超过一个正常营业周期中清偿、或者主要为交易目的而持有、或者自资产负债表日起一年内（含一年）到期应予以清偿的债务，即流动负债以外的负债。主要包括长期借款、应付债券、长期应付款等。

将房地产开发企业的负债分为流动负债和非流动负债，有利于了解流动资产和流动负债的比例，反映房地产开发企业短期偿债能力，有利于了解企业的清算能力还可以为短期债权人提供所需的信息资料。

二、房地产开发企业的短期借款

（一）房地产开发企业短期借款的概念

房地产开发企业的短期借款，是指房地产开发企业为满足生产经营的需要，向银行或其他金融机构借入的、偿还期在一年以内的各种借款。房地产开发企业的短期借款大部分是为了开发经营而借入的。企业借入短期借款后，无论用于哪方面均构成企业的一项流动负债。在会计核算上房地产开发企业应该如实地反映短期借款的借入、利息发生和本金及利息的偿还情况，并按期偿还借款的本金和利息。

为了核算短期借款的借入、利息发生和本金及利息的偿还情况，房地产开发企业应设置“短期借款”科目。该账户总括地反映企业短期借款的借入、归还和结余情况，其贷方登记企业借入的各种短期借款；借方登记偿还的各种短期借款。期末贷方余额反映企业尚未偿还的短期借款的本金。该账户应按债权人户名和借款种类进行明细核算。

（二）房地产开发企业短期借款的会计处理

1. 当企业借入各种短期借款时，应借记“银行存款”等科目，贷记“短期借款”科目；归还短期借款时，应借记“短期借款”科目，贷记“银行存款”科目。

2. 发生的短期借款利息应当直接计入当期财务费用，借记“财务费用”科目，作为期间费用进行会计处理；贷记“应付利息”“银行存款”等科目。

（1）若其数额不大，可于支付月份计入财务费用，即借记“财务费用”科目，贷记“银行存款”科目。

（2）若其数额较大，则应采用按月预提的办法，即各月末应借记“财务费用”科目，贷记“应付利息”科目，实际支付利息时，再借记“应付利息”科目，贷记“银行存款”科目。

3. 当企业到期归还短期借款时，借记“短期借款”账户，贷记“银行存款”账户。

【例 6－1】顺达房地产开发公司为了采购建材，于 2×21 年 4 月 1 日从银行取得期限为 2 个月、借款利率为月息 5‰的短期借款 20 万元，利息在偿还本金时一并归还；该企业对此项短期借款的利息支出，采用按月预提的办法。有关会计处理如下：

（1）4 月 1 日取得借款时：

借：银行存款	200 000	
贷：短期借款		200 000

（2）4 月末预提利息费用时：

借：财务费用	1 000	
贷：应付利息		1 000

（3）5 月末该项借款到期，按期归还本息：

借：短期借款	200 000	
应付利息	1 000	
财务费用	1 000	
贷：银行存款		202 000

三、房地产开发企业的应付票据

（一）房地产开发企业应付票据的概念

房地产开发企业的应付票据，是指房地产开发企业根据合同进行延期付款交易采用商业汇票结算时，所签发、承兑的商业汇票。

为了核算应付票据的发生、偿付等情况，房地产开发企业应设置“应付票据”账户。该账户的贷方登记已承兑的商业汇票的面额或以承兑商业汇票抵付应付账款时的金额；借方登记已到期付款的商业汇票的面额、转作应付账款或作借款处理的商业汇票的面额，期末贷方余额反映企业尚未到期的应付票据本息。

（二）房地产开发企业应付票据的会计处理

房地产开发企业应付票据相关的业务主要包括房地产开发企业开出票据进行支付、票据到期支付现金、以及票据到期后，无资金进行支付等 3 种情况。其主要的会计处理如下：

（1）房地产开发企业开出、承兑商业汇票或以承兑汇票抵付货款时，借记“原材料”“应付账款”“应交税费”等科目，贷记“应付票据”科目。如为银行承兑汇票，还应在支付银行承兑手续费时，借记“财务费用”科目，贷记“银行存款”科目。

（2）汇票到期付款时，借记“应付票据”科目，贷记“银行存款”科目。如为带息票据，则应借记“应付票据”“财务费用”等科目，贷记“银行存款”科目。

（3）在票据到期无力偿付的情况下，若为商业承兑汇票，则将应付票据转为应付账款，借记“应付票据”科目，贷记“应付账款”科目。若为银行承兑汇票，则银行先代为付款，企业将不足部分转为短期借款，借记“应付票据”科目，贷记“银行存款”“短期借款”科目；在归还银行短期借款时，借记“短期借款”科目，贷记“银行存款”科目。

为了加强对应付票据的管理，房地产开发企业应当设置“应付票据备查簿”，详细登记每一应付票据的种类、号数、签发日期、到期日、票面金额、票面利率、合同交易号、收款人姓名或单位名称，以及付款日期和金额等资料。应付票据到期结清时，应当在备查簿内逐笔注销。

【例 6 - 2】 顺达房地产开发公司出具一张期限为 90 天、票面金额为 45 200 元的不带息商业承兑汇票，向某供应单位购进建筑材料一批，其增值税发票上记载的货款金额为 40 000 元，增值税额为 5 200 元。有关会计处理如下：

（1）购进建筑材料时：

借：材料采购　40 000

　　应交税费——应交增值税（进项税额）　5 200

　　贷：应付票据　45 200

（2）票据到期，接到银行支付汇票款项的通知时：

借：应付票据　45 200

　　贷：银行存款　45 200

（3）假设上述票据到期时房地产开发企业无力支付票款：

借：应付票据　45 200

　　贷：应付账款　45 200

如果上例中的商业汇票为银行承兑汇票，该房地产开发企业向银行申请承兑时，支付承兑手续费 38 元：

借：财务费用　38

　　贷：银行存款　38

银行承兑汇票到期，企业无力支付票款时：

借：应付票据　45 200

　　贷：短期借款　45 200

四、房地产开发企业的应付账款

（一）房地产开发企业应付账款的概念

房地产开发企业的应付账款，是指房地产开发企业在经营过程中因购买商品、材料、物资或接受劳务而发生的待清偿的债务，以及因出包工程应付给工程承包单位的工程价款。

为了核算应付账款的发生、偿还和结欠情况，房地产开发企业应设置“应付账款”账户。该账户的贷方登记企业因购买材料、商品和接受劳务供应以及与工程承包单位结算工程价款等形成的应付账款，借方登记偿还的应付账款、以商业汇票抵付的应付账款以及冲销无法支付的应付账款，贷方余额表示尚未偿还的应付账款。“应付账款”账户在设立二级科目时，一般应按照债权单位进行明细核算。

（二）房地产开发企业应付账款的会计处理

企业购入材料、物资等已验收入库，但货款尚未支付时，应根据有关结算凭证，借记“原材料”和“应交税费”科目，贷记“应付账款”科目。对于材料等已验收入库、结算凭证未到、货款尚未支付的业务，因结算凭证一般在短时间内即可到达，为了简化核算，可以暂不作会计分录，待收到结算凭证后，再按正常手续进行会计处理。但是，每月月末，对于那些结算凭证尚未到达的入库材料，则应按材料的暂估价格（合同价格或计划单位成本）

计价入库，借记“原材料”等科目，贷记“应付账款”科目。这笔会计分录，在下月月初时应用红字冲回，以便下月结算凭证到达时，按正常程序进行核算。

企业接受供应单位提供劳务而发生的应付未付款项，应根据供应单位的发票账单，借记“开发成本”“开发间接费用”“管理费用”等科目，贷记“应付账款”科目；企业与工程承包单位结算工程价款时，根据经审核无误的“工程价款结算账单”科目，借记“开发成本”科目，贷记“应付账款”科目；企业按合同规定扣回预付工程款和备料款时，借记“应付账款”科目，贷记“预付账款”科目，企业偿付应付账款时，应借记“应付账款”科目，贷记“银行存款”等科目；企业开出、承兑商业汇票抵付应付账款时，应借记“应付账款”科目，贷记“应付票据”科目。

企业如有确实无法支付的应付账款，比如，由于销货方破产，报经批准后，应按其账面余额，借记“应付账款”科目，贷记“营业外收入”科目。

【例 6-3】顺达房地产开发公司 2×21 年 5 月 15 日从 A 企业购进原材料一批，增值税发票记载的货款金额为 20 000 元，增值税进项税额为 2 600 元，已验收入库，款项尚未支付。7 月 6 日，顺达房地产开发公司开出 22 600 元的转账支票一张，支付此笔购料款。有关会计处理如下：

（1）5 月 15 日，购买材料时：

借：原材料	20 000	
应交税费——应交增值税（进项税额）	2 600	
贷：应付账款		22 600

（2）7 月 6 日，支付购料款时

借：应付账款	22 600	
贷：银行存款		22 600

【例 6-4】顺达房地产开发企业将开发小区内的商品 7 号楼工程出包给昌盛建筑公司施工。2×21 年 8 月 10 日，企业收到昌盛建筑公司交来的“工程价款结算账单”，要求结算本月已完工程价款 1 200 000 元，按合同规定，应扣回预付工程款 400 000 元，余款以银行存款支付。有关会计处理如下：

（1）确认应付账款时：

借：开发成本——房屋开发（7 号楼）	1 200 000	
贷：应付账款——应付工程款（昌盛建筑公司）		1 200 000

（2）扣回预付工程款时：

借：应付账款——应付工程款（昌盛建筑公司）	400 000	
贷：预付账款——预付承包单位款（昌盛建筑公司）		400 000

（3）支付余款时：

借：应付账款——应付工程款（昌盛建筑公司）	800 000	
贷：银行存款		800 000

五、房地产企业的预收账款

（一）房地产开发企业预收账款的概念

房地产开发企业的预收账款，是指房地产开发企业按照合同或协议规定向购房单位或个人预收的购房款，以及代委托单位开发建设项目，按双方合同规定向委托单位预收的开发建设资金。

为了核算预收账款的预收、结算情况，房地产开发企业应设置“预收账款”账户进行核算。该账户贷方登记按照合同或协议规定向购房单位或个人预收的购房定金及向委托单位预收开发建设资金，借方登记以预收的开发资金抵减应收的开发产品销售价款或代建工程结算价款，以及退还多收的购房定金、代建工程价款，贷方余额反映预收的尚未结算的购房定金和代建工程款等。该账户按照预收账款的种类及债权人进行明细核算。如果企业预收账款情况不多，也可以不设置“预收账款”，将预收账款直接在“应收账款”账户进行核算。

（二）房地产开发企业预收账款的会计处理

当房地产开发企业按照合同或协议规定向购房单位或个人预收的购房款，以及代委托单位开发建设项目，按双方合同规定向委托单位预收的开发建设资金时，根据收款通知及有关凭证，借记“银行存款”科目，贷记“预收账款”科目。当开发工程竣工移交购房单位或个人或委托单位时，应按开发产品的售价或代建工程价款结算时，借记“预收账款”科目，贷记“主营业务收入”科目。收到余款时，借记“银行存款”科目，贷记“预收账款”科目。

【例 6－5】 顺达房地产开发企业 2×21 年 5 月 16 日接受委托对其办公大楼进行大修，按双方签订的合同规定预收代建工程修理资金 350 000 元。该项工程竣工并验收交付委托单位，实际应收工程价款 800 000 元。同时收到委托单位转账支票结清代建工程款。有关会计处理如下：

（1）预收代建工程修理资金时：

借：银行存款	350 000	
贷：预收账款		350 000

（2）代建工程结算时：

借：预收账款	800 000	
贷：主营业务收入		800 000

（3）收到余款时：

借：银行存款	450 000	
贷：预收账款		450 000

六、房地产开发企业的应付职工薪酬

（一）房地产开发企业职工薪酬

房地产开发企业的职工薪酬，是指房地产开发企业为获得职工提供的服务或解除劳动关系而给予各种形式的报酬或补偿。换言之，职工薪酬就是企业在职工在职期间和离职后提供的全部货币性薪酬和非货币性福利，包括提供给职工本人的薪酬以及提供给职工配偶、子女或其他被赡养人的福利等。

根据我国《企业会计准则第 9 号——职工薪酬》（2014）的规定，职工薪酬包括以下内容：

（1）短期薪酬，是指企业在职工提供相关服务的年度报告期间结束后十二个月内需要全部予以支付的职工薪酬，因解除与职工的劳动关系给予的补偿除外。

短期薪酬具体包括：职工工资、奖金、津贴和补贴，职工福利费，医疗保险费、工伤保险费和生育保险费等社会保险费，住房公积金，工会经费和职工教育经费，短期带薪缺勤，短期利润分享计划，非货币性福利以及其他短期薪酬。

带薪缺勤，是指企业支付工资或提供补偿的职工缺勤，包括年休假、病假、短期伤残、婚假、产假、丧假、探亲假等。利润分享计划，是指因职工提供服务而与职工达成的基于利润或其他经营成果提供薪酬的协议。

（2）离职后福利，是指企业为获得职工提供的服务而在职工退休或与企业解除劳动关系后，提供的各种形式的报酬和福利，短期薪酬和辞退福利除外。

（3）辞退福利，是指企业在职工劳动合同到期之前解除与职工的劳动关系，或者为鼓励职工自愿接受裁减而给予职工的补偿。

（4）其他长期职工福利，是指除短期薪酬、离职后福利、辞退福利之外所有的职工薪酬，包括长期带薪缺勤、长期残疾福利、长期利润分享计划等。

需要说明的是：职工薪酬中的“职工”，是指与企业订立劳动合同的所有人员，含全职、兼职和临时职工；也包括虽未与企业订立劳动合同但由企业正式任命的人员，如董事会成员、监事成员等；包括未与企业订立劳动合同或未由其正式任命，但向企业所提供服务与职工所提供服务类似的人员，也属于职工的范畴；包括通过企业与劳务中介公司签订用工合同而向企业提供服务的人员。

（二）房地产开发企业应付职工薪酬的确认和计量

1. 房地产开发企业职工薪酬的确认。房地产开发企业在职工为其提供服务的会计期间，除解除劳动关系补偿（也称辞退福利）全部计入当期费用以外，其他职工薪酬均应根据职工提供服务的受益对象，将应确认的职工薪酬（包括货币性薪酬和非货币性福利）计入相关资产成本或当期费用，同时确认为应付职工薪酬负债。

2. 房地产开发企业职工薪酬的计量。

（1）货币性职工薪酬的计量。在企业应付给职工的各种薪酬中，国家有规定计提基础和计提比例的，应当按照国家规定的标准计提。比如，应向社会保险经办机构等缴纳的医疗保险费、养老保险费（包括根据企业年金计划向企业年金基金相关管理人缴纳的补充养老保险费）、失业保险费、工伤保险费、生育保险费等社会保险费，应向住房公积金管理机构缴存的住房公积金以及工会经费和职工教育经费等。国家没有规定计提基础和计提比例的，如职工福利费等，企业应当根据历史经验数据和实际情况，合理预计当期的应付职工薪酬。当期实际发生金额大于预计金额的，应当补提应付职工薪酬；当期实际发生金额小于预计金额的，应当冲回多提的应付职工薪酬。在资产负债表日至财务报告批准报出日之间的期间，如有确凿证据表明需要调整资产负债表日原确认的应付职工薪酬的，应当按照《企业会计准则第29号——资产负债表日后事项》处理。

（2）非货币性福利的确认与计量。①企业以其自产产品或外购商品作为非货币性福利发放给职工的，应当根据受益对象，按照该产品或商品的公允价值和相关税费，计入相关资产成本或当期损益，同时确认应付职工薪酬。②企业将拥有的住房等资产无偿提供给职工使用的，应当根据受益对象，将该住房每期应计提的折旧计入相关资产成本或当期费用，同时确认应付职工薪酬。③企业租赁住房等资产供职工无偿使用的，应当根据受益对象，将每期应付的租金计入相关资产成本或当期费用，并确认应付职工薪酬。难以认定受益对象的非货币性福利，直接计入管理费用，并确认应付职工薪酬。

（三）房地产开发企业应付职工薪酬的会计处理

1. 房地产开发企业应付职工薪酬的核算应设置的账户。为了核算和监督企业职工薪酬的提取、结算和使用等情况，房地产开发企业应设置“应付职工薪酬”科目。该账户贷方登记本月实际发生的应付职工薪酬总额，即应付职工薪酬的分配数，借方登记本月实际支付的各种应付职工薪酬，期末贷方余额反映企业尚未支付的应付职工薪酬。该账户应当按照“工资”“职工福利”“社会保险费”“住房公积金”“工会经费”“职工教育经费”“非货币性福利”“辞退福利”“股份支付”等应付职工薪酬项目进行明细核算。

2. 房地产开发企业支付应付职工薪酬时的会计处理。

（1）房地产开发企业按照有关规定向职工支付工资、奖金、津贴等，借记“应付职工薪酬”科目，贷记“银行存款”“库存现金”等科目。

（2）房地产开发企业从应付职工薪酬中扣还的各种款项（代垫的家属药费、个人所得税等），借记“应付职工薪酬”科目，贷记“其他应收款”“应交税费——应交个人所得税”等科目。

（3）房地产开发企业向职工支付职工福利费，借记“应付职工薪酬”科目，贷记“银行存款”“库存现金”等科目。

（4）房地产开发企业支付工会经费和职工教育经费用于工会运作和职工培训，借记“应付职工薪酬”科目，贷记“银行存款”等科目。

（5）房地产开发企业按照国家有关规定缴纳社会保险费和住房公积金，借记“应付职工薪酬”科目，贷记“银行存款”科目。

（6）房地产开发企业因解除与职工的劳动关系向职工给予的补偿，借记“应付职工薪酬”科目，贷记“银行存款”“库存现金”等科目。

（7）在行权日，房地产开发企业以现金与职工结算股份支付，借记“应付职工薪酬”科目，贷记“银行存款”“库存现金”等科目。

3. 房地产开发企业分配职工薪酬的会计处理。企业应当根据职工提供服务的受益对象，对发生的职工薪酬进行会计处理。其中，项目管理人员的职工薪酬，借记“开发成本”“开发间接费用”“劳务成本”科目，贷记“应付职工薪酬”科目。管理部门人员的职工薪酬，借记“管理费用”科目，贷记“应付职工薪酬”科目。销售人员的职工薪酬，借记“销售费用”科目，贷记“应付职工薪酬”科目。

应由在建工程、研发支出负担的职工薪酬，借记“在建工程”“研发支出”科目，贷记“应付职工薪酬”科目。因解除与职工的劳动关系给予的补偿，借记“管理费用”科目，贷记“应付职工薪酬”科目。在等待期内每个资产负债表日，根据股份支付准则确定的金额，借记“管理费用”等科目，贷记“应付职工薪酬”科目。在可行权日之后，根据股份支付准则确定的金额，借记或贷记“公允价值变动损益”科目，贷记或借记“应付职工薪酬”科目。

【例 6－6】顺达房地产开发企业本月应付职工工资总额为 21 万元，其中开发项目现场管理机构人员工资为 9 万元，企业行政管理人员工资为 5 万元，专设销售机构人员工资为 3.5 万元，新专利技术研发人员工资为 3.5 万元。根据“工资结算汇总表”，应代扣代缴个人所得税 1.1 万元，应扣还代垫职工家属医药费 5 000 元，实发工资 194 000 元。有关会计处理如下：

（1）确认应付职工薪酬时：

借：开发间接费用	90 000	
管理费用	50 000	
销售费用	35 000	
研发支出	35 000	
贷：应付职工薪酬——工资		210 000

（2）代扣款项时：

借：应付职工薪酬——工资	16 000	
贷：应交税费——应交个人所得税		11 000
其他应收款——代垫医药费		5 000

（3）发放职工薪酬时：

借：应付职工薪酬——工资	194 000	
贷：银行存款（或库存现金）		194 000

七、房地产开发企业的应交税费

（一）房地产开发企业应交税费的概述

房地产开发企业的应交税费，是指房地产开发企业按照税法等规定应向税务机关缴纳的各种税金和费用。

房地产开发企业在一定时期内取得的营业收入和实现的利润，应按照规定向国家交纳各种税金和费用。包括增值税、土地增值税、所得税、城市维护建设税、应交教育费附加、房产税、印花税、城镇土地使用税、车船税等。这些应交税费在实际上交之前，也构成了房地产企业的一部分流动负债。

（二）房地产开发企业的应交增值税

2016 年 3 月 31 日，国家税务总局发布了《房地产开发企业销售自行开发的房地产项目增值税征收管理暂行办法》，从 2016 年 5 月 1 日开始实施。自此，房地产开发企业销售自行开发的房地产项目以及房地产开发企业以接盘形式购入未完工的房地产项目继续开发后，以自己的名义立项销售的房地产项目，均属于增值税的征收范围。

需要注意的是，国家税务总局 2016 年 3 月 31 日同时发布了《纳税人提供不动产经营租赁服务增值税征收管理暂行办法》，从 2016 年 5 月 1 日开始实施。房地产开发企业将自有的房产出租，也应当缴纳增值税。

1. 一般纳税人征收管理。

（1）房地产开发企业销售自行开发的房地产项目。

①销售额。房地产开发企业中一般纳税人（以下简称一般纳税人）销售自行开发的房地产项目，适用一般计税方法计税，按照取得的全部价款和价外费用，扣除当期销售房地产项目对应的土地价款后的余额计算销售额。销售额的计算公式如下：

销售额 =（全部价款和价外费用 − 当期允许扣除的土地价款）÷（1 + 9%）

②当期允许扣除的土地价款。

当期允许扣除的土地价款 =（当期销售房地产项目建筑面积 ÷ 房地产项目可供销售建筑

面积）×支付的土地价款

其中：当期销售房地产项目建筑面积，是指当期进行纳税申报的增值税销售额对应的建筑面积。房地产项目可供销售建筑面积，是指房地产项目可供出售的总建筑面积，不包括销售房地产项目时单独作价结算的配套公共设施的建筑面积。支付的土地价款，是指向政府、土地管理部门或受政府委托收取土地价款的单位直接支付的土地价款。

在计算销售额时，从全部价款和价外费用中扣除土地价款，应当取得省级以上（含省级）财政部门监（印）制的财政票据。一般纳税人应建立台账登记土地价款的扣除情况，扣除的土地价款不得超过纳税人实际支付的土地价款。

需要注意的是，一般纳税人销售自行开发的房地产老项目，（包括《建筑工程施工许可证》注明的合同开工日期在 2016 年 4 月 30 日前的房地产项目和《建筑工程施工许可证》未注明合同开工日期或者未取得《建筑工程施工许可证》，但建筑工程承包合同注明的开工日期在 2016 年 4 月 30 日前的建筑工程项目），可以选择适用简易计税方法按照 5% 的征收率计税。一经选择简易计税方法计税的，36 个月内不得变更为一般计税方法计税。一般纳税人销售自行开发的房地产老项目适用简易计税方法计税的，以取得全部价款和价外费用为销售额，不得扣除对应的土地价款。

③预缴税款。一般纳税人采取预收款方式销售自行开发的房地产项目，应在收到预收款时按照 3% 的预征率预缴增值税。

应预缴税款 = 预收款/（1 + 适用税率或征收率） ×3%

适用一般计税方法计税的，按照 9% 的适用税率计算；适用简易方法计税的，按照 5% 的征收率计算。一般纳税人应在取得预售款的次月纳税申报期向主管税务机关预缴税款。

预收款，是指房地产企业实际取得的售房款，包括：第一，分期取得的预收款（首付 + 按揭 + 尾款）；第二，全款取得的预收款（因为全款取得也要事后开票，确认应税收入，因此也可以叫做预收款）。

④进项税额。一般纳税人销售自行开发的房地产项目，兼有一般计税方法计税、简易计税方法计税、免征增值税的房地产项目而无法划分不得抵扣的进项税额的，应以《建筑工程施工许可证》注明的“建设规模”为依据进行划分。

不得抵扣的进项税额 = 当期无法划分的全部进项税额 × ｛简易计税、免税房地产项目建设规模/房地产项目总建设规模｝

其中：建设规模即项目建设的面积。这一条说明，在计算简易计税方法和免税房地产项目对应的“不得抵扣的进项税额”时，应以面积为计算单位，而不能以套、层、单元、栋等作为计算依据。

⑤纳税申报。一般纳税人销售自行开发的房地产项目使用一般计税方法计税的，以当期销售额和 9% 的适用税率计算当期应纳税额，抵减已预缴税款后，向主管税务机关申报纳税。未抵减完的预缴税款可以结转至下期继续抵减。

一般纳税人销售自行开发的房地产项目适用简易计税方法计税的，应按照《试点实施办法》第四十五条规定的纳税义务发生时间，以当期销售额和 5% 的征收率计算当期应纳税额，抵减已预缴税款后，向主管税务机关申报纳税。未抵减完的预缴税款可以结转至下期继续抵减。

⑥发票开具。一般纳税人销售自行开发的房地产项目，自行开具增值税发票。一般纳税

人销售自行开发的房地产项目，其2016年4月30日前收取并已向主管地税机关申报缴纳营业税的预收款，未开具营业税发票的，可以开具增值税普通发票，不得开具增值税专用发票。一般纳税人向其他个人销售自行开发的房地产项目，不得开具增值税专用发票。

（2）房地产开发企业出租自有房产。一般纳税人出租不动产，按照以下规定缴纳增值税：

①一般纳税人出租其2016年4月30日前取得的不动产，适用简易计税方法，按照5%的征收率计算应纳税额。不动产所在地与机构所在地不在同一县（市、区）的，纳税人应按照上述计税方法向不动产所在地主管税务机关预缴税款，向机构所在地主管税务机关申报纳税。不动产所在地与机构所在地在同一县（市、区）的，纳税人向机构所在地主管税务机关申报纳税。

②一般纳税人出租其2016年5月1日后取的不动产，适用一般计税方法计税。不动产所在地与机构所在地不在同一县（市、区）的，纳税人应按照3%的预征率向不动产所在地主管税务机关预缴税款，向机构所在地主管税务机关申报纳税。不动产所在地与机构所在地在同一县（市、区）的，纳税人向机构所在地主管税务机关申报纳税。一般纳税人出租其2016年4月30日前取得不动产适用一般计税方法计税的，按照上述规定执行。

（3）会计处理。

①设置会计账户。房地产开发企业应在“应交税费——应交增值税”二级科目下按“进项税额”“已交税金”“减免税款”“转出未交增值税”“出口抵减内销产品应缴税额”“销项税额抵减”等设置借方6个明细科目。按“销项税额”“进项税额转出”“转出多交增值税”和“出口退税”等设置贷方4个明细科目。

“应交税费”这个一级科目下设“增值税留抵税额”“待抵扣进项税额”和“未交增值税”等明细科目。

②会计处理。

实现销售时：

借：银行存款等

　　贷：主营业务收入

　　　　应交税费——应交增值税（销项税额）

取得成本费用等含进项税额专用发票时：

借：开发成本等

　　应交税费——应交增值税（进项税额）

　　贷：银行存款等

预缴税款时：

借：应交税费——应交增值税（已交税金）

　　贷：银行存款

减免税款时：

借：应交税费——应交增值税（减免税款）

　　贷：递延收益

转出本月应交未交增值税时：

借：应交税费——应交增值税（转出未交增值税）

　　贷：应交税费——未交增值税

本月上交上期未交增值税时：

借：应交税费——未交增值税

　　贷：银行存款

【例 6－7】顺达房地产开发企业（一般纳税人）2×21 年 5 月购入一批钢材用于乙施工项目，共计 3 000 吨，钢材的价税合计 1 130 万元，增值税税率 13%，取得增值税专用发票，款项已通过银行存款付清，且该批钢材已验收入库。有关会计处理如下：

借：原材料——钢材	10 000 000	
应交税费——应交增值税（进项税额）	1 300 000	
贷：银行存款		11 300 000

【例 6－8】顺达房地产开发企业（一般纳税人）2×21 年 5 月出售 C 商住楼，当月收款并开出了增值税专用发票，发票上注明价款为 8 000 万元，增值税为 720 万元，不考虑当期允许扣除的土地价款。有关会计处理如下：

借：银行存款	87 200 000	
贷：主营业务收入		80 000 000
应交税费——应交增值税（销项税额）		7 200 000

2. 小规模纳税人

（1）房地产开发企业中的小规模纳税人（以下简称小规模纳税人）采取预收款方式销售自行开发的房地产项目，应在收到预收款时按照 3% 的预征率预缴增值税。计算公式为：

应预缴税款 = 预收款/（1 + 5%） × 3%

小规模纳税人销售自行开发的房地产项目，应按照《试点实施办法》第四十五条规定的纳税义务发生时间，以当期销售额和 5% 的征收率计算当期应纳税额，抵减已预缴税款后，向主管税务机关申报纳税。未抵减完的预缴税款可以结转至下期继续抵减。

（2）小规模纳税人出租不动产，按照 5% 的征收率计算应纳税额。不动产所在地与机构所在地不在同一县（市、区）的，纳税人应按照上述计税方法向不动产所在地主管税务机关预缴税款，向机构所在地主管税务机关申报纳税。不动产所在地与机构所在地在同一县（市、区）的，纳税人应向机构所在地主管税务机关申报纳税。

小规模纳税人对于增值税的会计核算，是在，“应交税费——应交增值税”这个二级科目下进行核算的，无须设置三级明细项目。

（三）房地产开发企业的土地增值税

1. 房地产开发企业土地增值税的概述。土地增值税，是指对在我国境内有偿转让国有土地使用权、地上建筑物及其附着物并取得收入的单位和个人，就其土地增值额征收的一种税。其计算公式如下：

土地增值额 = 转让房地产的总收入 − 规定扣除项目金额

应纳税额 = 土地增值额 × 适用税率

转让房地产总收入包括货币收入、实物收入和其他收入。

规定的扣除项目金额主要包括：①取得土地使用权所支付的金额；②开发土地和新建房及配套设施的成本；③开发土地和新建房及配套设施的费用：凡是能提供金融机构贷款证明，并能按转让房地产项目分摊利息支出的，其开发费用为利息费用加上上述①与②之和 5% 以内计算扣除，凡是不能提供金融机构贷款证明，或不能按转让房地产项目分摊利息支出的，其开发费用为上述①与②之和10%以内计算扣除；④旧房屋及建筑物的评估价格；⑤与转让房地产有关的税金；⑥财政部规定的其他扣除项目：按规定，房地产开发企业可按上述①与②之和，加计20%扣除。

土地增值税是采用四级超率累进税率计算的，即根据增值额占扣除项目金额的比例，确定不同的使用税率。土地增值税税率，如表6－1所示。

表6－1　土地增值税税率及速算扣除系数表

级次	土地增值税	税率（%）	速算扣除系数
1	增值额未超过扣除项目金额50%的部分	30	0
2	增值额超过扣除项目金额50%未超过100%的	40	5%
3	增值额超过扣除项目金额100%未超过200%的	50	15%
4	增值额超过扣除项目金额200%的部分	60	35%

如果土地增值额占扣除项目金额比例在50%以上，就要使用两档或两档以上的不同税率，分段计算应交纳的增值税额，再汇总合计。为简化核算，在实际工作中一般采用速算扣除法计算。其计算公式如下：

应纳税额＝土地增值税额×适用税率－扣除项目金额×速算扣除系数

2. 房地产开发企业土地增值税的核算方法。房地产开发企业交纳的土地增值税通过“应交税费——应交土地增值税”科目核算。

主营房地产业务的企业，由于当期销售房屋而需要缴纳土地增值税的，借记“税金及附加”科目，贷记“应交税费——应交土地增值税”科目。

转让的国有土地使用权连同地上建筑物及其他附着物一并在“固定资产”或“在建工程”等科目核算的，转让时应交纳的土地增值税，借记“固定资产清理”“在建工程”等科目，贷记“应交税费——应交土地增值税”科目。

房地产开发企业在项目交付使用前转让房地产取得的收入，按税法规定应预交土地增值税，借记“应交税费——应交土地增值税”科目，贷记“银行存款”科目；待该房地产营业收入实现时，再按上述营业业务的会计处理方法进行处理。该项目全部交付使用后进行清算，收到退回多交的土地增值税，借记“银行存款”科目，贷记“应交税费——应交土地增值税”科目；补交的土地增值税作相反的会计分录。

房地产开发企业交纳土地增值税时，借记“应交税费——应交土地增值税”科目，贷记“银行存款”科目。

【例6－9】顺达房地产开发企业建造并出售了一幢写字楼，取得销售收入2 000万元。该企业为建造此写字楼支付的地价款为300万元；房地产开发成本为350万元；房地产开发费用中的利息支出为260万元（能够按转让房地产项目计算分摊并提供工商银行证明）。企业所在地政府规定的其房地产开发费用的计算扣除系数为5%，与转让房地产有关的税金135万元。有关会计处理如下：

企业土地增值税应纳税额计算过程如下：

（1）确定转让房地产的收入＝2 000万元。

（2）确定转让房地产的扣除项目金额如下：

取得土地使用权支付的金额＝300万元

房地产开发成本 = 350（万元）

房地产开发费用 = 260 + (300 + 350) × 5% = 292.5（万元）

与转让房地产有关的税金 = 135（万元）

其他扣除项目金额 = (300 + 350) × 20% = 130（万元）

扣除项目金额 = 300 + 350 + 292.5 + 135 + 130 = 1 207.5（万元）

（3）确定转让房地产的增值额 = 792.5 万元（2 000 - 1 207.5）。

（4）增值额与扣除项目金额的比率 = 65.63%（792.5 ÷ 1 207.5 × 100%）。

（5）土地增值税应纳税额 = 256.625 万元（792.5 × 40% - 1 207.5 × 5%）。

（6）计算土地增值税时：

借：税金及附加　　2 566 250

　　贷：应交税费——应交土地增值税　　2 566 250

（四）房地产开发企业的应交城市维护建设税

1. 房地产开发企业城市维护建设税的概述。城市维护建设税是一种附加税。按现行税法的规定，城市维护建设税以应交纳的增值税、消费税为计税依据，按一定的比例计算交纳。应纳税额的计算公式为：

应纳税额 = (应交增值税 + 应交消费税 + 应交营业税) × 适用税率

2. 房地产开发企业城市维护建设税的核算方法。房地产开发企业计算出应纳城市维护建设税时，应借记“税金及附加”“其他业务成本”“固定资产清理”等科目，贷记“应交税费——应交城市维护建设税”科目。实际交纳城市维护建设税时，应借记“应交税费——应交城市维护建设税”科目，贷记“银行存款”科目。

【例 6 - 10】顺达房地产开发企业 2 × 21 年 5 月应交增值税、消费税如表 6 - 2 所示。

表 6 - 2　　2 × 21 年 5 月应交税费明细账情况

销售产品应交增值税	30 000 元
销售产品应交消费税	15 000 元
合计	45 000 元

根据以上数据和本企业城建税税率 7% 计算的应交城市维护建设税及有关会计处理如下：

本月应交城市维护建设税 = 45 000 × 7% = 3 150（元）

借：税金及附加　　3 150

　　贷：应交税费——应交城市维护建设税　　3 150

（五）房地产开发企业的应交教育费附加

1. 房地产开发企业教育费附加的概述。教育费附加，是指国家为了发展我国的教育事业、提高人民的文化素质而随同增值税、消费税同时征收的一项附加费用。应交教育费附加的计算方法与应交城市维护建设税的计算口径相同，费率为 3%。

2. 房地产开发企业教育费附加的核算方法。计算出应交教育费附加时，借记“税金及附加”科目，贷记“应交税费——应交教育费附加”科目。实际交纳教育费附加时，借记“应交税费——应交教育费附加”科目，贷记“银行存款”科目。

【例 6 - 11】承【例 6 - 10】，本企业应交教育费附加的税率 3%，计算出应交教育费附加金额及有关会计处理如下：

本月应交教育费附加费 = 45 000 × 3% = 1 350（元）

借：税金及附加 1 350

贷：应交税费——应交教育费附加 1 350

第二节 房地产开发企业的非流动负债

房地产开发企业的非流动负债，是指流动负债以外的负债，主要包括长期借款、应付债券、长期应付款等。与流动负债相比，非流动负债具有数额较大、偿还期限较长等特点。

一、房地产开发企业的长期借款

（一）房地产开发企业长期借款的概述

房地产开发企业的长期借款，是指房地产开发企业向银行或其他金融机构借入的期限在1年以上（不含1年）的各种借款，一般用于固定资产的购建、改扩建工程、大修理工程、对外投资以及为了保持长期经营能力等方面。它是企业长期负债的重要组成部分，必须加强管理与核算。

房地产开发企业向银行或其他金融机构借入长期借款，必须首先提出借款申请，说明借款用途、借款期限、使用计划和还款计划等，经审查同意后，即可与贷款银行或其他金融机构签订借款合同；借款合同签订后，企业应按合同规定和用款计划使用借款；借款到期后，企业应及时偿还借款本金和利息。

（二）房地产开发企业长期借款的会计处理

1. 房地产开发企业长期借款核算应设置的科目。为了总括地反映和监督长期借款的借入、应计利息以及本息的归还情况，房地产开发企业应设置“长期借款”科目。该科目的贷方登记借款本金和利息的增加数，借方登记借款本金和利息的减少数，贷方余额表示尚未归还的长期借款的本金和利息。该账户应按借款单位设置明细科目，并按借款种类进行明细核算。

2. 房地产开发企业长期借款的会计处理。

（1）房地产开发企业取得长期借款时的会计处理。企业借入长期借款，应按实际收到的金额，借记“银行存款”科目，贷记“长期借款——本金”科目；如存在差额，还应借记“长期借款——利息调整”科目。

（2）房地产开发企业的长期借款费用的会计处理。资产负债表日，应按摊余成本和实际利率计算确定的长期借款的利息费用，借记“开发间接费用”“财务费用”“在建工程”“研发支出”等科目，按借款本金和合同利率计算确定的应付未付利息，贷记“应付利息”科目，按其差额，贷记“长期借款——利息调整”科目。

实际利率与合同利率差异较小的，也可以采用合同利率计算确定利息费用。

（3）房地产开发企业归还长期借款的会计处理。房地产开发企业归还长期借款的本金时，应按归还的金额，借记“长期借款——本金”科目，贷记“银行存款”科目。同时，存在利息调整余额的，应将其转销，借记或贷记“开发间接费用”“财务费用”“在建工程”“研发支出”等科目，贷记和借记“长期借款——利息调整”科目。

【例6-12】顺达房地产开发企业于2×21年1月1日从银行借入资金2 400 000元，借款期限为2年，借款年利率为6%（到期一次还本付息，不计复利）。所借款项已存入银行。该项固定资产于第2年年末达到预定可使用状态。有关会计处理如下：

①2×21年1月1日取得借款时：

借：银行存款　　2 400 000

　　贷：长期借款——本金　　2 400 000

②第1年每月计息时：

借：在建工程　　12 000

　　贷：应付利息　　12 000

③第2年每月计息分录同上。

④借款到期归还本息时：

借：长期借款——本金　　2 400 000

　　应付利息　　288 000

　　贷：银行存款　　2 688 000

二、房地产开发企业的应付债券

（一）房地产开发企业应付债券的概述

房地产开发企业的应付债券，是指房地产开发企业为筹集长期资金而发行的期限在1年以上（不含1年）的债券。企业通过发行债券取得资金是以将来履行归还购买债券者的本金和利息的义务作为保证的，发行债券是企业筹集长期资金的重要方式，以长期借款相比，它具有筹资范围广、流动性大和风险小等特点。

按照债券发行价格（也就是销售价格）与债券面额的高低比较，债券的发行有平价发行、溢价发行和折价发行三种情况。之所以会出现债券的发行价格和票面金额不一样，主要是由于债券的票面利率与债券发行当时的市场利率，或者说投资者期望得到的投资收益率不相一致等原因造成的。债券的票面利率，也叫名义利率，是指债券上载明的、用以计算应付给债券购买人利息的利率。市场利率，也叫实际利率，是指债券发行时，金融市场上那些风险和期限与该债券类似的借贷资本的通行利率。当票面利率等于市场利率时，债券按其面值发行，即平价发行。当票面利率大于市场利率时，债券以高于其面值的价格发行，即溢价发行，发行价格超出债券面值的部分，称为债券溢价，这一部分差价，相当是给予债券发行人多支付利息的补偿。当票面利率小于市场利率时，债券以低于其面值的价格发行，即折价发行，发行价格低于债券面值的部分，称为债券折价，这一部分差价，相当是给予债券投资人少收获利息的补偿。

（二）房地产开发企业应付债券的会计处理

1. 房地产开发企业应付债券核算应设置的科目。为了总括地反映和监督企业为筹集长期资金而实际发行的债券及应付的利息，房地产开发企业应设置“应付债券”科目。该科目的贷方登记应付债券的本息，借方登记归还的债券本息，贷方余额表示尚未归还的债券本息。本账户可按“面值”“利息调整”和“应计利息”等科目进行明细核算。

2. 房地产开发企业应付债券的会计处理。

（1）房地产开发公司债券发行的会计处理。企业发行债券时，如果发行费用大于发行期间冻结资金所产生的利息收入，按发行费用减去发行期间冻结资金所产生的利息收入后的差额，根据发行债券所筹集资金的用途，分别计入财务费用或相关资产成本。如果发行费用小于发行期间冻结资金所产生的利息收入，按发行期间冻结资金所产生的利息收入减去发行费用后的差额，视同发行债券的溢价收入，在债券存续期间于计提利息时摊销，分别计入财务费用或相关资产成本。

无论是按面值发行，还是溢价发行或折价发行，均按债券面值记入“应付债券”科目的“面值”明细科目，实际收到的款项与面值的差额，记入“利息调整”明细科目。企业发行债券时，按实际收到的款项，借记“银行存款”“库存现金”等科目，按债券票面价值，贷记“应付债券——面值”科目，按实际收到的款项与票面价值之间的差额，贷记或借记“应付债券——利息调整”科目。

①债券平价发行的会计处理。房地产开发企业平价发行债券时，应按照实际收到的款项（这时实际收到的款项与已发行债券的面值总额相等），借记“银行存款”“库存现金”科目，贷记“应付债券——面值”科目。

房地产开发企业支付债券代理发行手续费及印刷费时，借记“在建工程”“财务费用”科目，贷记“银行存款”科目。

【例 6－13】顺达房地产开发企业 2×21 年 1 月 2 日发行 2 年期长期债券，用于生产经营周转。债券面值总额为 200 000 元，年利率为 7%，债券到期一次还本付息。债券平价发行（发行时市场利率 7%），全部售完，实际收到 200 000 元，款项已存入银行。收到发行债券筹集到的款项时会计处理如下：

借：银行存款	200 000	
贷：应付债券——面值		200 000

②房地产开发企业债券溢价发行的会计处理。相对平价债券而言，溢价债券的核心在于溢价，所以掌握溢价的本质至关重要。债券溢价是发行企业为了以后期间评价债券多付利息而预先得到的补偿金额，应按照权责发生制计价基础，分期进行摊销。债券溢价摊销也是对实际利息费用的一种调减。

房地产开发企业溢价发行债券时，应按实际收到的款项，借记“银行存款”“库存现金”科目；按已发行债券的面值总额，贷记“应付债券——面值”科目；按实际收到的款项与已发行债券的面值总额的差额，贷记“应付债券——利息调整”科目。

【例 6－14】顺达房地产开发企业 2×21 年 1 月 1 日经批准发行 2 年期长期债券用于生产经营周转。债券面值总额为 1 000 000 元，年利率为 6%，每年年末付息、到期一次还本的债券，发行时的市场利率 5%。债券溢价发行，全部售完，实际收到 1 018 573 元，款项已存入银行。收到发行债券筹集到的款项时会计处理如下：

借：银行存款	1 018 573	
贷：应付债券——面值		1 000 000
——利息调整		18 573

③房地产开发企业债券折价发行的会计处理。相对平价债券而言，折价债券的核心在于折价。折价债券时发行企业为了以后期间比平价债券少付利息而预先付出的代价金额，应按

照权责发生制计价基础，分期进行摊销。债券折价也是对每一期实际利息费用的一种调增。

房地产开发企业折价发行债券时，应按实际收到的款项，借记“银行存款”“库存现金”科目；按实际收到的款项与已发行债券的面值总额的差额，借记“应付债券——利息调整”科目；按已发行债券的面值总额，贷记“应付债券——面值”科目。

【例 6 - 15】 顺达房地产开发企业 2 × 21 年 1 月 1 日发行 2 年期长期债券，用于生产经营周转。债券面值总额为 1 000 000 元，年利率为 5%，发行价格 981 718 元，债券每年年末支付利息，到期一次还本。收到筹集到的款项时会计处理如下：

借：银行存款　　981 718

　　应付债券——利息调整　　18 282

　　贷：应付债券——面值　　1 000 000

（2）房地产开发企业应计利息和债券溢价、折价摊销的核算。房地产开发企业应按期计提债券的利息费用。在计提利息费用时需考虑债券的溢价或折价。由于债券发行企业在发行债券时多收的溢价或少收的折价，都不是发行当时的利益或损失，而是对债券整个期间的利息费用的一种调整。因此对于债券的溢价、折价，债券发行企业应在债券存续期间分期摊销，以调整各期的利息费用。具体来说，对债券溢价，应通过分期摊销方式，陆续冲减各期的利息费用；对债券折价，也应通过分期摊销方式，陆续增加各期的利息费用。

房地产开发企业债券溢价和折价的摊销，依据新企业会计准则要求债券溢折价采用实际利率法摊销。即在债券的有效期内每年年末按照债券的期初摊余成本乘以实际利率，作为当期的实际利息费用，再按当期实际利息费用与票面利息费用的差额作为当期债券溢价、折价的摊销金额。债券溢价折价摊销计算公式如下：

债券溢价摊销金额 = 面值 × 票面利率 - 期初摊余成本 × 实际利率

债券折价摊销金额 = 期初摊余成本 × 实际利率 - 面值 × 票面利率

债券包括分期付息到期一次还本的债券和分期计息到期一次还本付息的债券。前者每年年末计提的利息应当记入“应付利息”科目，与债券账面价值无关；后者每年年末计提的利息记入“应付债券——应计利息”科目，增加债券的账面价值。

①房地产开发企业平价发行的债券计提利息的会计处理。平价发行的债券不存在溢价和折价问题，计提利息的会计处理较为简单。计提利息时，按应计利息的数额，借记“在建工程”“财务费用”科目，按应计利息，贷记“应付利息”科目（分期付息到期一次还本的债券）或贷记“应付债券——应计利息”科目（分期计息到期一次还本付息的债券）。

【例 6 - 16】 承【例 6 - 13】顺达房地产开发企业 2 × 21 年 1 月 2 日发行的 2 年期长期债券，每年年末计提一次利息，有关会计处理如下：

各期应计利息 = 200 000 × 7% = 14 000（元）

根据以上计算结果，各期期末时（2 × 21 年 12 月 31 日、2 × 22 年 12 月 31 日）：

借：财务费用　　14 000

　　贷：应付债券——应计利息　　14 000

②房地产开发企业债券溢价的摊销和应计利息的会计处理。溢价发行的债券在计提利息时，按应摊销的溢价金额，借记“应付债券——利息调整”科目，按应计利息与溢价摊销额的差额，借记“在建工程”“财务费用”科目，按应计利息，贷记“应付利息”科目（分期付息到期一次还本的债券）或贷记“应付债券——应计利息”科目（分期计息到期一

次还本付息的债券）。

【例6－17】 承【例6－14】顺达房地产开发企业2×21年1月1日发行2年期长期债券采用实际利率法确定利息费用，如表6－3所示，不考虑其他相关税费。有关会计处理如下：

表6－3　利息费用和利息调整摊销表　单位：元

日期	票面利息（1）	利息费用（2）＝期初（4）×5%	摊销的利息调整（3）＝（1）－（2）	摊余成本（4）＝期初（4）－（3）
2×21.1.1				1 018 573
2×21.12.31	60 000	50 929	9 071	1 009 502
2×22.12.31	60 000	50 498＊	9 502＊	1 000 000
合计	120 000	101 427	18 573	—

注：＊尾数调整。

（1）2×21年12月31日，确认利息费用及支付时：

借：财务费用　50 929

　　应付债券——利息调整　9 071

　　贷：应付利息　60 000

借：应付利息　60 000

　　贷：银行存款　60 000

（2）2×22年12月31日，确认利息费用及支付时：

借：财务费用　50 498

　　应付债券——利息调整　9 502

　　贷：银行存款　60 000

最后一年利息费用也可以和支付本金合并会计处理，见【例6－20】。

③房地产开发企业债券折价的摊销和应计利息的会计处理。折价发行的债券在计提利息时，按应摊销的折价金额与应计利息之和，借记“在建工程”“财务费用”科目，按应摊销的折价金额，贷记“应付债券——利息调整”科目，按应计利息，贷记“应付利息”账户（分期付息到期一次还本的债券）或贷记“应付债券——应计利息”科目（分期计息到期一次还本付息的债券）。

【例6－18】 承【例6－15】顺达房地产开发企业采用实际利率法确认利息费用，如表6－4所示。不考虑其他相关税费。有关会计处理如下：

表6－4　利息费用和利息调整摊销表　单位：元

日期	利息费用（1）＝期初（4）×6%	票面利息（2）	摊销利息调整（3）＝（1）－（2）	摊余成本（4）＝期初（4）＋本期（3）
2×21.1.1				981 718
2×21.12.31	58 903	50 000	8 903	990 621
2×22.12.31	59 379＊	50 000	9 379＊	1 000 000
合计	118 282	100 000	18 282	—

注：＊尾数调整。

（1）2×21 年 12 月 31 日，确定利息费用及支付时：

借：财务费用　58 903

　贷：应付债券——利息调整　8 903

　　应付利息　50 000

借：应付利息　50 000

　贷：银行存款　50 000

（2）2×22 年 12 月 31 日，确定利息费用及支付时：

借：财务费用　59 379

　贷：应付债券——利息调整　9 379

　　银行存款　50 000

最后一年利息费用也可以和支付本金合并会计处理，见【例 6－21】。

（3）房地产开发企业债券到期支付本息的核算。债券到期，支付本息时，应按支付的本金，借记“应付债券——面值”科目；按支付的利息，借记“应付债券——应计利息”科目，按支付的本金和利息之和，贷记“银行存款”科目。对于分期付息、到期一次还本的债券，到期还本金及最后一年的利息时，借记“财务费用”和“应付债券——面值”贷记“银行存款”科目，差额借或贷记“应付债券——利息调整”科目。

【例 6－19】 承【例 6－16】顺达房地产开发企业 2×21 年 1 月 2 日发行的 2 年期长期债券 2×22 年 12 月 31 日到期，一次性还本付息时会计处理如下：

借：应付债券——面值　200 000

　　　　——应计利息　28 000

　贷：银行存款　228 000

【例 6－20】 承【例 6－17】顺达房地产开发企业 2×21 年 1 月 1 日发行 2 年期长期债券，利息费用已按期支付，债券 2×22 年 12 月 31 日到期支付本金时会计处理如下：

借：应付债券——面值　1 000 000

　贷：银行存款　1 000 000

如果上述长期债券 2×22 年 12 月 31 日到期，同时支付本金和最后一期利息时会计处理如下：

借：财务费用　50 498

　　应付债券——面值　1 000 000

　　应付债券——利息调整　9 502

　贷：银行存款　1 060 000

【例 6－21】 承【例 6－18】顺达房地产开发企业 2×21 年 1 月 1 日发行 2 年期长期债券，利息费用已按期支付，债券 2×22 年 12 月 31 日到期支付本金时会计处理如下：

借：应付债券——面值　1 000 000

　贷：银行存款　1 000 000

如果上述长期债券 2×22 年 12 月 31 日到期，同时支付本金和最后一期利息时会计处理如下：

借：财务费用　59 379

　　应付债券——面值　1 000 000

贷：应付债券——利息调整　9 379

银行存款　1 050 000

（三）房地产开发企业可转换公司债券的核算

可转换公司债券，属于混合金融工具，对于发行方而言，既有负债性质，又有权益性质。我国发行可转换公司债券采取记名式无纸化发行方式，债券最短期限为3年，最长期限为5年。房地产开发企业发行的可转换公司债券在“应付债券”科目下设置“可转换公司债券”明细科目核算。

房地产开发企业发行的可转换公司债券，应当在初始确认时将其包含的负债成分和权益成分进行分拆，将负债成分确认为应付债券，将权益成分确认为资本公积。在进行分拆时，应当先对负债成分的未来现金流量进行折现确定负债成分的初始确认金额，再按发行价格总额扣除负债成分初始确认金额后的金额确定权益成分的初始确认金额。发行可转换公司债券发生的交易费用，应当在负债成分和权益成分之间按照各自的相对公允价值进行分摊。企业应按实际收到的款项，借记“银行存款”等科目，按可转换公司债券包含的负债成分面值，贷记“应付债券——可转换公司债券（面值）”科目。按权益成分的公允价值，贷记“其他权益工具”科目，按借贷双方之间的差额，借记或贷记“应付债券——可转换公司债券（利息调整）”科目。

对于可转换公司债券的负债成分，在转换为股份前，其会计处理与一般公司债券相同，即按照实际利率和摊余成本确认利息费用，按照面值和票面利率确认应付利息，差额作为利息调整。可转换公司债券持有者在债券存续期间内行使转换权利，将可转换公司债券转换为股份时，对于债券余额不足转换1股股份的部分，企业应当以现金偿还。

可转换公司债券持有人行使转换权利，将其持有的债券转换为股票，按可转换公司债券的余额，借记“应付债券——可转换公司债券（面值、利息调整）”科目，按其权益成份的金额，借记“其他权益工具”科目，按股票面值和转换的股数计算的股票面值总额，贷记“股本”科目，按其差额，贷记“资本公积——股本溢价”科目。如用现金支付不可转换股票的部分，还应贷记“库存现金”“银行存款”等科目。

【例6－22】顺达房地产开发企业经批准于2×21年1月1日按面值发行可转换公司债券6 000万元。该可转换公司债券期限为3年，票面年利率为6%，每年年末付息。债券发行一年后可转换为普通股股票（面值为每股1元），初始转换价格为每股10元。该债券发行时与之类似的没有附带转换权的债券市场利率为8%。（附注：3年期，年利率8%复利现值系数为0.793 8，3年期，年利率8%年金现值系数为2.577 1）有关会计处理如下：

（1）2×21年1月1日发行可转换公司债券时：

可转换公司债券负债成份的公允价值＝6 000×0.793 8＋6 000×6%×2.5 771＝5 690.556（万元）

可转换公司债券权益成分的公允价值＝6 000－5 690.556＝309.444（万元）

借：银行存款　60 000 000

应付债券——可转换公司债券（利息调整）　3 094 440

贷：应付债券——可转换公司债券（面值）　60 000 000

其他权益工具　3 094 440

（2）2×21年12月31日计算可转换公司债券利息时：

应付利息 = 6 000 × 6% = 360（万元）

应确认的利息费用 = 5 690.556 × 8% = 455.244 48（万元）

摊销的利息调整 = 455.244 48 − 360 = 95.244 48（万元）

借：财务费用	4 552 444.80	
贷：应付利息		3 600 000.00
应付债券——可转换公司债券（利息调整）		952 444.80

（3）2×21 年 12 月 31 日支付利息时：

借：应付利息	3 600 000	
贷：银行存款		3 600 000

（4）2×22 年 1 月 1 日债券持有人行使转换权时：

转换的股份数 = 60 000 000 ÷ 10 = 6 000 000（股）

摊销的利息调整 = 3 094 440 − 952 444.80 = 2 141 995.20（元）

借：应付债券——可转换公司债券（面值）	60 000 000.00	
其他权益工具	3 094 440.00	
贷：应付债券——可转换公司债券（利息调整）		2 141 995.20
股本		6 000 000.00
资本公积——股本溢价		54 952 444.80

三、房地产开发企业的长期应付款

房地产开发企业的长期应付款，是指除长期借款、应付债券以外的其他各种长期应付款项，主要包括应付融资租入固定资产的租赁费、以分期付款方式购入固定资产发生的应付款项、采用补偿贸易方式引进国外设备发生的应付款项等。

为了核算融资租入固定资产的租赁费、以分期付款方式购入固定资产发生的应付款项、采用补偿贸易方式引进国外设备发生的应付款项等，房地产开发企业应设置“长期应付款”账户，该账户贷方登记发生的应付款项，借方登记按期支付的款项，期末余额在贷方，表示房地产开发企业应付而未付的长期应付款。该账户按其种类和债权人进行明细核算。

（一）房地产开发企业应付融资租入固定资产租赁费的核算

房地产开发企业采用融资租赁方式租入的固定资产，应在租赁期开始日，将租赁资产公允价值与最低租赁付款额现值两者中较低者，加上初始直接费用，作为租入资产的入账价值，借记“固定资产”等科目，按最低租赁付款额，贷记“长期应付款”科目，按发生的初始直接费用，贷记“银行存款”等科目，按其差额，借记“未确认融资费用”科目。

房地产开发企业在计算最低租赁付款额的现值时，能够取得出租人租赁内含利率的，应当采用租赁内含利率作为折现率；否则，应当采用租赁合同规定的利率作为折现率。企业无法取得出租人的租赁内含利率且租赁合同没有规定利率的，应当采用同期银行贷款利率作为折现率。租赁内含利率，是指在租赁开始日，使最低租赁收款额的现值与未担保余值的现值之和等于租赁资产公允价值与出租人的初始直接费用之和的折现率。

未确认融资费用应当在租赁期内各个期间进行分摊。企业应当采用实际利率法计算确认当期的融资费用。

（二）房地产开发企业延期付款方式购买固定资产应付款的核算

房地产开发企业购买有关资产有可能延期支付有关价款。如果延期支付的购买价款超过正常信用条件，实质上具有融资性质的，所购资产的成本应当以延期支付购买价款的现值为基础确定。实际支付的价款与购买价款的现值之间的差额，应当在信用期间内采用实际利率法进行摊销，计入相关资产成本或当期损益。

具体来说，房地产开发企业购入有关资产超过正常信用条件延期付款实质上具有融资性质时，应按购买价款的现值，借记“固定资产”“在建工程”等科目，按应支付的价款总额，贷记“长期应付款”科目，按其差额，借记“未确认融资费用”科目。

本章小结

本章主要介绍了房地产开发企业负债的概念和流动负债及非流动负债的核算。

负债是指企业过去的交易或者事项形成的，预期会导致经济利益流出企业的现时义务。负债的特征主要体现在三方面：它是企业过去的交易或者事项形成的；是企业承担的现时义务；并且清偿预期会导致经济利益流出企业。

房地产开发企业的流动负债项目较多，包括短期借款、应付票据、应付账款、预收账款、应付职工薪酬和应交税费等。房地产开发企业的非流动负债一般包括长期借款、应付债券和长期应付款等。

一、本章关键词

负债（liabilities）
流动负债（current liabilities）
应付账款（accounts payable）
预收账款（advances form customers）
应付职工薪酬（employee benefits payable）
应交税费（taxes and surcharges payable）
非流动负债（non current liabilities）
应付债券（debentures payable ）
长期借款（long – term loans）

二、思考题

1. 房地产开发企业的负债是什么？有哪些特征？又如何分类的？
2. 什么是房地产开发企业的应付账款？如何进行会计核算？
3. 房地产开发企业的应付职工薪酬的范围有哪些？它们如何进行会计核算？
4. 房地产开发企业应交税费分哪几类？具体如何核算？
5. 房地产开发企业取得和归还长期借款时如何进行会计处理？
6. 谈谈房地产开发企业如何进行应付债券核算的。

三、基础训练测试

（一）单项选择题

1. 房地产开发企业的应付账款确实无法支付的，经确认后作为（　　）处理。

A. 坏账准备　　B. 资本公积

C. 营业外收入　　D. 其他业务收入

2. 房地产开发企业因采购商品开出 6 个月期限的商业票据一张，该票据的票面价值为 550 000 元，票面年利率为 4%，该应付票据到期时，企业应支付的金额为（　　）元。

A. 550 000　　B. 561 000

C. 572 000　　D. 560 100

3. 房地产开发企业开出商业承兑汇票抵付以前所欠应付款项时，应借记“（　　）”科目。

A. 材料采购　　B. 应交税费——应交增值税（进项税额）

C. 库存商品　　D. 应付账款

4. 房地产开发企业签发并承兑的商业承兑汇票如果到期无力付款，应在票据到期且未签发新的票据时，将应付票据账面余额转入（　　）。

A. 营业外支出　　B. 应付账款

C. 坏账准备　　D. 其他业务成本

5. 下列事项中，不通过“应付职工薪酬”账户核算的是（　　）。

A. 发放职工工资　　B. 缴纳由企业负担的医疗保险费

C. 计提职工的教育经费　　D. 支付离退休人员工资

6. 某房地产开发公司于2×21年10月1日发行5年期面值总额为100万元的债券，债券票面年利率10%，到期一次还本付息，按面值发行（发行手续费略）。2×21年6月30日该房地产开发企业应付债券的账面价值为（　　）。

A. 100万元　　B. 110万元

C. 109万元　　D. 108万元

7. 公司债券发行方式有三种：面值发行、溢价发行和折价发行。其中的溢价是房地产开发企业的（　　）。

A. 以后各期少付利息而预先给投资者的补偿

B. 以后各期多付利息而事先得到的补偿

C. 本期利息的收入

D. 以后期间利息的收入

8. 房地产开发企业以折价方式发行的债券时，每期实际负担的利息费用是（　　）。

A. 按票面利率计算的利息减去应摊销的折价

B. 按实际利率计算的利息减去应摊销的折价

C. 按实际利率计算的利息

D. 按实际利率计算的利息加上应摊销的折价

9. 某房地产开发公司2×21年1月1日发行4年期公司债券10 000万元。实际收到发行价款10 000万元。该债券票面年利率6%，半年付息一次，2×21年12月31日该房地产开发公司对于该债券应确认的财务费用为（　　）万元。

A. 600　　B. 300

C. 200　　D. 400

（二）多项选择题

1. “预收账款”账户借方登记（　　）。

A. 按合同预收的货款

B. 企业向购货方发货后冲销的预收货款的数据

C. 退给购货方多支付的货款

D. 收到购货方补付的货款

2. 下列各项中，应记入“财务费用”科目的有（　　）。

A. 期末计算出应收票据的利息　　B. 支付给金融机构的手续费
C. 销售企业实际发生的现金折扣　　D. 购货企业实际享受的现金折扣

3. 下列项目中，属于“长期应付款”科目核算内容的有（　　）。
A. 政府作为房地产开发企业所有者投入的具体特定用途的款项
B. 以分期付款方式购入固定资产发生的应付账款
C. 应付经营租入固定资产租赁费
D. 房地产开发企业采用补偿贸易方式引进国外设备发生的应付款项

4. “应付债券”账户的贷方核算的内容有（　　）。
A. 溢价发行时产生的利息调整费用　　B. 折价发行时利息调整费用的摊销
C. 期末计提应付债券利息　　D. 溢价发行时利息调整费用的摊销

5. 关于可转换公司债券，下列说法中正确的是（　　）。
A. 发行可转换公司债券时，应按实际收到款项记入“应付债券——可转换公司债券”科目
B. 发行可转换公司债券时，应当在初始确认时将其包含的负债成分和权益成分进行分拆，将负债成分确认为应付债券，将权益成分确认为资本公积
C. 在对负债成分和权益成分进行分拆时，应先对权益成分的未来现金流量进行折现确定权益成分的初始确认金额
D. 发行可转换债券发生的交易费用，应当在负债成分和权益成分之间按公允价值进行分摊

（三）业务题

1. 某房地产开发公司为了采购建材，于2×21年6月1日从银行取得期限为3个月、借款利率为月息5‰的短期借款30万元，利息在偿还本金时一并归还；该企业对此项短期借款的利息支出，采用按月预提的办法。要求：根据上述资料编制相关的会计处理。

2. 某房地产开发企业于2×21年6月发生部分如下业务：

（1）6月4日，购买钢材一批，已验收入库但发票账单未到，贷款尚未支付。假如月末按120 000元暂估入账，7月初发票账单到达该企业，价值140 000元。

（2）某房地产企业于6月10日开出一张3个月到期的商业承兑汇票，用于购进一批价值600 000元的材料。

（3）6月11日，收到某委托单位代建工程款900 000元。

（4）6月14日，缴纳应交增值税80 000元，假设城市维护建设税税率为7%。

（5）6月15日，购进材料一批，该材料的合同价款是1 100 000元，材料已验收入库，同日开出一张面值为1 100 000元、期限为3个月、年利率为10%的带息票据。

（6）6月16日，购进材料，合同价款120 000元。材料已经验收入库，货款未付。该公司在7月10日支付该笔款项。

（7）6月17日，预收款项4 500 000元存入银行。

（8）6月21日，支付建筑安装人员工资890 000元，同时支付管理人员工资110 000元，以现金支付上述工资。

假定除上述事项外，其他因素不予考虑。

要求：根据上述资料编制相关的会计处理。

3. 2×21 年 6 月 22 日，某房地产开发企业转让写字楼一栋，共取得转让收入 100 000 000元，该企业即按税法规定缴纳了有关税金 500 000 元。已知该企业为取得土地使用权而支付的地价款和按国家统一规定缴纳的有关费用为 10 000 000 元；投入房地产开发成本为 30 000 000 元；房地产开发费用中的利息支出为 2 400 000 元（能够按转让房地产项目计算分摊并提供金融机构证明），比按银行同类同期贷款利率计算的利息多出 200 000 元。另知该企业所在地政府规定的其他房地产开发费用的计算扣除比例为 5%。

要求：计算应由当期营业收入负担的土地增值税，并作相应的会计处理。

第七章　所有者权益

学习目标

知识目标：要求学生理解房地产企业的所有者权益的概念，熟悉其来源，掌握实收资本、资本公积及留存收益的核算，理解资本公积和留存收益的用途。

能力目标：充分理解房地产企业的所有者权益的概念，对其来源能够熟悉，区别所有者权益和负债的不同，能够对实收资本、资本公积及留存收益相关的业务进行核算。

教学建议

综合运用启发式、提问式、互动式教学方法及案例讨论等方式，结合 PPT 多媒体课件等教学手段，使学生对于相关的概念进行理解和把握，并对相关的业务进行核算，提升学生的专业应用技巧与能力。

本章导读

保利发展控股集团股份有限公司于 1992 年 9 月 14 日成立。法定代表人宋广菊。

2006 年，保利地产（股票代码：600048）在上海证券交易所正式挂牌上市，是 IPO 重启后首批企业中的第一家房地产上市公司。

2018 年，保利地产更名为“保利发展控股集团股份有限公司”。

2019 年 12 月 18 日，人民日报“中国品牌发展指数”100 榜单排名第 44 位。2020 年 5 月 13 日，保利发展名列 2020 福布斯全球企业 2 000 强榜第 172 位。

2020 年 7 月 27 日，保利发展控股集团股份有限公司名列 2020 年的《财富》中国 500 强排行榜第 44 位。

2020 年，保利发展实现签约金额 5 028.48 亿元，营业收入 2 453 亿元，总资产突破 1.23 万亿元。

保利发展控股集团股份有限公司分红管理制度（2021 年修订）中提到分配当年税后利润时，应按下列顺序进行：①弥补上一年度的亏损；②提取百分之十的法定公积金；③经股东大会决议，可以提取任意公积金；④支付股东股利。公司法定公积金累计额为公司注册资本的 50% 以上的，可以不再提取。公司弥补亏损和提取公积金后所余税后利润，按照股东持有的股份比例分配，但《公司章程》规定不按持股比例分配的除外。股东大会违反前款规定，在公司弥补亏损和提取法定公积金之前向股东分配利润的，股东必须将违反规定分配的利润退还公司。公司持有的本公司股份不参与分配利润。第五条公司的公积金用于弥补公司的亏损、扩大公司生产经营或者转为增加公司资本。但是，资本公积金将不用于弥补公司的亏损。法定公积金转为资本时，所留存的该项公积金将不少于转增前公司注册资本的25%。

资料来源：网易财经。

第一节　房地产企业的所有者权益概述

一、房地产企业的所有者权益的概念与来源

（一）房地产企业的所有者权益的概念

房地产企业的所有者权益是指房地产企业资产扣除负债后由所有者享有的剩余权益。通常由实收资本（或股本）、资本公积（含资本溢价或股本溢价、其他资本公积）、盈余公积和未分配利润构成。

（二）房地产企业的所有者权益的来源

1. 所有者投入的资本。指所有者投入房地产企业的资本部分，它既包括构成房地产企业注册资本或者股本部分的金额，也包括投入资本超过注册资本或者股本部分的金额，即资本溢价或者股本溢价，这部分投入资本在我国企业会计准则体系中被计入了资本公积，并在资产负债表中的资本公积项目下反映。

2. 利得和损失。包括直接计入所有者权益的利得和损失以及直接计入当期利润的利得和损失。直接计入所有者权益的利得和损失，指不应计入当期损益、会导致所有者权益发生增减变动的、与所有者投入资本或者向所有者分配利润无关的利得或者损失。其中，利得是指由房地产企业非日常活动所形成的、会导致所有者权益增加的、与所有者投入资本无关的经济利益的流入。损失是指由房地产企业非日常活动所发生的、会导致所有者权益减少的、与向所有者分配利润无关的经济利益的流出。直接计入所有者权益的利得和损失主要包括：可供出售金融资产的公允价值变动额等，也就是说记入“资本公积——其他资本公积”科目的内容。

3. 留存收益。是房地产企业历年实现的净利润留存于企业的部分，主要包括累计计提的盈余公积和未分配利润。

二、所有者权益与负债的区别

所有者权益和负债同属“权益”。“权益”是指对企业资产的求偿权。它包括投资人的求偿权和债权人的求偿权两种。但二者又有区别，主要表现在以下五个方面：

1. 性质不同。表现为负债是债权人对企业资产的求偿权，是债权人的权益，债权人与企业只有债权债务关系，到期可以收回本息；而所有者权益则是企业所有者对企业净资产的求偿权，包括所有者对企业投入的资本以及其对投入资本的运作所产生的盈余的要求权，没有明确的偿还期限。

2. 偿还责任不同。表现为企业的负债要求企业按规定的时间和利率支付利息，到期偿还本金；而所有者权益则与企业共存亡，在企业经营期内无需偿还，国有企业按照国家规定分配收益，股份制企业按照董事会的决定支付股利，其他企业按照企业最高层管理机构的决定分配利润。

3. 享受的权利不同。债权人通常只有享受收回本金和按事先约定的利息率收回利息的权利，既没有参与企业经营管理的权利，也没有参与企业收益分配的权利；而企业的所有者通常既具有参与企业经营管理的权利，也具有参与企业收益分配的权利。企业的所有者不仅享有法定的自己管理企业的权利，而且还享有委托他人管理企业的权利。

4. 计量特性不同。负债通常可以单独直接计量，而所有者权益除了投资者投资时以外，一般不能直接计量，而是通过资产和负债的计量来间接计量。

5. 风险和收益的大小不同。负债由于具有明确的偿还期限和约定的收益率，而且一旦到期就可以收回本金与相应的利息，因而风险较小，因为债权人承担的风险小，所以相应地债权人所获得的收益也较小；而所有者的投入资本，一旦投入被投资企业，所有者所能获得的投资收益则要随着企业经营成果的变化而波动，投资收益不确定，因而风险较大。

第二节　实收资本

一、实收资本概述

实收资本是指投资者按照房地产企业章程或合同、协议的约定，实际投入企业的资本。我国有关法律规定，投资者设立企业首先必须投入资本。我国《企业法人登记管理条例》规定，企业申请开业，必须具备符合国家规定并与其生产经营和服务规模相适应的资金数额。

我国设立企业采用的是注册资本制，投资者出资必须达到法定注册资本的要求。企业会计核算中的实收资本即为法定资本，应当与注册资本相一致。企业实收资本比原注册资本数额增减超过20%时，应持相关文件，向原登记主管机关申请变更登记。企业不得擅自改变注册资本数额或抽逃资金，否则要受到市场监督管理部门的处罚。

实收资本的构成比例即投资者的出资比例或股东的股份比例，是确定所有者在企业所有者权益中所占的份额和参与企业财务经营决策的基础，也是企业进行利润分配或股利分配的依据，同时还是企业清算时确定所有者对企业净资产的要求权的依据。

投资人既可以采用以货币资金的方式出资，也可以采用以固定资产、材料物资等实物资产的方式出资，还可以采用以无形资产的方式出资。对作为出资的非货币性资产，应当评估作价，核实资产，不得高估或者低估资产。全体股东的货币出资金额不得低于有限责任公司注册资本的30%。不论以何种方式出资，投资者如在投资过程中违反投资合约，不按规定如期缴足出资额，企业可以依法追究投资者的违约责任。

二、实收资本的核算

为了对投入资本进行核算，除股份有限公司以外，其他各类企业应设置“实收资本”

科目。“实收资本”科目属于所有者权益类科目，用以核算企业实际收到投资者投入的资本增减变动的情况及其结果。该科目的贷方登记实收资本的增加数额，借方登记实收资本的减少数额，期末余额在贷方，反映企业期末实收资本的实有数额。该科目应按投资者设置明细账，进行明细分类核算。

在股份有限公司中，因为其筹集资本是以发行股票的方式进行的，所以应设置“股本”科目，核算股份有限公司核定的股本总额及在核定的股份总额范围内实际发行股票的面值。该账户属于所有者权益类科目，贷方登记公司在核定的范围内实际发行股票的面值；借方登记公司按法定程序经批准，减少的股本数额；余额在贷方，反映公司的股本总额。

（一）接受现金资产投资

企业收到投资者以现金投入的资本时，借记“库存现金”或“银行存款”科目，按投资者在企业注册资本中所占的份额，贷记“实收资本”科目。对于实际投入的金额超过投资者在企业注册资本中所占份额的部分，应记入“资本公积”科目。

【例 7－1】 顺达房地产开发企业由甲、乙、丙三位投资者出资，注册资本为 5 000 000 元，甲、乙、丙三位投资者持股比例分别为 50%、30% 和 20%。按照公司章程规定，甲、乙、丙三位投资者投入资本分别为 10 000 000 元、6 000 000 元和 4 000 000 元。中建房地产公司已如期收到各投资者的款项。会计分录为：

借：银行存款	20 000 000	
贷：实收资本——甲		10 000 000
——乙		6 000 000
——丙		4 000 000

（二）接受非现金资产投资

1. 接受投入固定资产。企业接受投资者作价投入的房屋、建筑物、机器设备等固定资产，应按照投资合同或协议约定的价值确定固定资产的价值，但投资合同或协议约定价值不公允的除外。在进行会计处理时，按照投资合同或协议约定的价值借记“固定资产”科目，按投资者在企业注册资本中应享有的份额，贷记“实收资本”科目。如果投资合同或协议约定的价值大于投资者在企业注册资本中应享有的份额，应将其差额记入“资本公积”科目。

【例 7－2】 顺达房地产开发企业接受 A 公司作为资本投入的设备一台，该设备不需要安装，合同约定该设备的价值为 6 000 000 元，与其公允价值相符。假定不考虑其他因素。会计分录为：

借：固定资产	6 000 000	
应交税费——应交增值税（进项税额）	780 000	
贷：实收资本——A 公司		6 780 000

2. 接受投入材料物资。企业接受投资者作价投入的材料物资，应按照投资合同或协议约定的价值确定材料物资的价值，但投资合同或协议约定价值不公允的除外。在进行会计处理时，应按照投资合同或协议约定的价值借记“原材料”科目，按增值税专用发票上注明的增值税额，借记“应交税费——应交增值税（进项税额）”科目，按投资者在企业注册资本中应享有的份额，贷记“实收资本”科目，按其差额贷记“资本公积”科目。

【例 7－3】 顺达房地产开发企业于设立时接受 B 公司作为资本投入的原材料一批，该批原材料投资合同约定的价值为 500 000 元，增值税进项税额为 65 000 元。B 公司已开具了增值税专用发票。假设合同约定的价值与材料的公允价值相符，该进项税额允许抵扣。假定不考虑其他因素。会计分录如下：

借：原材料　500 000

　　应交税费——应交增值税（进项税额）　65 000

　　贷：实收资本——B 公司　565 000

3. 接受投入无形资产。企业接受投资者以无形资产方式投入的资本，应按照投资合同或协议约定的价值确定无形资产的价值，但投资合同或协议约定价值不公允的除外。在进行会计处理时，应按照投资合同或协议约定的价值借记"无形资产"科目，按投资者在企业注册资本中应享有的份额，贷记"实收资本"科目。如果投资合同或协议约定的价值大于投资者在企业注册资本中应享有的份额，应将其差额记入"资本公积"科目。

【例 7－4】 顺达房地产开发企业收到 C 公司作为资本投入的专利权一项，该专利权按照投资合同或协议约定的价值为 40 000 元。假设合同约定的价值与公允价值相符。假定不考虑其他因素。会计分录如下：

借：无形资产　40 000

　　贷：实收资本——C 公司　40 000

（三）企业实收资本的变动

1. 实收资本增加。

（1）资本公积转增资本。企业将资本公积转增资本时，应按照转增金额，借记"资本公积"科目，贷记"实收资本"科目。

【例 7－5】 顺达房地产开发企业按法定程序办妥增资手续，以资本公积 90 000 元转增注册资本。假定不考虑其他因素。会计分录如下：

借：资本公积　90 000

　　贷：实收资本　90 000

（2）盈余公积转增资本。企业将盈余公积转增资本时，应按照转增金额，借记"盈余公积"科目，贷记"实收资本"科目。

【例 7－6】 顺达房地产开发企业因扩大经营规模需要，经股东大会批准，将盈余公积 150 000元转增注册资本。假定不考虑其他因素。会计分录如下：

借：盈余公积　150 000

　　贷：实收资本　150 000

2. 实收资本减少。企业减少注册资本应符合下列条件：①企业减资前，应通知所有债权人，债权人无异议，方可允许减资；②经股东会议决议，同意并修改企业章程；③企业减资后的簿册资本不得低于法定资本的最低限额。

一般企业按法定程序报经批准减少注册资本时，借记"实收资本"科目，贷记"库存现金""银行存款"等科目。

第三节　资本公积

一、资本公积概述

资本公积是企业收到投资者出资额超出其在注册资本（或股本）中所占份额的投资，以及直接计入所有者权益的利得和损失等。资本公积包括资本溢价（或股本溢价）和直接计入所有者权益的利得和损失等。

资本溢价是指投资者缴付企业的出资额大于其在企业注册资本中所占份额的数额。

股本溢价是指股份有限公司溢价发行股票时实际收到的款项超过股票面值总额的数额。

直接计入所有者权益的利得和损失，是指不应计入当期损益、会导致所有者权益发生增减变动的、与所有者投入资本或者向所有者分配利润无关的利得或者损失。

资本公积是企业的一种储备资本，可以按法定程序转增注册企业应设置“资本公积”账户，该账户属于所有者权益账户，贷方登记资本公积的增加数额，借方登记资本公积的减少数额，期末余额在贷方，反映企业期末资本公积的实有数额。资本公积账户应当分别“资本溢价（或股本溢价）”“其他资本公积”进行明细核算。

二、资本公积的核算

（一）资本溢价

资本溢价是指投资者实际缴付的出资额超出其在接受投资企业注册资本中所占份额的数额。在企业创立之初，投资者所认缴的出资额应全部作为实收资本，记入“实收资本”账户。在企业创立之后，如有新的投资者加入，其出资额未必全部作为实收资本处理。这是因为一方面在企业正常经营过程中投入与企业创立之时同样数额的资本，其获利能力未必相同。

【例7－7】顺达房地产开发企业由两位法人投资者投资8 000 000元设立，每位出资4 000 000元。两年后，为扩大经营规模，该公司准备吸收新的投资者丁，将注册资本增加至12 000 000元。按照投资协议，新投资者需出资6 000 000元，同时享有该公司三分之一的股份。接到银行通知，新投资者的投资额已经到账，假定不考虑其他因素。会计分录如下：

借：银行存款	6 000 000	
贷：实收资本——丁		4 000 000
资本公积——资本溢价		2 000 000

（二）股本溢价

股份有限公司是以发行股票的方式筹集资金的，股票可以按面值发行，也可以按溢价发行，我国目前不准折价发行。与其他类型的企业不同，股份有限公司在成立时可能会溢价发行股票。因而在成立之初，就可能会产生股本溢价。股本溢价的数额等于股份有限公司溢价发行股票时实际收到的款项超过股票面值总额的部分。

股份有限公司在按面值发行股票的情况下，企业发行股票取得的收入，应全部记入“股本”科目；在溢价发行股票时，企业发行股票取得的收入，等于股票面值的部分记入“股本”科目，超出股票面值的溢价收入应作为股本溢价处理，记入“资本公积——股本溢价”科目。

【例 7-8】顺达房地产股份有限公司发行普通股 6 000 万股，每股面值 1 元，每股发行价格为 3 元。该公司按发行收入的 2% 支付发行手续费、咨询费等费用。假定股票发行成功，发行收入已经全部收到，发行费用已经全部支付，假定不考虑其他因素。

公司收到的股款 = 6 000 × 3 × (1 − 2%) = 17 640（万元）

应计入“资本公积”科目的金额 = 6 000 × 2 − 6 000 × 3 × 2% = 11 640（万元）

会计分录如下。

借：银行存款	176 400 000	
贷：股本		60 000 000
资本公积——股本溢价		116 400 000

（三）其他资本公积

其他资本公积是指除资本溢价项目以外形成的资本公积。一般包括以下两种情况：

1. 长期股权投资采用权益法核算的，在持股比例不变的情况下，被投资单位除净损益、其他综合收益、利益变动，企业按持股比例计算应享有的份额期股权投资的账面价值，同时增加或减少“资本公积——其他资本公积”。会计分录如下。

借：长期股权投资——其他权益变动

　贷：资本公积——其他资本公积

减少时，做相反的会计分录。

处置该长期股权投时的会计分录为：

借：资本公积——其他资本公积

　贷：投资收益

2. 以权益结算的股份支付换取职工或其他方提供服务的，在等待期内的每个资产负债表日，应按照确定的金额增加成本费用，同时增加“资本公积——其他资本公积”。

（1）在资产负债表日的会计核算如下：

借：管理费用

　贷：资本公积——其他资本公积

（2）在行权日，应按实际行权的权益工具数量计算确定的金额，确认股本和股本溢价，同时结转等待期内确认的“资本公积——其他资本公积”。

借：银行存款（实际行权的权益工具数量 × 行权价）

　资本公积——其他资本公积（实际行权的权益工具数量 × 授予日公允价值）

　贷：实收资本/股本（股票面值）

　　资本公积（股本溢价）（差额）

第四节　留存收益

一、留存收益的含义

留存收益是公司在经营过程中所创造的，但由于公司经营发展的需要或由于法定的原因等，没有分配给所有者而留存在公司的盈利。留存收益是指企业从历年实现的利润中提取或留存于企业的内部积累，它来源于企业的生产经营活动所实现的净利润，包括企业的盈余公积和未分配利润两个部分，其中盈余公积是有特定用途的累积盈余，未分配利润是没有指定用途的累积盈余。

二、盈余公积

（一）盈余公积的形成

盈余公积是指企业按规定从净利润中提取的积累资金。公司制企业的盈余公积包括法定盈余公积和任意盈余公积。

1. 法定盈余公积。根据《中华人民共和国公司法》有关规定，公司制企业应该按照净利润（减弥补以前年度亏损）的10%提取法定盈余公积，计提的法定盈余公积累计金额已达到注册资本的50%时，可以不再提取；非公司制的企业也可以按照超过10%的比例提取。值得注意的是，在计算提取法定盈余公积的基数时，不应包括企业年初未分配利润。

2. 任意盈余公积。任意盈余公积是公司制企业经股东大会或类似机构批准按照规定的比例从净利润中提取的盈余公积。法定盈余公积和任意盈余公积的区别就在于其各自计提的依据不同，法定盈余公积是以国家的法律或法规为依据提取的，而任意盈余公积则是由企业自行决定提取的。

（二）盈余公积的用途

根据有关规定，企业提取的盈余公积主要可以用于以下几个方面：

1. 弥补亏损。企业发生亏损时，应由企业自行弥补。弥补亏损的渠道主要有三条：一是用以后年度税前利润弥补。按照企业会计准则和有关法规的规定，企业发生亏损时，可以用以后五年内实现的税前利润来弥补，也就是说，企业用税前利润弥补亏损的期限为五年。二是以后年度税后利润弥补。企业发生的亏损经过五年期限仍不足弥补的，应使用随后所实现的所得税后利润弥补。三是用盈余公积弥补。当企业发生的亏损在所得税后利润仍不足弥补的，可以用所提取的盈余公积加以弥补。但是，用盈余公积弥补亏损时，应当由公司董事会提议，并经股东大会批准，或由类似的机构批准后方可实施。

2. 转增资本或股本。当企业提取的盈余公积累计比较多时，可以将盈余公积转增资本或股本，但是必须经过股东大会或类似机构的批准。用盈余公积转增资本或股本后，留存的盈余公积不得少于注册资本的25%。当将盈余公积转增资本或股本时，要按照股东的原持股比例进行结转。

3. 发放现金股利或利润。根据有关规定，在特殊情况下，当股份有限公司累积的盈余公积比较多，而未分配利润又比较少时，为了维护企业的形象，给投资者以合理的回报，对于符合规定条件的企业，可以用盈余公积分派现金股利或利润。提取盈余公积是属于利润分配的一部分，盈余公积的提取实际上是企业当期实现的净利润向投资者分配利润的一种限制。企业提取盈余公积相对应的资金，一经提取形成盈余公积后，在一般情况下不得用于向投资者分配利润或股利。企业提取的盈余公积，无论是用于弥补亏损，还是用于转增资本或股本，都是在企业所有者权益内部结构的转换，并不引起企业所有者权益总额的变化。

（三）盈余公积的会计处理

为了核算和监督盈余公积的形成和使用情况，企业应设置“盈余公积”科目，核算企业从净利润中提取的盈余公积。该账户属于所有者权益科目，贷方登记盈余公积的增加数额，借方登记盈余公积的减少数额，期末余额在贷方，反映企业期末盈余公积的实有数额。“盈余公积”账户应当分别“法定盈余公积”“任意盈余公积”进行明细核算。

1. 提取盈余公积。企业按规定提取盈余公积时，借记“利润分配——提取法定盈余公积、提取任意盈余公积”科目，贷记“盈余公积——法定盈余公积、任意盈余公积”科目。

【例 7－9】顺达房地产开发企业 2×21 年的税后利润 20 000 000 元，根据《公司法》的规定，按 10% 提取法定盈余公积。同时公司章程规定，按 5% 计提任意盈余公积。

借：利润分配——提取法定盈余公积	2 000 000	
——提取任意盈余公积	1 000 000	
贷：盈余公积——法定盈余公积金		2 000 000
盈余公积——任意盈余公积金		1 000 000

2. 盈余公积弥补亏损。经股东大会或类似机构决议，用盈余公积弥补亏损，借记“盈余公积”科目，贷记“利润分配——盈余公积补亏”科目。

【例 7－10】经股东大会批准，顺达房地产开发企业用以前年度提取的盈余公积弥补当年亏损，当年弥补亏损的数额为 2 000 000 万元。假定不考虑其他因素。会计分录如下：

借：盈余公积	2 000 000	
贷：利润分配——盈余公积补亏		2 000 000

3. 盈余公积转增资本。企业用提取的盈余公积转增资本，应按照批准的转增资本数额，借记“盈余公积”科目，贷记“实收资本”或“股本”科目。

【例 7－11】顺达房地产开发企业为了扩大经营规模，经股东大会批准，将 4 000 000 元盈余公积转增股本。假定不考虑其他因素。会计分录如下：

借：盈余公积	4 000 000	
贷：股本		4 000 000

4. 用盈余公积发放现金股利或利润。公司制企业经股东大会决议，可以按规定用盈余公积发放现金股利或利润。股东大会作出用盈余公积发放现金股利或利润的决议时，应借记“盈余公积”科目，贷记“应付股利”科目。

三、未分配利润

（一）未分配利润的形成

未分配利润是企业留待以后年度进行分配的结存利润，也是企业所有者权益的组成部分。未分配利润是企业实现的净利润经过弥补亏损、提取盈余公积和向投资者分配利润后留存企业的、历年结存的利润。未分配利润通常留待以后向投资者进行分配。未分配利润相对于盈余公积来讲，属于未确定用途的留存收益，企业在使用未分配利润上有较大的自主权，受国家法律法规的限制较少。

未分配利润从数量上来说，是企业期初未分配利润，加上本期实现的净利润，减去提取的盈余公积和分配出去的利润后的余额。未分配利润有两层含义：一是留待以后年度处理的利润；二是未指定特定用途的利润。

（二）未分配利润形成的会计处理

企业的未分配利润是通过"利润分配——未分配利润"科目进行核算的。

"利润分配"科目核算企业利润的分配（或亏损的弥补）和历年分配（或弥补）后的余额。"利润分配"科目应当分别"提取法定盈余公积""提取任意盈余公积""应付现金股利或利润""盈余公积补亏"和"未分配利润"等进行明细核算。

利润分配的主要账务处理如下：

企业按规定提取的盈余公积，借记"利润分配"科目（提取法定盈余公积、提取任意盈余公积），贷记"盈余公积——法定盈余公积、任意盈余公积"科目。

经股东大会或类似机构决议，分配给股东或投资者的现金股利或利润，借记"利润分配—应付现金股利或利润"科目，贷记"应付股利"科目。用盈余公积弥补亏损，借记"盈余公积—法定盈余公积或任意盈余公积"科目，贷记"利润分配——盈余公积补亏"科目。

年度终了，企业应将本年实现的净利润或发生的净亏损，自"本年利润"科目转入"利润分配"科目。如为盈利的，借记"本年利润"科目，贷记"利润分配——未分配利润"科目；如为净亏损的作相反的会计分录。同时，将"利润分配"科目所属其他明细账户的余额转入"利润分配——未分配利润"明细科目。结转后，"利润分配"科目除"未分配利润"明细科目外，其他明细科目应无余额。结转后，"利润分配——未分配利润"科目如为贷方余额，反映企业累计未分配的利润，如为借方余额，则表示累积的未弥补亏损。

【例7-12】顺达房地产开发企业年初未分配利润为1 000 000元，本年实现净利润20 000 000元，该公司按净利润的10%提取法定盈余公积，按净利润的5%提取任意盈余公积，宣告发放5 000 000元的现金股利。假定不考虑其他因素。会计分录如下：

（1）结转本年利润：

借：本年利润	20 000 000	
贷：利润分配——未分配利润		20 000 000

如企业当年发生亏损，则应借记"利润分配——未分配利润"账户，贷记"本年利润"账户。

（2）提取法定盈余公积和任意盈余公积、宣告发放现金股利：

借：利润分配——提取法定盈余公积	2 000 000	
——提取任意盈余公积	1 000 000	
——应付现金股利	5 000 000	
贷：盈余公积——法定盈余公积金		2 000 000
——任意盈余公积金		1 000 000

——应付股利　5 000 000

同时，

借：利润分配——未分配利润　8 000 000

贷：利润分配——提取法定盈余公积　2 000 000

——提取任意盈余公积　1 000 000

——应付现金股利　5 000 000

结转后，“利润分配——未分配利润”明细科目的余额在贷方，余额为 13 000 000 元（年初的未分配利润 1 000 000 元 + 当年的净利润 20 000 000 元 - 提取的法定盈余公积 2 000 000元 - 提取的任意盈余公积 1 000 000 元 - 支付现金股利 5 000 000 元），表示该房地产公司本年年末的累计未分配利润。

本章小结

房地产企业的所有者权益是指房地产企业资产扣除负债后由所有者享有的剩余权益。通常由实收资本（或股本）、资本公积（含资本溢价或股本溢价、其他资本公积）、盈余公积和未分配利润构成。

实收资本是指投资者按照房地产企业章程或合同、协议的约定，实际投入企业的资本。我国有关法律规定，投资者设立企业首先必须投入资本。房地产企业可以接受现金资产和非现金资产的投资。

资本公积是企业收到投资者出资额超出其在注册资本（或股本）中所占份额的投资，以及直接计入所有者权益的利得和损失等。资本公积包括资本溢价（或股本溢价）和直接计入所有者权益的利得和损失等。

留存收益是公司在经营过程中所创造的，但由于公司经营发展的需要或由于法定的原因等，没有分配给所有者而留存在公司的盈利。留存收益是指企业从历年实现的利润中提取或留存于企业的内部积累，它来源于企业的生产经营活动所实现的净利润，包括企业的盈余公积和未分配利润两个部分。

一、本章关键词

所有者权益（owners' equity）
实收资本（paid in capital）
资本公积（capital surplus）
留存收益（retained earning）
盈余公积（surplus reserves）
未分配利润（retained profits after appropriation）

二、思考题

1. 所有者权益包含的内容都有哪些？
2. 所有者权益与负债有哪些区别？
3. 实收资本的来源有哪些？如何进行会计核算？
4. 企业提取的盈余公积都有哪些用途？
5. 未分配利润是如何形成的？

三、基础训练测试

（一）单项选择题

1. 法定盈余公积转增资本后，其余额不少于增资前企业注册资本的（　　）。

A. 10%　　B. 15%

C. 20%　　D. 25%

2. 某房地产企业年初未分配利润为贷方 40 万元，本年实现净利润 200 万元，本年提取法定盈余公积 20 万元，向投资者发放现金股利 80 万元。该房地产企业年末未分配利润贷方余额为（　　）万元。

A. 60　　B. 140

C. 112　　D. 80

3. 某房地产企业委托券商代理发行股票 6 000 万股，每股面值 1 元，每股发行价 5 元。按发行价格的 2% 向券商支付发行费用，该企业在收到股款时，应计入“资本公积”科目的金额为（　　）万元。

A. 23 520　　B. 29 400

C. 24 000　　D. 23 400

4. 下列各项能够引起所有者权益增加的事项是（　　）。

A. 增发新股　　B. 以资本公积转增资本

C. 提取盈余公积　　D. 盈余公积弥补亏损

5. 某房地产公司当年实现净利润 500 万元，年初未分配利润 20 万元，向投资者分配利润 100 万元，盈余公积提取比例 10%，则当年计提盈余公积（　　）万元。

A. 50　　B. 38

C. 42　　D. 40

（二）多项选择题

1. 房地产企业的出资人可以用以下（　　）等形式出资。

A. 银行存款　　B. 原材料

C. 土地使用权　　D. 机器设备

2. 房地产企业吸收投资者出资时，下列会计科目的余额不会发生变化的有（　　）。

A. 实收资本　　B. 利润分配

C. 盈余公积　　D. 资本公积

3. 下列各项中，影响年末未分配利润数额的因素有（　　）。

A. 年初未分配利润　　B. 提取盈余公积

C. 本期实现的净利润　　D. 向股东分配股利

4. 下列事项中，可以引起所有者权益减少的是（　　）。

A. 以低于成本价销售产品　　B. 用盈余公积弥补亏损

C. 宣告分配利润　　D. 宣布发放股票股利

5. 房地产企业实收资本增加的途径有（　　）。

A. 企业盈利　　B. 所有者投入

C. 资本公积转增资本　　D. 盈余公积转增资本

（三）判断题

1. 房地产企业在一定期间发生亏损，则企业在这一会计期间的所有者权益一定减少。（　　）

2. 利得和损失一定会影响当期损益。（　　）

3. 房地产企业支付已宣告的现金股利时会引起所有者权益减少。（　　）

4. 房地产企业利润的分配顺序是向投资者分配利润、提取任意盈余公积、提取法定盈

余公积。（　　）

5. 债权人权益和所有者权益对房地产企业资产的要求权是一致的。（　　）

（四）业务题

1. 某房地产企业委托某证券代理发行普通股 8 000 000 股，每股面值 1 元，发行价格每股 3 元。企业与证券公司约定，按发行收入的 2% 收取佣金，从发行收入中扣除，假定收到的股款已存入银行。

要求：编制有关的会计分录。

2. 某房地产企业本年发生如下业务：

（1）实现税后利润 5 000 000 元。

（2）按税后利润 10%、5% 计提法定盈余公积和任意盈余公积。

（3）决定用资本公积 2 000 000 元、盈余公积 3 000 000 元转增股本。

要求：编制有关的会计分录。

第八章　开发产品成本

学习目标

知识目标：通过本章的学习，要求掌握开发成本项目的内容、开发间接费用的核算、土地开发成本的核算、房屋开发的核算、配套设施开发成本的核算；熟知开发成本的概念和构成、成本核算对象的确定、各类开发产品核算的过程，了解代建工程开发成本的核算。

能力目标：能够运用本章所学知识理解房地产开发企业成本核算的内容及其账户设置，并熟练掌握成本核算的具体运用。

教学建议

综合运用启发式、提问式、互动式教学方法及案例分析等方式，结合已学习过的相关专业知识并结合 PPT 多媒体课件等教学手段，使学生尽快进入房地产开发产品成本课程学习角色，熟悉房地产开发企业产品成本核算的特点，提升学生的专业应用技巧与能力，拓展学生的知识面和思维方式。

本章导读

万科是一家较为成功的知名房地产企业。2009 年，公司深入推动成本优化，建立成本和市场价格数据库，严格控制项目成本，确定最具性价比的部品选择和工艺标准方案。在费用方面，2009 年年初，公司提出将管理费用、销售费用占营业收入的比例较 2008 年降低 20% 的目标。通过简化管理动作，实行费用预算硬约束和严格监督等措施，以及在营销上加强市场和客户研究、优化广告投放等行动，在销售规模、结算规模增长的同时，2009 年管理费用绝对量同比降低 5.8%，销售费用绝对量同比降低 18.6%，管理费用、销售费用合计占营业收入的比例比 2008 年降低 26.9%，远远超出了预期目标，积极地促进了公司的发展由规模速度型向质量效益型转变。

从以上万科的例子可以看出，科学地对成本和费用分别进行规划和控制，能够有效地节省成本、费用，对企业经营效益的增长有积极的影响。那么成本和费用有什么区别？应怎样对其进行会计核算和会计处理呢？

资料来源：中国房地产报。

第一节　开发成本概述

房地产开发企业在其生产经营活动中发生的费用有两部分：开发成本和期间费用。企业应当合理划分期间费用和开发成本的界限。一般说来，开发成本适用配比性原则，把发生的各类开发成本经过归集和分配后，计入所开发的产品成本。期间费用由于很难分配到各个成本项目中，则应当直接计入当期损益。

一、开发产品成本的构成

房地产开发企业主要从事房地产开发建设活动，按照其开发的产品类别而言，主要包括地产和房产，因此开发产品成本按其用途可划分为土地开发成本、房屋开发成本、配套设施开发成本以及代建工程开发成本。

1. 土地开发成本。指房地产开发企业开发土地（即建设场地）所发生的各项费用支出。

2. 房屋开发成本。指房地产开发企业开发各种房屋（包括商品房、出租房、周转房、代建房等）所发生的各项费用支出。

3. 配套设施开发成本。指房地产开发企业开发能有偿转让的大配套设施及不能有偿转让、不能直接计入开发产品成本的公共配套设施所发生的各项费用支出。

4. 代建工程开发成本。指房地产开发企业接受委托单位的委托，代为开发除土地、房屋以外其他工程，如市政工程等所发生的各项费用支出。

按照成本支出的用途不同，房地产开发企业产品的开发成本可划分为土地征用及拆迁补偿费、前期工程费、建筑安装工程费、基础设施建设费、公共配套设施费、开发间接费用及其他开发费用。

具体而言，各类成本主要包括以下内容：

1. 土地征用及拆迁补偿费。包括土地征用费、耕地占用税、劳动力安置费及有关地上、地下附着物拆迁补偿的净支出、安置动迁用房支出等。

2. 前期工程费。包括规划、设计、项目可行性研究、水文、地质、勘察、测绘、“三通一平”（通水、通电、通路、清理平整建设场地）等支出。

3. 建筑安装工程费。指土地房屋开发项目在开发过程中按建筑安装工程施工图施工所发生的各项建筑安装工程费和设备费。如果企业以出包工程的形式进行施工建设，建筑安装工程费就是房地产开发企业支付给承包单位的建筑安装工程费。如果以自营方式进行，建筑安装工程费则是房地产企业为进行某一项工程的开发所发生的直接人工、直接材料、机械使用费、其他直接费和间接费用的总和。

4. 基础设施建设费。包括开发小区内道路、供水、供电、供气、排污、排洪、通信、照明、环卫、绿化等工程发生的支出。其中，开发小区内道路、供水、供电、供气、排污、排洪、通信照明工程，通常称为“七通”。

5. 公共配套设施费。指在开发小区内发生，可计入土地、房屋开发成本的不能进行有偿转让的公共配套设施费用，如锅炉房、水塔、居委会、派出所、幼儿园、消防、自行车棚、公厕等设施支出。

6. 开发间接费用。是指企业所属直接组织管理开发项目发生的费用，包括工资、职工福利费、折旧费、修理费、办公费、水电费、劳动保护费、周转房摊销等。

7. 其他开发费用。包括企业为开发产品而发生的应计入开发产品成本的以上各项之外的支出。如企业为开发房地产而借入的资金，在开发产品完工之前所发生的利息等借款费用，以及其他难以归入以上各个项目的开支等。房地产开发企业在开发现场组织和管理房地产开发建设而发生的各项费用，应作为开发间接费用，计入开发产品成本。但在实际工作中，除了周转房摊销外，企业很难划清管理费用和开发间接费用的界线。因此，除了周转房摊销列作开发间接费用外，其余费用往往以是否设立现场管理机构为依据进行划分，如果开发企业不设现场机构，而由公司定期或不定期地派人到开发现场组织开发建设活动，则所发生的费用，可直接并入企业的管理费用。

二、开发产品成本核算对象的确定

合理确定成本核算对象，是正确组织房地产开发企业开发产品成本核算的重要条件。开发产品成本的核算对象，就是在开发产品成本的计算过程中，为归集和分配费用而确定的费用承担者。成本核算对象如果划分过粗，不能反映独立开发项目的实际成本水平。如果划分过细，则会增加许多间接费用的分配，增加核算工作量，并影响成本的准确性。

由于房地产开发企业是按照城市总体规划、土地使用规划和城市建设规划的要求，在特定的固定地点进行开发经营的，因此在确定成本核算对象时，一般应结合开发工程的地点、规模大小、工期长短和结构类型等因素，并结合企业内部管理的需要。其一般原则为：

1. 一般的开发项目。可以每一独立编制的设计概（预）算，或每一独立的施工图预算所列的单项开发工程作为成本核算对象，便于分析工程概（预）算和施工合同的完成情况。

2. 同一处开发地点、结构类型相同的群体开发项目。如果开工、竣工时间相近，由同一施工单位施工，可以合并为一个成本核算对象，以简化核算手续。

3. 对个别规模较大，工期较长的开发项目。可以结合经济责任制的需要，按开发项目的一定区域或部位划分成本核算对象，便于及时反映开发成本。

成本核算对象一经确定，不得任意变更，并应及时通知企业内部各有关部门，以统一成本核算口径。为了集中反映各个成本核算对象本期应负担的房地产开发费用，企业财会部门应按每一成本核算对象分别设置成本明细账（卡），并按成本项目分设专栏，以便归集和分配各成本核算对象的房地产开发费用并计算其开发成本。

三、开发产品成本核算应设置的会计科目

为了总括核算和监督房地产开发建设过程中各项开发建设费用的发生、归集和分配情况，正确计算开发产品成本，房地产开发企业应设置下列会计科目。

（一）“开发成本”科目

它属于成本类科目，用于核算企业在土地、房屋、配套设施和代建工程的开发过程中所发生的各项费用。借方登记开发过程中发生的直接开发费用和期末分配计入各开发成本核算对象的开发间接费用；贷方登记结转的已开发完成并验收合格的开发产品的实际成本；期末借方余额反应企业在建开发项目的实际成本。本科目应按开发成本的种类，如“土地开发”“房屋开发”“配套设施开发”和“代建工程开发”等设置明细账，并按成本核算对象和成

本项目组织明细核算。

（二）“开发间接费用”科目

用于核算企业内部独立核算单位为开发产品而发生的各项间接费用，包括工资、福利费、折旧费、修理费、办公费、水电费、劳动保护费、周转房摊销等。借方登记实际发生的各项开发间接费用，贷方登记期末分配计入有关开发产品成本核算对象的开发间接费用，期末无余额。

本科目应按企业内部不同的单位、部门（分公司）设置明细账进行明细核算。

第二节　开发间接费用的核算

一、开发间接费用的组成内容

开发间接费用是指房地产开发企业内部独立核算单位在开发现场组织管理开发产品而发生的各项费用。这些费用虽也属于直接为房地产开发而发生的费用，但它不能确定其为某项开发产品所应负担，因而无法将它直接记入各项开发产品成本。为了简化核算手续，将它先记入“开发间接费用”科目，然后按照适当分配标准，将它分配记入各项开发产品成本。

为了组织开发间接费用的明细分类核算，分析各项费用增减变动的原因，进一步节约费用开支，开发间接费用应分设如下明细项目进行核算：

（1）工资。指开发企业内部独立核算单位现场管理机构行政、技术、经济、服务等人员的工资、奖金和津贴。

（2）福利费。指按上述人员工资总额的一定比例（目前为14%）提取的职工福利费。

（3）折旧费。指开发企业内部独立核算单位使用属于固定资产的房屋、设备、仪器等提取的折旧费。

（4）修理费。指开发企业内部独立核算单位使用属于固定资产的房屋、设备、仪器等发生的修理费。

（5）办公费。指开发企业内部独立核算单位各管理部门办公用的文具、纸张、印刷、邮电、书报、会议、差旅交通等费用。

（6）水电费。指开发企业内部独立核算单位各管理部门耗用的水电费。

（7）劳动保护费。指用于开发企业内部独立核算单位职工的劳动保护用品的购置、摊销和修理费，供职工保健用营养品、防暑饮料、洗涤肥皂等物品的购置费或补助费，以及工地上供职工洗澡、饮水用的燃料等。

（8）周转房摊销。指不能确定为某项开发项目安置拆迁居民周转使用的房屋计提的摊销费。

（9）利息支出。指开发企业为开发房地产借入资金所发生而不能直接计入某项开发成本的利息支出及相关的手续费，但应冲减使用前暂存银行而发生的利息收入。开发产品完工以后的借款利息，应作为财务费用，计入当期损益。

（10）其他费用。指上列各项费用以外的其他开发间接费用支出。

从上述开发间接费用的明细项目中，可以看出它与土地征用及拆迁补偿费、建筑安装工程费等变动费用不同，它属于相对固定的费用，其费用总额并不随着开发产品量的增减而成比例的增减。但就单位开发产品分摊的费用来说，则随着开发产品量的变动而成反比例的变动，即完成开发产品数量增加，单位开发产品分摊的费用随之减少；反之，完成开发产品数量减少，单位开发产品分摊的费用随之增加。

二、开发间接费用的归集和分配

（一）开发间接费用的归集

开发间接费用的总分类核算，在“开发间接费用”账户进行。企业所属各内部独立核算单位发生的各项开发间接费用，都要自“应付职工薪酬——工资”“应付职工薪酬——福利费”“累计折旧”“长期待摊费用”“银行存款”“周转房——周转房摊销”等科目的贷方转入“开发间接费用”科目的借方。

必须指出，如果开发企业不设置现场管理机构而由企业（即公司本部）定期或不定期地派人到开发现场组织开发活动，其所发生的费用，除周转房摊销外，其他开发间接费可记入企业的管理费用。

开发间接费用的明细分类核算，一般要按所属内部独立核算单位设置“开发间接费用明细分类账”，将发生的开发间接费用按明细项目分栏登记。

（二）开发间接费用的分配

每月终了，应对开发间接费用进行分配，按实际发生数计入有关开发产品的成本。开发间接费用的分配方法，企业可根据开发经营的特点自行确定。不论土地开发、房屋开发、配套设施和代建工程，均应分配开发间接费用。为了简化核算手续并防止重复分配，对应计入房屋等开发成本的自用土地和不能有偿转让的配套设施的开发成本，均不分配开发间接费用。这部分开发产品应负担的开发间接费用，可直接分配计入有关房屋开发成本。也就是说，企业内部独立核算单位发生的开发间接费用，可仅对有关开发房屋、商品性土地、能有偿转让配套设施及代建工程进行分配。开发间接费用的分配标准，可按月份内各项开发产品实际发生的直接成本（包括土地征用及拆迁补偿费或批租地价、前期工程费、基础设施费、建筑安装工程费、配套设施费）进行。即：

$$\text{开发间接费用分配率} = \frac{\text{本月实际发生的开发间接费用}}{\text{应分配开发间接费用各开发产品实际发生的直接成本总额}}$$

$$\begin{array}{c}\text{某项开发产品成本}\\\text{分配的开发间接费用}\end{array} = \begin{array}{c}\text{月份内该项开发产品}\\\text{实际发生的直接成本}\end{array} \times \begin{array}{c}\text{开发间接费用}\\\text{分配率}\end{array}$$

【例 8－1】顺达房地产开发企业某内部独立核算单位在 2×21 年 5 月共发生了开发间接费用 43 200 元，应分配开发间接费各开发产品实际发生的直接成本，如表 8－1 所示。

表 8－1　相关直接成本

开发产品编号	名　称	直接成本/元
101	商品房 A	50 000
102	商品房 B	120 000
151	出租房	75 000
181	周转房	70 000
201	大配套设施——商店	60 000
301	商品性土地	105 000
合　计	480 000	

根据前列公式，即可为各开发产品算得 5 月份应分配的开发间接费：

101 商品房：50 000 ×4 320 000/480 000 =50 000 ×9% =4 500（元）

102 商品房：120 000 ×9% =10 800（元）

151 出租房：75 000 ×9% =6 750（元）

181 周转房：70 000 ×9% =6 300（元）

201 大配套设施：60 000 ×9% =5 400（元）

301 商品性土地：105 000 ×9% =9 450（元）

根据上面计算，就可编制下述开发间接费用分配表，如表 8 -2 所示。

表 8 -2　开发间接费用分配表

2 ×21 年 5 月　单位：元

开发项目编号名称	直接成本	分配的开发间接费用
101 商品房（A）	50 000	4 500
102 商品房（B）	120 000	10 800
151 出租房	75 000	6 750
181 周转房	70 000	6 300
201 大配套设施——商店	60 000	5 400
301 商品性土地	105 000	9 450
合　计	480 000	43 200

根据开发间接费用分配表，即可将各开发产品成本分配的开发间接费记入各开发产品成本核算对象的“开发间接费”成本项目，并将它记入“开发成本”二级账户的借方和“开发间接费用”账户的贷方，作如下分录入账：

借：开发成本——房屋开发成本（商品房 A）　4 500
　　　　　　——房屋开发成本（商品房 B）　10 800
　　　　　　——房屋开发成本（出租房）　6 750
　　　　　　——房屋开发成本（周转房）　6 300
　　　　　　——配套设施开发成本　5 400
　　　　　　——商品性土地开发成本　9 450
　贷：开发间接费用　43 200

第三节　土地开发成本的核算

一、土地开发成本概述

房地产开发企业开发的土地，按其用途可将它分为如下两种：一种是为了转让、出租而开发的商品性土地（也称商品性建设场地），另一种是为开发商品房、出租房等房屋而开发的自用土地。前者是企业的最终开发产品，其费用支出单独构成土地的开发成本；而后者则是企业的中间开发产品，其费用支出应直接计入商品房，出租房等有关房屋开发成本。

二、土地开发支出划分和归集的原则

企业因开发土地而发生的各项费用称之为土地开发成本，对于商品性建设场地和自用土地的会计核算要求是不同的。

1. 企业开发的商品性建设场地属于房地产开发企业的商品产品，也就是最终产品，需要单独计算土地开发成本。

2. 企业开发的自用建设场地属于房地产开发企业的中间产品，在计算土地开发成本时，应区别情况，采用不同的归集方法：

（1）开发自用建设场地的费用，能分清费用负担对象的，直接计入有关的房屋及配套设施建设成本。

（2）开发的自用建设场地用于多个房屋及大型配套设施开发项目建设的，则应单独计算土地开发成本，待土地开发完成交付使用时，再按一定标准分配计入有关房屋及配套设施的开发成本。

（3）拟作为自用建设场地的土地开发，如果土地开发项目动工时尚无房屋开发建设的规划，也应单独计算土地开发成本。

（4）综合性建设场地以及未明确具体用途的场地的开发，应视同商品性建设场地，单独计算土地开发成本。

三、土地开发成本核算对象的确定和成本项目的设置

（一）土地开发成本核算对象的确定

为了既有利于土地开发支出的归集，又有利于土地开发成本的结转，对需要单独核算土地开发成本的开发项目，可按下列原则确定土地开发成本的核算对象：

1. 对开发面积不大、开发工期较短的土地，可以每一块独立的开发项目为成本核算对象。

2. 对开发面积较大、开发工期较长、分区域开发的土地，可以一定区域作为土地开发成本核算对象。

成本核算对象应在开工之前确定，一经确定就不能随意改变，更不能相互混淆。

（二）土地开发成本项目的设置

房地产开发企业在取得土地之后，由于土地原有的状态不同，土地在后期建设的设计要求不同，房地产开发企业在对土地的开发、所支付开发成本也是各不相同的。例如将一块耕地开发为园林建设用地，仅需要铺设管线即可。而要对一片老住宅区开发为新住宅小区的建设用地，则需要进行拆迁、土地平整、铺设地下管线、修建地面道路等多项工程，所产生的开发成本的项目必然会比前者多很多，因此，企业要根据土地开发的具体情况，设置必要的成本项目。

企业要根据所开发土地的具体情况和会计制度规定的成本项目，设置土地开发项目的成本项目。对于会计制度规定的、企业没有发生支出内容的成本项目，如建筑安装工程费，配套设施费，可不必设置。

根据土地开发支出的一般情况，企业对土地开发成本的核算，可设置如下几个成本

项目：

（1）获得土地使用权的成本。如开发土地是从政府土地管理部门批租获得的，则应列入批租地价；如果是通过土地交易的二级市场取得的土地使用权，则是购入土地的价格、以及为获得土地使用权而需要缴纳的各类税金。

（2）土地征用及拆迁补偿费。其中土地征用及拆迁补偿费是指按照城市建设总体规划进行土地开发所发生的土地征用费、耕地占用税、劳动力安置费，及有关地上、地下建筑物拆迁补偿费等，但对拆迁旧建筑物回收的残值应估价入账并冲减有关成本。

（3）前期工程费。前期工程费是指土地开发项目前期工程发生的费用，包括规划、设计费，项目可行性研究费，水文、地质勘察、测绘费，场地平整费等。

（4）基础设施费。基础设施费是指土地开发过程中发生的各种基础设施费，包括道路、供水、供电、供气、排污、排洪、通信等设施费用。

（5）开发间接费。开发间接费指应由商品性土地开发成本负担的开发间接费用。

四、土地开发成本的核算

（一）土地开发成本的归集

企业开发的建设场地，按其经济用途可分为两类：一类是为了有偿转让而开发的商品性建设场地，它是企业的商品产品，需要核算土地开发成本；另一类是为了建造商品房、周转房或出租房等而开发的自用建设场地，它是企业的中间产品，其发生的土地开发成本最终应计入商品房、周转房、出租房等开发产品成本。因此，企业对于两种不同类型的建设场地，在归集土地开发成本时，应采用不同的方法。

（1）企业开发商品性建设场地所发生的费用，直接记入“开发成本——土地开发成本”明细账的成本项目中。

（2）企业开发自用建设场地所发生的费用，能够分清负担对象的，可以直接记入“开发成本——房屋开发成本”明细账的成本项目中，不必单独核算土地开发成本。

（3）企业开发自用建设场地所发生的费用，如果涉及两个或两个以上成本核算对象负担的，应先归集其发生的费用，记入“开发成本——土地开发成本”明细账的成本项目中。待土地开发完成投入使用时。为了简化核算手续，避免多次分配，对需要分配计入的不能有偿转让的公共配套设施费和开发间接费用，可直接分配计入有关商品房、周转房、出租房等开发产品成本，而不通过“开发成本——土地开发成本”明细账户核算。

（二）土地开发成本的结转

凡在“开发成本——土地开发成本”科目核算的土地开发成本，应采取按月结账，完工后结转成本的方法。对于已完工土地开发项目的成本，应根据其用途采用不同的方法进行结转。

1. 企业为有偿转让而开发的商品性土地，开发完成后，应将其实际成本转入“开发产品”科目，即借记“开发产品——商品性土地”科目，贷记“开发成本——土地开发成本”科目。

2. 企业自用的土地，应在开发完成投入使用时，将其实际成本结转计入有关商品房、周转房、或出租房等开发产品成本，即借记“开发成本——房屋开发成本”科目，贷记

“开发成本——土地开发成本”科目。

3. 企业自用的土地，开发完成后近期暂不使用开发的，应将其实际成本先转入“开发产品”科目，即借记“开发产品——自用土地”科目，贷记“开发成本——土地开发成本”科目。待企业自用土地进行房屋开发建设时，再将其土地开发成本自“开发产品”科目转入“开发成本”科目，即借记“开发成本——房屋开发成本”科目，贷记“开发产品——自用土地”科目。

【例 8-2】顺达房地产开发企业 2×21 年 3 月有甲、乙两块土地正在开发建设，其中，甲土地为商品性建设场地，开发完成后对外销售：乙土地为自用建设场地，开发完成后准备用于建造商品房。本月发生下列有关土地开发的经济业务。

（1）以银行存款支付土地征用及拆迁补偿费 14 000 000 元，其中，甲土地 6 000 000 元，乙土地 8 000 000 元。其账务处理方法如下：

借：开发成本——土地开发成本（甲土地）　6 000 000
　　　　　　——土地开发成本（乙土地）　8 000 000
　贷：银行存款　14 000 000

（2）以银行存款支付可行性研究费、勘察设计费等前期工程费 500 000 元，其中，甲土地 200 000 元，乙土地 300 000 元。其账务处理方法如下：

借：开发成本——土地开发成本（甲土地）　200 000
　　　　　　——土地开发成本（乙土地）　300 000
　贷：银行存款　500 000

（3）由市政工程公司承包的基础设施工程已竣工，应支付工程款 800 000 元，其中，甲土地 320 000 元，乙土地 480 000 元，款项尚未支付。其账务处理方法如下：

借：开发成本——土地开发成本（甲土地）　320 000
　　　　　　——土地开发成本（乙土地）　480 000
　贷：应付账款——应付工程款（市政工程公司）　800 000

（4）月末，分配开发间接费用 300 000 元，其中，甲土地 120 000 元，乙土地 180 000 元。其账务处理方法如下：

借：开发成本——土地开发成本（甲土地）　120 000
　　　　　　——土地开发成本（乙土地）　180 000
　贷：开发间接费用　300 000

（5）月末，甲土地已开发完成，并经验收合格，结转其实际开发成本 6 640 000 元。其账务处理方法如下：

借：开发产品——土地（甲土地）　6 640 000
　贷：开发成本——土地开发成本（甲土地）　6 640 000

（6）月末，乙土地已开发完成，并经验收合格，其实际开发成本为 8 960 000 元。企业将该土地的一半立即用于商品房 A 的开发建设，另一半暂不使用。其账务处理方法如下：

借：开发成本——房屋开发成本（商品房 A）　4 480 000
　　开发产品——土地（乙土地）　4 480 000
　贷：开发成本——土地开发成本（乙土地）　8 960 000

根据上述会计分录，登记土地开发成本明细账，如表 8-3、表 8-4 所示。

表 8－3 **土地开发成本明细账**

核算对象：商品性土地（甲土地） 单位：元

2×21年		凭证号	摘要	借方						贷方	余额
月	日			土地征用及拆迁补偿费	前期工程费	基础设施费	建筑安装工程费	公共配套设施费	开发间接费用		
3	1		月初余额								
			支付土地征用及拆迁补偿费	6 000 000							
			支付前期工程费		200 000						
			应付基础设施费			320 000					
			分配开发间接费用						120 000		
			结转已完工土地的成本							6 640 000	
3	31		本月合计	6 000 000	200 000	320 000			120 000	6 640 000	0

表 8－4 **土地开发成本明细账**

核算对象：自用土地（乙土地） 单位：元

2×21年		凭证号	摘要	借方						贷方	余额
月	日			土地征用及拆迁补偿费	前期工程费	基础设施费	建筑安装工程费	公共配套设施费	开发间接费用		
3	1		月初余额	8 000 000							
			支付土地征用及拆迁补偿费		300 000						
			支付前期工程费			480 000					
			应付基础设施费								
			分配开发间接费用						180 000		
			结转完工后投入使用土地的成本							4 480 000	
			结转完工后暂不使用土地的成本							4 480 000	
3	31		本月合计	8 000 000	300 000	480 000			180 000	8 960 000	0

第四节　配套设施开发成本的核算

一、配套设施开发成本概述

配套设施是指房地产开发企业根据城市建设规划或开发项目建设设计规划的要求，为满足居民居住需要而与开发项目配套建设的各种服务性设施。按照城市建设规划的要求，房地产开发企业开发商品房住宅小区，一般要建设配套设施。

二、配套设施的种类及其支出归集的原则

房地产开发企业开发的配套设施可以分为如下两类。一类是开发小区内开发不能有偿转让的公共配套设施，如水塔、锅炉房、居委会、派出所、消防、幼托、自行车棚等。另一类是能有偿转让的城市规划中规定的大配套设施项目，包括：①开发小区内营业性公共配套设施，如商店、银行、邮局等；②开发小区内非营业性配套设施，如中小学、文化站、医院等；③开发项目外为居民服务的给排水、供电、供气的增容增压、交通道路等。这类配套设施，如果没有投资来源，不能有偿转让，也将它归入第一类中，计入房屋开发成本。

按照现行财务制度规定，城市建设规划中的大型配套设施项目，不得计入商品房成本。因为这些大配套设施，国家有这方面的投资，或是政府投资，或国家拨款给有关部门再由有关部门出资。但在实际执行过程中，由于城市基础设施的投资体制，无法保证与城市建设综合开发协调一致，作为城市基础设施的投资者，往往在客观上拿不出资金来，有些能拿的也只是其中很少的一部分。因此，开发企业也只得将一些不能有偿转让的大配套设施发生的支出也计入开发产品成本。

为了正确核算成本，反映企业开发建设中各种配套设施所发生的支出，并准确地计算房屋开发成本和各种大配套设施的开发成本，对配套设施支出的归集，可分为如下三种：

（1）对能分清并直接计入某个成本核算对象的第一类配套设施支出，可直接计入有关房屋等开发成本，并在“开发成本——房屋开发成本”科目中归集其发生的支出。

（2）对不能直接计入有关房屋开发成本的第一类配套设施支出，应先在“开发成本——配套设施开发成本”科目进行归集，于开发完成后再按一定标准分配计入有关房屋等开发成本。

（3）对能有偿转让的第二类大配套设施支出，应在“开发成本——配套设施开发成本”科目进行归集。

由上可知，在配套设施开发成本中核算的配套设施支出，只包括不能直接计入有关房屋等成本核算对象的第一类配套设施支出和第二类大配套设施支出。

三、配套设施开发成本核算对象的确定和成本项目的设置

一般说来，对能有偿转让的大配套设施项目，应以各配套设施项目作为成本核算对象，借以正确计算各设施的开发成本。对这些配套设施的开发成本应设置如下六个成本项目：土地征用及拆迁补偿费或批租地价、前期工程费、基础设施费、建筑安装工程费、配套设施

费、开发间接费。其中配套设施费项目用以核算分配的其他配套设施费。因为要使这些设施投入运转，有的也需要其他配套设施为其提供服务，所以理应分配为其服务的有关设施的开发成本。

对不能有偿转让、不能直接计入各成本核算对象的各项公共配套设施，如果工程规模较大，可以该配套设施作为成本核算对象。如果工程规模不大、与其他项目建设地点较近、开竣工时间相差不多、并由同一施工单位施工的，也可考虑将它们合并作为一个成本核算对象，于工程完工算出开发总成本后，按照各项目的预算成本或计划成本的比例，算出各配套设施的开发成本，再按一定标准，将各配套设施开发成本分配记入有关房屋等开发成本。至于这些配套设施的开发成本，在核算时一般可设置如下四个成本项目：土地征用及拆迁补偿费或批租地价、前期工程费、基础设施费、建筑安装工程费。由于这些配套设施的支出需由房屋等开发成本负担，为简化核算手续，对这些配套设施，可不再分配其他配套设施支出。

它本身应负担的开发间接费用，也可直接分配计入有关房屋开发成本。因此，对这些配套设施，在核算时也可不必设置配套设施费和开发间接费两个成本项目。

四、配套设施开发成本的核算

（一）配套设施开发成本核算应设置的会计科目

为了核算和监督各项配套设施费用的发生情况，正确计算各种大配套设施项目和商品房等开发项目的成本，房地产开发企业应设置“开发成本——配套设施开发”科目。本科目的核算内容包括以下两部分：一是企业承建的城市建设规划中的各种大配套设施所发生的费用；二是按规定其费用应计入商品房等开发项目成本，但与商品房等开发项目非同步建设或虽与商品房等开发项目同步建设，应由两个或两个以上成本核算对象共同负担的非营业性公共配套设施所发生的费用。与商品房等开发项目同步建设，其费用能够直接计入商品房等开发项目成本核算对象，不能有偿转让的配套设施，所发生的费用支出，应直接在“开发成本——房屋开发成本”等有关科目中核算，不在“开发成本——配套设施开发成本”科目核算。

（二）配套设施开发成本的归集和结转

1. 配套设施开发成本的归集。对发生的土地征用及拆迁补偿费或批租地价、前期工程费、基础设施费、建筑安装工费等支出，可直接记入各配套设施开发成本明细分类账的相应成本项目，并记入“开发成本——配套设施开发成本”科目的借方和“银行存款”“应付账款——应付工程款”等科目的贷方。对有偿转让大配套设施分配的其他配套设施支出，应记入各大配套设施开发成本明细分类账的“配套设施费”项目，并记入“开发成本——配套设施开发成本——××”科目的借方和“开发成本——配套设施开发成本——××”科目的贷方。对能有偿转让大配套设施分配的开发间接费用，应记入各配套设施开发成本明细分类账的“开发间接费”项目，并记入“开发成本——配套设施开发成本”科目的借方和“开发间接费用”科目的贷方。

对配套设施与房屋等开发产品不同步开发，或房屋等开发完成等待出售或出租，而配套设施尚未全部完成的，经批准后可按配套设施的预算成本或计划成本，预提配套设施费，将它记入房屋等开发成本明细分类账的“配套设施费”项目，并记入“开发成本——房屋开发成本”等科目的借方和“其他应付款”科目的贷方。因为一个小区的开发，时间较长，有的需要几年，开发企业在开发进度安排上，有时先建房屋，后建配套设施。这样，往往是房屋已经建成而有的配套设施可能尚未完成，或者是商品房已经销售，而幼托、消防设施等尚未完工的情况。这种房屋开发与配套设施建设的时间差，使得那些已具备使用条件并已出售的房屋应负担的配套设施费，无法按配套设施的实际开发成本进行结转和分配，只能以未完成配套设施的预算成本或计划成本为基数，计算出已出售房屋应负担的数额，用预提方式记入出售房屋等的开发成本。开发产品预提的配套设施费的计算，一般可按以下公式进行：

单个项目应分摊的配套设施费 = 配套设施费 × 单个项目预算成本/预算总成本

上式中：应负担配套设施费的开发产品一般应包括开发房屋、能有偿转让的在开发小区内开发的大配套设施。

2. 配套设施开发成本的结转。企业对于已经开发完成的配套设施工程，应根据其种类、性质和用途不同，采取相应的方法进行成本结转。

（1）对于能够有偿转让的配套设施，竣工验收后，将其实际成本转入“开发产品”科目，即借记“开发产品——配套设施开发产品”科目，贷记“开发成本——配套设施开发成本”科目。

（2）对于按规定应计入商品房等开发项目成本，不能有偿转让的配套设施，竣工验收后，应将其实际成本，按照一定标准分配记入“开发成本——房屋开发成本”等科目，即借记“开发成本——房屋开发成本”等科目，贷记“开发成本——配套设施开发成本”科目。

（3）对于因不同步开发或竣工而采用预提方式计入有关商品房等开发项目成本的不能有偿转让的配套设施，竣工验收后，应将其实际成本冲减预提的配套设施费，即借记“其他应付款”科目，贷记“开发成本——配套设施开发成本”科目。如预提配套设施费大于或小于实际开发成本，可将其多提数或少提数冲减有关开发成本或作追加的分配。如有关开发产品已完工并办理竣工决算，可将其差额冲减或追加分配于尚未办理竣工决算的开发产品成本。

【例 8 -3】顺达房地产开发企业于 2 ×21 年 10 月发生如下与配套设施有关的经济业务：

①10 月 3 日，锅炉房领用一台锅炉进行安装，锅炉的实际成本为 240 000 元，支付安装费用 15 000 元。企业作如下会计分录：

借：开发成本——配套设施开发成本——锅炉房	255 000	
贷：库存设备		240 000
银行存款		15 000

②10 月 15 日，企业承付某施工企业工程进度款共计 1 794 000 元，其中：超市 1 590 000元，锅炉房 204 000 元。企业作如下会计分录：

借：开发成本——配套设施开发成本——超市	1 590 000	
——配套设施开发成本——锅炉房	204 000	
贷：应付账款——应付工程款		1 794 000

③10 月 15 日，锅炉房已竣工，将其实际成本 627 000 元按受益对象的计划成本进行分配，分配表如表 8 - 5 所示。

表 8－5　**成本分配表**

受益对象	预算成本（元）	分配比率（%）	分配金额（元）
商品房——高层		25	156 750
商品房——小高层		57.50	360 525
超市		17.50	109 725
合计		100	627 000

借：开发成本——房屋开发成本——高层　156 750
　　　　——房屋开发成本——小高层　360 525
　　　　——配套设施开发成本——超市　109 725
　贷：开发成本——配套设施开发成本——锅炉房　627 000

④10 月 22 日，商品房高层和小高层已竣工，应结转其实际成本，但水塔尚未开工建设，报经批准按水塔的预算成本 300 000 元分配计入各受益对象，分配表如表 8－6 所示。

表 8－6　**分配表**

受益对象	预算成本（元）	分配比率（%）	分配金额（元）
商品房——高层		25	75 000
商品房——小高层		57.50	172 500
超市		17.50	52 500
合计	300 000	100	300 000

借：开发成本——房屋开发成本——高层　75 000
　　　　——房屋开发成本——小高层　172 500
　　　　——配套设施开发成本——超市　52 500
　贷：其他应付款　300 000

⑤10 月 28 日，用银行存款支付水塔建筑安装工程费 306 000 元。企业作如下会计分录：

借：开发成本——配套设施开发成本——超市　306 000
　贷：银行存款　306 000

⑥10 月 31 日，分配开发间接费用，超市应负担 3 000 元。企业作如下会计分录：

借：开发成本——配套设施开发成本——超市　3 000
　贷：开发间接费用　3 000

⑦10 月 31 日，水塔已完工，结转其实际成本 354 000 元。企业作如下会计分录：

借：其他应付款　354 000
　贷：开发成本——配套设施开发成本——水塔　354 000

⑧10 月 31 日，将水塔实际成本大于预提费用的差额分配计入有关在建项目成本，分配表如表 8－7 所示。

表 8－7　　**分配表**

受益对象	预算成本（元）	分配比率（%）	分配金额（元）
商品房——小高层		61.11	32 999.40
超市		38.89	21 000.60
合计		100	54 000

企业作如下会计分录：

借：开发成本——房屋开发成本——小高层　　32 999.40

　　　　　——配套设施开发成本——超市　　21 000.60

　　贷：应付账款——预提费用　　54 000

⑨10 月 31 日，超市已竣工，结转其实际成本 1 800 225.60 元。企业作如下会计分录：

借：开发产品——配套设施开发产品——超市　　1 800 225.60

　　贷：开发成本——配套设施开发成本——超市　　1 800 225.60

根据上述分录，登记“开成本——配套设施开发成本”明细账，如表 8－8、表 8－9、表 8－10 所示。

表 8－8　　**配套设施开发成本明细账**

成本核算对象：超市　　单位：元

2×21 年		凭证号	摘要	借方								贷方	余额
月	日			土地费用	政府行政事业性收费	前期工程准备费	主体建筑安装工程费	基础设施费	配套设施费	开发间接费用	借方合计		
10	1		期初余额	12 000	500	4 000		7 500			24 000		
10	15	2	应付主体建筑安装工程费				1 590 000				1 590 000		
10	20	3	分配公共配套设施费						109 725		109 725		
10	22	4	分配公共配套设施费						52 500		52 500		
10	31	6	分配开发间接纳费用							3 000	3 000		
10	31	8	应付公共配套设施费						21 000.60		21 000.60		
10	31	9	结转已完工配套设施实际成本									1 800 225.60	
10	31		本月合计	12 000	500	4 000	1 590 000	7 500	183 225.60	300	1 800 225.60	1 800 225.60	

表 8－9　　配套设施开发成本明细账

成本核算对象：水塔　　单位：元

2×21年		凭证号	摘要	借方								贷方	余额
月	日			土地费用	政府行政事业性收费	前期工程准备费	主体建筑安装工程费	基础设施费	配套设施费	开发间接费用	借方合计		
10	1		期初余额	24 000	1 000	8 000		15 000			48 000		
10	28	5	应付主体建筑安装工程费				306 000				306 000		
10	31	7	结转已完工配套设施实际成本									354 000	
10	31		本月合计	24 000	1 000	8 000	306 000	15 000			354 000		0

表 8－10　　配套设施开发成本明细账

成本核算对象：锅炉房　　单位：元

2×21年		凭证号	摘要	借方								贷方	余额
月	日			土地费用	政府行政事业性收费	前期工程准备费	主体建筑安装工程费	基础设施费	配套设施费	开发间接费用	借方合计		
10	1		期初余额	84 000	3 500	28 000		52 500			168 000		
10	3	1	领用主体安装设备				255 000				255 000		
10	15	2	应付主体安装工程费				204 000				204 000		
10	20	3	结转已完工配套设施实际成本									627 000	
10	31		本月合计	84 000	3 500	28 000	409 000	52 500			627 000		0

第五节　房屋开发成本的核算

一、房屋开发成本概述

房屋开发是指房地产开发企业在已开发完工的土地上组织兴建符合城市建设总体规划要求的各类房屋、并出售或出租给消费者以获取开发利润。房屋开发是房地产开发企业的主要经济业务。

二、开发房屋的种类及其核算对象和成本项目

房地产开发企业开发的房屋，按其用途可分为如下几类：一是为销售而开发的商品房；

二是为出租经营而开发的出租房；三是为安置被拆迁居民周转使用而开发的周转房。此外，有的开发企业还受其他单位的委托，代为开发如职工住宅等代建房。这些房屋，虽然用途不同，但其所发生的开发费用的性质和用途，都大体相同，在成本核算上也可采用相同的方法。为了既能总括反映房屋开发所发生的支出，又能分门别类地反映企业各类房屋的开发支出，并便于计算开发成本，在会计上除设置“开发成本——房屋开发成本”科目外，还应按开发房屋的性质和用途，分别设置商品房、出租房、周转房、代建房等三级科目，并按各成本核算对象和成本项目进行明细分类核算。

企业在房屋开发过程中发生的各项支出，应按房屋成本核算对象和成本项目进行归集。房屋的成本核算对象，应结合开发地点、用途、结构、装修、层高、施工队伍等因素加以确定。

（1）一般房屋开发项目，以每一独立编制设计概（预）算，或每一独立的施工图预算所列的单项开发工程为成本核算对象。

（2）同一开发地点，结构类型相同的群体开发项目，开竣工时间相近，同一施工队伍施工的，可以合并为一个成本核算对象，于开发完成算得实际开发成本后，再按各个单项工程概预算数的比例，计算各幢房屋的开发成本。

（3）对于个别规模较大、工期较长的房屋开发项目，可以结合经济责任制的需要，按房屋开发项目的部位划分成本核算对象。

开发企业对房屋开发成本的核算，应设置如下几个成本项目：①土地征用及拆迁补偿费或批租地价；②前期工程费；③基础设施费；④建筑安装工程费；⑤配套设施费；⑥开发间接费。其中土地征用及拆迁补偿费是指房屋开发中征用土地所发生的土地征用费、耕地占用税、劳动力安置费，以及有关地上、地下物拆迁补偿费，或批租地价。前期工程费是指房屋开发前期发生的规划设计、项目可行性研究、水文地质勘察、测绘等支出。基础设施费是指房屋开发中各项基础设施发生的支出，包括道路、供水、供电、供气、排污、排洪、照明、绿化、环卫设施等支出。建筑安装工程费是指列入房屋开发项目建筑安装工程施工图预算内的各项费用支出（包括设备费用）。配套设施费是指按规定应计入房屋开发成本不能有偿转让公共配套设施如锅炉房、水塔、居委会、派出所、幼托、消防、自行车棚、公厕等支出。开发间接费是指应由房屋开发成本负担的开发间接费用。

三、房屋开发成本的核算

（一）土地征用及拆迁补偿费或批租地价

房屋开发过程中发生的土地征用及拆迁补偿费或批租地价。能分清成本核算对象的，应直接计入有关房屋开发成本核算对象的“土地征用及拆迁补偿费”成本项目，并记入“开发成本——房屋开发成本”科目的借方和“银行存款”等科目的贷方。

房屋开发过程中发生的自用土地征用及拆迁补偿费，如分不清成本核算对象的，应先将其支出通过“开发成本——自用土地开发成本”科目进行汇集，待土地开发完成投入使用时，再按一定标准将其分配记入有关房屋开发成本核算对象，并记入“开发成本——房屋开发成本”科目的借方和“开发成本——自用土地开发成本”科目的贷方。

房屋开发占用的土地，如属企业综合开发的商品性土地的一部分，则应将其发生的土地征用及拆迁补偿费，先在“开发成本——商品性土地开发成本”科目进行汇集，待土地开发完成投入使用时，再按一定标准将其分配计入有关房屋开发成本核算对象，并记入“开发成本——房屋开发成本”科目的借方和“开发成本——商品性土地开发成本”科目的贷方。如开发完成商品性土地已经转入“开发产品”或“库存商品”科目，则在用以建造房屋时，应将其应负担的土地征用及拆迁补偿费记入有关房屋开发成本核算对象，并记入“开发成本——房屋开发成本”科目的借方和“开发产品”或“库存商品”科目的贷方。

（二）前期工程费

房屋开发过程中发生的规划、设计、可行性研究以及水文地质勘察、测绘、场地平整等各项前期工程支出，能分清成本核算对象的，应直接记入有关房屋开发成本核算对象的“前期工程费”成本项目，并记入“开发成本——房屋开发成本”科目的借方和“银行存款”等科目的贷方。由两个或两个以上成本核算对象负担的前期工程费，应按一定标准将其分配记入有关房屋开发成本核算对象的“前期工程费”成本项目，并记入“开发成本——房屋开发成本”科目的借方和“银行存款”等科目的贷方。

（三）基础设施费

房屋开发过程中发生的供水、供电、供气、排污、排洪、通讯、绿化、环卫设施以及道路等基础设施支出，一般应直接或分配记入有关房屋开发成本核算对象的“基础设施费”成本项目，并记入“开发成本——房屋开发成本”科目的借方和“银行存款”等科目的贷方。开发完成商品性土地已转入“开发产品”或“库存商品”科目，则在用以建造房屋时，应将其应负担的基础设施费（按归类集中结转的还应包括应负担的前期工程费和开发间接费）计入有关房屋开发成本核算对象，并记入“开发成本——房屋开发成本”科目的借方和“开发产品”或“库存商品”科目的贷方。

（四）建筑安装工程费

房屋开发过程中发生的建筑安装工程支出，应根据工程的不同施工方式，采用不同的核算方法。采用发包方式进行建筑安装工程施工的房屋开发项目，其建筑安装工程支出，应根据企业承付的已完工程价款确定，直接记入有关房屋开发成本核算对象的“建筑安装工程费”成本项目，并记入“开发成本——房屋开发成本”科目的借方和“应付账款——应付工程款”等科目的贷方。如果开发企业对建筑安装工程采用招标方式发包，并将几个工程一并招标发包，则在工程完工结算工程价款时，应按各项工程的预算造价的比例，计算它们的标价即实际建筑安装工程费。

【例8-4】顺达房地产开发企业将两幢商品房建筑安装工程进行招标，标价为1 080 000元，这两幢商品房的预算造价分别为：商品房A的预算造价630 000元，商品房B的预算造价504 000元，合计为1 134 000元，则在工程完工结算工程款时，按如下方法计算各幢商品房的实际建设安装工程费。

$$\text{某项工程实际建筑安装工程费}=\frac{\text{该项工程预算造价}}{\text{各项工程预算造价合计}}$$

$$\text{由此可得出：商品房 A 建筑安装工程费}=\left(1\ 080\ 000\times\frac{630\ 000}{11\ 340\ 000}\right)=600\ 000\text{（元）}$$

$$\text{商品房 B 建筑安装工程费}=\left(1\ 080\ 000\times\frac{504\ 000}{11\ 340\ 000}\right)=480\ 000\text{（元）}$$

采用自营方式进行建筑安装工程施工的房屋开发项目，其发生的各项建筑安装工程支出，一般可直接记入有关房屋开发成本核算对象的“建筑安装工程费”成本项目，并记入“开发成本——房屋开发成本”科目的借方和“库存材料”或“原材料”“应付职工薪酬”“银行存款”等科目的贷方。如果开发企业自行施工大型建筑安装工程，可以设置“工程施工”“施工间接费用”等科目，用来核算和归集各项建筑安装工程支出，月末将其实际成本转入“开发成本——房屋开发成本”科目，并记入有关房屋开发成本核算对象的“建筑安装工程费”成本项目。

企业用于房屋开发的各项设备，即附属于房屋工程主体的各项设备，应在出库交付安装时，记入有关房屋开发成本核算对象的“建筑安装工程费”成本项目，并记入“开发成本——房屋开发成本”科目的借方和“库存设备”科目的贷方。

（五）配套设施费

房地产开发企业开发成本应负担的配套设施费是指开发小区内不能有偿转让的公共配套设施支出。在具体核算时，应根据配套设施的建设情况，采用不同的费用归集和核算方法。

1. 配套设施与房屋同步开发，发生的公共配套设施支出，能够分清并可直接计入有关成本核算对象的，直接记入有关房屋开发成本核算对象的“配套设施费”项目，并记入“开发成本——房屋开发成本”科目的借方和“应付账款——应付工程款”等科目的贷方。如果发生的配套设施支出，应由两个或两个以上成本核算对象负担的，应先在“开发成本——配套设施开发成本”科目先行汇集，待配套设施完工时，再按一定标准（如有关项目的预算成本或计划成本），分配记入有关房屋开发成本核算对象的“配套设施费”成本项目，并记入“开发成本——房屋开发成本”科目的借方和“开发成本——配套设施开发成本”科目的贷方。

2. 配套设施与房屋非同步开发，即先开发房屋，后建配套设施。或房屋已开发等待出售或出租，而配套设施尚未全部完成，在结算完工房屋的开发成本时，对应负担的配套设施费，可采取预提的办法。即根据配套设施的预算成本（或计划成本）和采用的分配标准，计算完工房屋应负担的配套设施支出，记入有关房屋开发成本核算对象的“配套设施费”成本项目，并记入“开发成本——房屋开发成本”科目的借方和“应付账款——预提费用”科目的贷方。预提数与实际支出数的差额，在配套设施完工时调整有关房屋开发成本。

（六）开发间接费

企业内部独立核算单位为开发各种开发产品而发生的各项间接费用，应先通过“开发间接费用”科目进行核算，每月终了，按一定标准分配计入各有关开发产品成本。应由房屋开发成本负担的开发间接费用，应自“开发间接费用”科目的贷方转入“开发成本——房屋开发成本”科目的借方，并记入有关房屋开发成本核算对象的“开发间接费”成本项目。

房地产开发企业开发建设的各种房屋竣工验收后，应及时进行成本结转借记“开发产品——房屋”科目，贷记“开发成本——房屋开发成本”科目。

【例 8－5】顺达房地产开发企业在 2×21 年共有下列房屋进行开发建设：经营出租房老年公寓；商品房虹口路 1 号楼、2 号楼，胜利路 4 号楼。所使用的土地全部是自行开发完成的建设场地，其中虹口路 1 号楼和 2 号楼使用同一块土地。

本月份发生以下有关房屋开发建设的经济业务：

（1）结转房屋开发使用的已开发完成的土地成本，其中：老年公寓土地成本 150 000 元，虹口路土地成本 368 000 元（其中 1 号楼使用 60% 面积，2 号楼使用 40% 面积），胜利路土地成本 220 000 元。（假设上述土地成本均已转入“开发产品——土地”科目）

借：开发成本——房屋开发成本（老年公寓） 150 000

——房屋开发成本（虹口路 1 号楼） 220 800

——房屋开发成本（虹口 2 号楼） 147 200

——房屋开发成本（胜利路 4 号楼） 220 000

贷：开发产品——土地 738 000

（2）用银行存款支付老年公寓设计费 20 000 元。

借：开发成本——房屋开发成本（老年公寓） 20 000

贷：银行存款 20 000

（3）按合同规定，拨付承建虹口路 1 号楼工程的森达建筑公司材料一批，结算价格为 180 000 元，计划成本为 200 000 元，应分摊的材料成本差异为借差 50 000 元。

借：预付账款——预付承包单位款 180 000

开发成本——房屋开发成本（虹口路 1 号楼） 70 000

贷：库存材料 200 000

材料成本差异 50 000

（4）老年公寓领用一台设备进行安装，实际成本为 60 000 元。

借：开发成本——房屋开发成本（老年公寓） 60 000

贷：库存设备 60 000

（5）根据工程价款结算账单，应支付给承建虹口路 1 号楼的施工企业工程进度款 200 000元。

借：开发成本——房屋开发成本（虹口路 1 号楼） 200 000

贷：应付账款——应付工程款 200 000

（6）根据承建方工程结算账单，应支付胜利路 4 号楼工程进度款 180 000 元，应扣除已预付的工程款 70 000 元、预付备料款 50 000 元，余款用银行存款支付。

借：开发成本——房屋开发成本（胜利路 4 号楼） 18 000

贷：预付账款——预付承包单位款 180 000

银行存款 60 000

（7）月末，分配开发间接费用，其中，老年公寓 5 000 元，虹口路 1 号楼 8 000 元，虹口路 2 号楼 6 000 元，胜利路 4 号楼 5 000 元。

借：开发成本——房屋开发成本（老年公寓） 5 000

——房屋开发成本（虹口路 1 号楼） 8 000

——房屋开发成本（虹口路 2 号楼） 6 000

——房屋开发成本（胜利路 4 号楼） 5 000

贷：开发间接费用 24 000

（8）胜利路 4 号楼已竣工，但配套设施锅炉房尚未竣工，经批准，其用预算成本80 000 元，预提计入开发成本。

借：开发成本——房屋开发成本（胜利路 4 号楼） 80 000

贷：其他应付款　80 000

(9) 胜利路4号楼已竣工，其全部开发成本为954 000元，予以结转。

借：开发产品——商品房（胜利路4号楼）　954 000

贷：开发成本——房屋开发成本（胜利路4号楼）　954 000

第六节　代建工程开发成本的核算

一、代建工程开发成本概述

代建工程是指房地产开发企业接受当地人民政府或其他单位的委托，代为开发建设的各类工程，或参加委托单位招标，经过投标中标后承建的开发项目。房地产开发企业接受委托代建的工程，既有建设场地和各种房屋，还有除建设场地和房屋以外的其他工程，如道路、桥梁、基础设施园林绿化，旅游风景等。由于代建工程的种类繁多，内容千差万别，因此，必须根据实际情况来确定代建工程的成本核算对象，一般可按工程合同或委托单位的要求，以施工图预算所列的单位工程或单项工程作为成本核算对象。

二、代建工程开发成本的核算方法

由于各种代建工程有着不同的开发特点和内容，在会计上也应根据各类代建工程成本核算的不同特点和要求，采用相应的费用归集和成本核算方法。现行会计制度规定：企业代委托单位开发的土地（即建设场地）、各种房屋所发生的各项支出，应分别通过“开发成本——商品性土地开发成本”和“开发成本——房屋开发成本”科目进行核算，并在这两个科目下分别按土地、房屋成本核算对象和成本项目归集各项支出，进行代建工程项目开发成本的明细分类核算。除土地、房屋以外，企业代委托单位开发的其他工程如市政工程等，其所发生的支出，则应通过“开发成本——代建工程开发成本”科目进行核算。因此，开发企业在“开发成本——代建工程开发成本”科目核算的，仅限于企业接受委托单位委托，代为开发的除土地、房屋以外的其他工程所发生的支出。

代建工程开发成本的核算对象，应根据各项工程实际情况确定。成本项目一般可设置如下几项：①土地征用及拆迁补偿费；②前期工程费；③基础设施费；④建筑安装工程费；⑤开发间接费。在实际核算工作中，应根据代建工程支出内容设置使用。

房地产开发企业发生的各项代建工程支出和对代建工程分配的开发间接费用，应记入“开发成本——代建工程开发成本”科目的借方和“银行存款”“应付账款——应付工程款”“库存材料”或“原材料”“应付职工薪酬”“开发间接费用”等科目的贷方。完成全部开发过程并经验收的代建工程，应将其实际开发成本自“开发成本——代建工程开发成本”科目的贷方转入“开发产品”或“库存商品”科目的借方，并在将代建工程移交委托代建单位，办妥工程价款结算手续后，将代建工程开发成本自“开发产品”或“库存商品”科目的贷方转入“经营成本”或“主营业务成本”科目的借方。

【例8-6】顺达房地产开发企业于2×21年11月1日接受市政工程管理部门的委托，代为扩建开发小区旁的建设路，企业接受委托后将该工程发包给荣鑫路桥建筑公司施工。本月发生下列有关代建工程开发的经济业务。

（1）以银行存款支付土地征用及拆迁补偿费 320 000 元。其账务处理方法如下：

借：开发成本——代建工程开发成本（建设路）　　320 000

　　贷：银行存款　　320 000

（2）以银行存款支付勘察设计等前期工程费 150 000 元。其账务处理方法如下：

借：开发成本——代建工程开发成本（建设路）　　150 000

　　贷：银行存款　　150 000

（3）收到荣鑫路桥建筑公司的“工程价款结算账单”，要求结算基础设施工程价款 550 000元，经审核无误，以银行存款支付。其账务处理方法如下：

借：开发成本——代建工程开发成本（建设路）　　550 000

　　贷：应付账款——应付工程款（荣鑫路桥建筑公司）　　550 000

借：应付账款——应付工程款（荣鑫路桥建筑公司）　　550 000

　　贷：银行存款　　550 000

（4）分配结转建设路工程应负担的开发间接费用 60 000 元。其账务处理方法如下：

借：开发成本——代建工程开发成本（建设路）　　60 000

　　贷：开发间接费用　　60 000

（5）月末，建设路扩建工程已竣工并经验收合格，结转其实际开发成本 1 080 000 元。其账务处理方法如下：

借：开发产品——代建工程开发成本（建设路）　　1 080 000

　　贷：开发成本——代建工程开发成本（建设路）　　1 080 000

根据上述会计分录，登记代建工程开发成本明细账，如表 8－11 所示。

表 8－11　　**代建工程开发成本明细账**

核算对象：建设路扩建工程　　单位：元

2×21 年		凭证号	摘要	借方						贷方	余额
月	日			土地征用及拆迁补偿费	前期工程费	基础设施费	建筑安装工程费	公共配套设施费	开发间接费用		
11	1		月初余额								
			支付土地征用及拆迁补偿费	320 000							
			支付前期工程费		150 000						
			支付基础设施工程价款			550 000					
			分配开发间接费用						60 000		
			结转竣工代建工程成本							1 080 000	
11	30		本月合计	320 000	150 000	550 000			60 000	1 080 000	0

本章小结

本章主要阐述了房地产开发企业中开发产品成本的构成、成本核算对象的确定及应设置的主要会计账户，开发间接费用的归集和分配，土地、房屋、配套设施、代建工程开发成本的核算内容。此外，本章还较为详细地介绍了房地产开发企业成本、费用核算的业务处理以及各开发产品成本的归集和结转等问题。

一、本章关键词

开发成本 （development cost）
开发成本项目 （development cost project）
开发间接费用 （development overhead）
房屋开发成本 （housing development cost）
土地开发成本 （land development cost）
配套设施开发成本 （development cost of supporting facilities）
代建工程开发成本 （development cost of agent construction project ）

二、思考题

1. 什么是房地产开发企业的开发成本，它包括哪些内容？
2. 什么是开发间接费用？其组成内容有哪些？
3. 土地开发成本核算对象是如何确定的？应设置哪些成本项目？
4. 房屋开发成本核算对象分为哪几类？有哪些原则？
5. 配套设施开发成本是如何进行核算的？
6. 代建工程的种类有哪些？成本项目一般应设置哪几项？

三、基础训练测试

（一）单项选择题

1. 下列各项中，不属于开发产品成本的是（　　）。
A. 为销售、出租、转让开发产品而发生的各项费用
B. 为开发房地产征用土地而发生的各项费用
C. 房地产开发企业内部核算单位及开发现场为开发房地产而发生的各项间接费用
D. 房屋开发项目在开发过程中所发生的各项建筑安装工程费和设备费
2. 下列各项中，不属于开发间接费用的是（　　）。
A. 内部独立核算单位发生的折旧费、修理费和办公费
B. 不能确定为某项开发项目安置拆迁居民周转使用房屋计提的摊销
C. 开发期间为开发房屋的借款利息支出
D. 行政管理人员工资及福利费
3. 房地产开发企业的土地开发成本作为开发产品成本的一部分，其成本项目不应包括

（　　）。

A. 前期工程费　　B. 基础设施费

C. 公共配套设施费　　D. 开发间接费

4. 某房地产开发企业对A商品房和B商品房建筑安装工程进行招投标，标价129万元，A商品房预算造价400万元，B商品房预算造价200万元，则A商品房应负担的建筑安装工程费是（　　）元。

A. 430 000　　B. 860 000

C. 1 290 000　　D. 645 000

5. 下列各项中，属于不能有偿转让的配套设施的是（　　）。

A. 商店　　B. 银行

C. 医院　　D. 自行车棚

6. 房地产开发企业代委托单位开发的下列工程，应通过“开发成本——代建工程开发成本”科目进行核算的是（　　）。

A. 土地　　B. 商品房

C. 出租房　　D. 市政工程

7. 房地产开发企业开发建设的下列房屋，不能作为商品产品用于对外销售的是（　　）。

A. 商品房　　B. 出租房

C. 周转房　　D. 代建房

8. 下列各项中，可以不分配配套设施费的是（　　）。

A. 能有偿转让的配套设施　　B. 不能有偿转让的配套设施

C. 商品房　　D. 出租房

9. 某房地产开发企业开发土地甲用于A商品房和B商品房的建设，本月发生土地征用及拆迁补偿费120万元，前期工程费12万元，基础设施费48万元，开发间接费5万元，A商品房占60%的土地面积，B商品房占40%的土地面积，则A商品房本月应负担的土地开发成本为（　　）元。

A. 111 000　　B. 740 000

C. 720 000　　D. 1 080 000

10. 某房地产开发企业下设现场管理机构，该管理机构本月发生工资1 400元，折旧费1 700元，办公费300元，水电费180元，该企业本月行政管理部门工资3 900元，周转房摊销额2 300元，上述费用应记入“开发间接费用”账户的数额是（　　）元。

A. 9 780　　B. 5 880

C. 5 400　　D. 3 580

（二）多项选择题

1. 开发建设的房屋属于企业开发产品的有（　　）。

A. 为了销售而开发建设的商品房

B. 企业接受其他单位委托代为开发建设的代建房

C. 为销售而临时性出租的商品房

D. 为安置拆迁居民周转使用而开发建设的周转房

E. 为销售而临时租用的周转房

2. 主体建筑安装工程施工可以采用的方式有（　　）。

A. 出包　　B. 承包

C. 代销　　D. 自营

E. 委托

3. 下列各项中，属于开发产品成本的有（　　）。

A. 土地征用及拆迁补偿费　　B. 前期工程费

C. 配套设施费　　D. 建筑安装工程费

E. 开发间接费

4. 以下各项中，可以不分配开发间接费用的开发产品包括（　　）。

A. 应计入房屋开发成本的自用土地　　B. 不能有偿转让的配套设施

C. 用于对外销售的商品性土地　　D. 能有偿转让的配套设施

E. 代建工程

5. 下列各项中，属于土地开发成本核算应设置的成本项目包括（　　）。

A. 土地征用及拆迁补偿费　　B. 前期工程费

C. 基础设施费　　D. 开发间接费

E. 建筑安装工程费

6. 北方房地产开发公司开发甲、乙、丙三块土地，土地甲开发完成后有偿转让，土地乙开发完成后建设 A 商品房，土地丙开发完成后建设 B 商品房和 C 商品房，以下费用应记入“开发成本——土地开发成本”科目的有（　　）。

A. 土地甲的拆迁补偿费　　B. 土地乙的前期工程费

C. 土地丙的基础设施费　　D. 土地甲和土地乙的开发间接费

E. 土地丙的前期工程费

7. 下列属于代建工程开发成本应设置的成本项目包括（　　）。

A. 土地征用及拆迁补偿费　　B. 前期工程费

C. 基础设施费　　D. 建筑安装工程费

E. 开发间接费

8. 以下各项中，属于土地征用及拆迁补偿费的有（　　）。

A. 土地征用费　　B. 耕地占用费

C. 劳动力安置费　　D. 场地平整费

E. 水文、地质勘探费

9. 下列各项中，能成为成本核算对象的有（　　）。

A. 商品房　　B. 出租房

C. 周转房　　D. 商品性土地

E. 自用土地

10. 下列各项中，应记入“开发成本”科目的有（　　）。

A. 行政管理人员工资　　B. 出租房装修费

C. 自用土地的基础设施费　　D. 商品房建筑安装工程费

E. 代建房的开发间接费

11. 下列各项中，可记入“开发间接费用”科目的有（　　）。

A. 相关利息支出　B. 周转房摊销

C. 现场管理部门水电费　D. 土地征用及拆迁补偿费

E. 配套设施费

12. 房地产开发企业自行施工大型建筑安装工程，可增设的账户有（　　）。

A. 开发成本　B. 开发间接费用

C. 工程施工　D. 施工间接费用

E. 生产成本

（三）业务题

1. 某房地产开发企业于 2×21 年 9 月 1 日在甲地开发一块土地，占地面积 6 000 平方米。开发完成后准备将其中的 3 000 平方米对外转让，其余的 3 000 平方米自行开发商品房。假设在土地开发过程中发生了以下经济业务：

（1）3 日，支付土地出让金 6 000 000 元，拆迁补偿费 300 000 元，勘察设计费 50 000元；

（2）12 日，某施工企业承包的地下管道安装工程竣工，应支付价款 200 000 元；

（3）9 月末，甲地土地开发工程完工其中，自用 3 000 平方米在开发完成后立即投入房屋开发建设，其余 3 000 平方米以每平方米 1 500 元的价格全部转让，月终结转本块土地的开发成本。

要求：针对上述经济业务进行相关的会计处理。

2. 某房地产开发企业在 2×21 年进行解放路商品房 1#楼和 2#楼的开发建设。本月初，1#楼开发成本余额1 845 000 元，2#楼开发成本余额为 3 550 000 元，本月发生以下有关房屋开发建设的经济业务：

（1）结转房屋开发使用的已开发完成的土地成本。解放路土地成本 3 850 000 元（其中1#楼使用 30% 面积，2#楼使用 70% 面积，假设上述土地成本已转入“开发产品——土地”账户）。

（2）用银行存款支付解放路 1#楼设计费 100 000 元，2% 楼设计费 240 000 元。

（3）按合同规定，拨付承建解放路 1#楼工程的建筑公司材料一批，结算价格为 1 750 000元，计划成本为 1 800 000 元，应分摊的材料成本差异为借差 18 000 元。

（4）解放路 1#楼领用一部电梯进行安装，实际成本为 350 000 元。

（5）根据工程价款结算账单，应支付给承建解放路 2#楼的施工企业进度款 380 000 元。

（6）根据承建方工程结算账单，应支付解放路 1#楼工程进度款 4 000 000 元，经审核应扣除已预付的工程款 2 250 000 元，预付备料款 1 750 000 元，余额用银行存款支付。

（7）月末分配开发间接费用，其中，1#楼 125 000 元，2#楼 375 000 元。

（8）1#楼已竣工，但配套设施锅炉尚未竣工，经批准，用其预算成本 240 000 元，预提计入开发成本。

9 月末，1#楼已竣工，结转其开发成本。

要求：针对上述经济业务进行相关的会计处理。

3. 资料：某房地产开发企业 2×21 年 10 月初开发甲、乙、丙三块土地，土地甲开发完成后用于 A 商品房开发项目，土地乙开发完成后供建设 B、C、D 三幢商品房使用，B、C、

D 三幢商品房分别占 20%、30%、50%的土地面积，土地丙开发完成后有偿转让。2×21 年 10 月，该企业发生下列土地开发支出和有关土地开发成本结转的经济业务：

（1）用银行存款支付土地征用及拆迁补偿费共计 180 万元，应支付设计单位前期工程款共计 45 万元，用银行存款支付建筑公司基础设施工程款 60 万元，月末分配开发间接费用 20 万元，各块土地应负担的费用，如表 8-12 所示。

表 8-12　各块土地应负担费用表　单位：万元

费用项目	土地甲	土地乙	土地丙	合计
土地征用及拆迁补偿费	50	100	30	180
前期工程费	12	28	5	45
基础设施费	18	32	10	60
开发间接费用	6	10	4	20

（2）月末，甲、乙、丙三块土地均开发完成。

要求：归集和结转三块土地发生的开发成本并编制相应会计分录。

4. 资料。

（1）某房地产开发企业的乙开发小区，在开发过程中，共建造商店、水塔、小学三项配套设施，其中商店有偿转让，水塔和小学设施开发成本计入有关开发产品成本。根据施工设计，商店和水塔与商品房同步建设，小学设施在建造商品房后建造。为了及时计算出售商品房等的开发成本，对小学设施以各项开发产品的预算成本为基数采用预提方式计入有关开发产品成本。该开发小区各项开发产品的预算成本如下：A 商品房 2 080 万元，B 商品房 2 000 万元，出租房 1 080 万元，商店设施 440 万元，小学设施 336 万元。

（2）2×21 年度内，商店、水塔、小学配套设施发生的各项支出，如表 8-13 所示。

表 8-13　商店、水塔、小学配套设施发生的各项支出　单位：元

费用项目	商店设施	水塔设施	小学设施
支付征地拆迁费	400 000	48 000	400 000
支付前期工程费	160 000	112 000	160 000
应付建筑公司基础设施费	400 000	240 000	400 000
支付建筑安装工程费	2 400 000	1 000 000	
分配水塔配套设施费	240 000		
分配开发间接费	320 000		

（3）预提应由商品房、出租房和商店开发成本负担的小学配套设施费。

（4）商店完工验收，结转其实际开发成本。

（5）2×22 年，用银行存款支付小学设施建筑安装工程款 2 430 800 元。

（6）小学设施完工验收，结算其实际开发成本，并将其成本冲减预提的配套设施费。如实际开发成本大于预提配套设施费，将少提数根据预算成本追加分配给 B 商品房和出租房的开发成本。

要求：为各项经济业务编制会计分录。

5. 资料：某房地产开发企业接受市政管理部门的委托，代为建设开发小区旁的一条道路。

（1）用银行存款支付拆迁补偿费 280 000 元，前期工程费 190 000 元，基础设施工程费 660 000 元，分配开发间接费 76 000 元。

（2）道路建设工程完工并经验收合格，结转已完工程成本。

要求：编制相应会计分录。

第九章　收入和利润

学习目标

知识目标：了解收入的概念和分类、费用的概念和分类；掌握收入的确认和计量、商品销售收入的核算、费用的确认和计量、利润的构成和核算。

能力目标：能利用收入和费用确认的条件判断房地产企业的收入及费用，并进行会计核算；通过对收入和费用的确认和计量正确计算房地产企业的利润，并对利润进行分配。

教学建议

正确地运用“利润 = 收入 − 费用”这个公式，对这三个会计要素之间的关系进行理解和运用，提升学生的专业应用技巧与能力，扩展学生的知识面与思维方式。

本章导读

某市税务局税务人员在对甲置业有限公司（以下简称甲公司）进行涉税检查时发现，该公司开发的 A 小区商品房已于 2×21 年 10 月交房，但在当年度的企业所得税汇算清缴中，甲公司却没有按规定结转销售收入和计税成本。税务人员经取证、计算后，确认甲公司 2×21 年度少缴企业所得税税款 900 多万元，并作出了追补税款、加收滞纳金、并处罚款的处理处罚意见。

甲公司承认了未按规定结转收入和成本的违法事实，但对计税成本的税前扣除金额及计算方法如何确认，提出了不同意见。

那么如何正确的结转收入和成本？收入和成本的结转对利润有什么影响？

第一节　房地产企业收入概述

一、收入的特点与分类

《企业会计准则第 14 号——收入》规定：收入，是指企业在日常活动中形成的、会导致所有者权益增加的、与所有者投入资本无关的经济利益的总流入。包括销售商品收入、提供劳务收入和让渡资产使用权收入。企业代第三方收取的款项，应当作为负债处理，不应当确认为收入。

（一）收入的特点

1. 收入从企业的日常经营活动中产生，而不是从偶发的交易或事项中产生。其中“日常活动”，是指企业为完成其经营目标所从事的经常性活动以及与之相关的活动。比如，工业企业制造并销售产品、商品流通企业销售商品、保险公司签发保单、咨询公司提供咨询服务、软件企业为客户开发软件、安装公司提供安装服务、商业银行对外贷款、租赁公司出租资产等，均属于企业为完成其经营目标所从事的经常性活动，由此产生的经济利益的总流入构成收入。有些交易或事项也能为企业带来经济利益，但不属于企业的日常经营活动，其流入的经济利益是利得而不是收入，例如出售固定资产所取得的收益。

2. 会导致所有者权益增加的、与所有者投入资本无关的经济利益的总流入。收入取得后可能表现为：①增加资产。例如增加银行存款或应收账款等；②减少负债。例如以商品或劳务抵偿债务；③增加所有者权益。如前所述，收入能增加资产或减少负债或两者兼而有之，因此，根据“资产 = 负债 + 所有者权益”的等式，企业所取得的收入一定能增加所有者权益（这里所说的收入能增加所有者权益，仅指收入本身的影响，而收入扣除相关成本与费用后，则可能增加所有者权益，也可能减少所有者权益）。

3. 本企业的收入只包括本企业经济利益的流入，而不包括为第三方或客户代收的款项。如增值税、代收利息等。

4. 收入的金额能够可靠地计量和相关的已发生或将发生的成本能够可靠地计量。企业在销售商品时，售价通常已经确定，但销售过程中由于某些不确定因素，也有可能出现售价变动的情况，在新的售价未确定前，则不应确认收入。按照收入与费用配比的原则，与同一项销售有关的收入和成本应在同一会计期间予以确认。如果成本不能可靠计量，相关的收入就不能确认。这时，如果已收到价款，则应将其确认为一项负债。

（二）收入的分类

根据《企业会计准则第 14 号——收入》的规定，企业的收入分为销售商品的收入、提供劳务的收入和让渡资产使用权收入。

1. 销售商品的收入。主要指取得货币资产方式的商品销售，以及正常情况下的以商品抵偿债务的交易等。这里的商品则主要包括企业为销售而生产或购进的商品，如工业企业生产的产品、商品流通企业购进的商品等。企业销售的其他存货如原材料、包装物等也视同商品。但企业以商品进行投资、捐赠及自用等，会计上均不作为商品销售处理。

2. 提供劳务的收入。主要有提供旅游、运输、饮食、广告、理发、照相、洗染、咨询、代理、培训、产品安装等所获取的收入。

3. 让渡资产使用权收入。是指企业让渡资产使用权所获取的收入，包括出借库存现金取得的利息收入、出租固定资产取得的租金收入等。

二、收入的确认与计量

（一）商品销售收入的确认与计量

销售商品收入同时满足下列条件的，才能予以确认：①企业已将商品所有权上的主要风险和报酬转移给购货方；②企业既没有保留通常与所有权相联系的继续管理权，也没有对已售出的商品实施有效控制；③收入的金额能够可靠地计量；④相关的经济利益很可能流入企业；⑤相关的已发生利益即为销售商品的价款。企业销售商品时，如估计价款收回的可能性不大，即使收入确认的其他条件均已满足，也不应当确认收入。一般情况下，企业售出的商品符合合同规定的要求，并已将发票账单交付买方，买方也承诺付款，即表明销售商品的价款能够收回。如企业判断价款不能收回，应提供可靠的证据。

销售商品涉及现金折扣的，应当按照扣除现金折扣前的金额确定销售商品收入金额。现金折扣在实际发生时计入当期损益。现金折扣，是指债权人为鼓励债务人在规定的期限内付款而向债务人提供的债务扣除。

销售商品涉及商业折扣的，应当按照扣除商业折扣后的金额确定销售商品收入金额。商业折扣，是指企业为促进商品销售而在商品标价上给予的价格扣除。

企业已经确认销售商品收入的售出商品发生销售折让的，应当在发生时冲减当期销售商品收入。销售折让属于资产负债表日后事项的，适用《企业会计准则第 29 号——资产负债表日后事项》。销售折让，是指企业因售出商品的质量不合格等原因而在售价上给予的减让。

企业已经确认销售商品收入的售出商品发生销售退回的，应当在发生时冲减当期销售商品收入。销售退回属于资产负债表日后事项的，适用《企业会计准则第 29 号——资产负债表日后事项》。销售退回，是指企业售出的商品由于质量、品种不符合要求等原因而发生的退货。

（二）劳务收入的确认与计量

企业对外提供劳务的内容很多，完成劳务的时间不等，有的劳务一次就能完成，且一般均为库存现金交易，如饮食、理发、照相等；有的劳务需要花费一段较长的时间才能完成，如安装、旅游、培训、远洋运输等。企业应根据劳务完成时间的不同，分别下列情况确认和计量劳务收入：

1. 一次就能完成的劳务，或在同一会计年度内开始并完成的劳务，应在劳务完成时确认收入，确认的金额为合同或协议总金额，确认方法可参照商品销售收入的确认原则。

2. 劳务的开始和完成分别属于不同的会计年度，且企业在资产负债表提供劳务交易的结果能够可靠估计的，应当采用完工百分比法确认提供劳务收入。完工百分比法，是指按照提供劳务交易的完工进度确认收入与费用的方法。提供劳务交易的结果能够可靠估计，是指同时满足下列条件：①收入的金额能够可靠地计量；②相关的经济利益很可能流入企业；③交易的完工进度能够可靠地确定；④交易中已发生和将发生的成本能够可靠地计量。企业确定提供劳务交易的完工进度，以选用下列方法：①已完工作的测量。②已经提供的劳务占应提供劳务总量的比例。③已经发生的成本占估计总成本的比例。

3. 资产负债表日不能对交易的结果作出可靠估计，应按已经发生并预计能够补偿的劳务成本确认收入，并按相同金额结转成本；如预计已经发生的劳务成本不能得到补偿，则不应确认收入，但应将已经发生的成本确认为当期费用。

企业与其他企业签订的合同或协议包括销售商品和提供劳务时，销售商品部分和提供劳务部分能够区分且能够单独计量的，应当将销售商品的部分作为销售商品处理，将提供劳务的部分作为提供劳务处理。销售商品部分和提供劳务部分不能够区分，或虽能区分但不能够单独计量的，应当将销售商品部分和提供劳务部分全部作为销售商品处理。

（三）让渡资产使用权收入的确认与计量

让渡资产使用权收入包括利息收入、使用费收入等。让渡资产使用权收入同时满足下列条件的，才能予以确认：①相关的经济利益很可能流入企业；②收入的金额能够可靠地计量。其中：

1. 与交易相关的经济利益能够流入企业。企业应根据对方的信誉、当年的效益、双方就结算方式和付款期限的协议等因素进行判断。如果收入收回的可能性不大，就不应确认收入。

2. 收入的金额能够可靠地计量。出借库存现金的利息收入可根据合同或协议规定的利率确定；资产使用费收入按合同或协议的金额确定。当收入的金额能够可靠地计量时，企业才能进行确认。

企业应当分别下列情况确定让渡资产使用权收入金额：

1. 利息收入金额，按照他人使用本企业货币资金的时间和实际利率计算确定。

2. 使用费收入金额，按照有关合同或协议约定的收费时间和方法计算确定。

第二节　房地产企业收入的核算

房地产开发企业的主营业务收入主要包括销售商品房收入、转让土地使用权收入、出租开发产品收入、代建工程结算收入等。

一、设置的会计科目

为了核算和监督主营业务收入的实现情况，以及与主营业务收入相配比的成本、税金的结算和结转情况，房地产开发企业应设置下列会计科目。

1. “主营业务收入”科目。此科目属于损益类科目，用来核算房地产开发企业销售、转让、出租开发产品或代建工程等主营业务实现的收入。贷方登记企业本期确认的主营业务收入；借方登记本期发生的销售折让和销售退回应冲减的主营业务收入，以及期末转入“本年利润”科目的主营业务收入；期末结转后本科目应无余额。本科目可按“土地转让收入”“商品房销售收入”“配套设施销售收入”“代建工程结算收入”“出租产品租金收入”等主营业务收入的种类进行明细核算。

2. “主营业务成本”科目。此科目属于损益类科目，用来核算房地产开发企业在确认主营业务收入时应结转的开发产品的成本。借方登记房地产开发企业根据本期销售、转让、出租开发产品或代建工程等的实际成本计算接转的主营业务成本，以及按月计提的出租产品摊销和发生的修理费用；贷方登记本期发生的销售退回应冲减的主营业务成本，以及期末转入“本年利润”科目的主营业务成本；期末结转后本科目应无余额。本科目可按“土地转让成本”“商品房销售成本”“配套设施销售成本”“代建工程结算成本”“出租产品租金成本”等主营业务成本的种类进行明细核算。

3. “税金及附加”科目。此科目属于损益类科目，用来核算房地产开发企业经营活动发生的城市维护建设税、土地增值税和教育附加费等相关税费。借方登记房地产开发企业按规定计算的与经营活动相关的税费；贷方登记期末转入“本年利润”科目的税金及附加；期末结转后本科目应无余额。

二、对外销售、转让开发产品收入的核算

1. 通常情况下，房地产开发企业销售、转让开发产品收入的核算。当房地产开发企业销售、转让开发产品获得的营业收入符合五个确认条件时，应及时确认收入，并结转相关的成本和税金。

通常情况下，企业营业收入的入账金额，应按照从购买方已收或应收合同或协议价款的公允价值确定营业收入金额。一般情况下，合同或协议价款等于销售、转让开发产品的公允价值，因此，企业在销售、转让开发产品时，可以直接按照从购买方已收或应收合同或协议价款作为销售、转让开发产品收入的入账金额。这里不包括合同或协议价款的收取采用了递延方式分期收取，实质上具有融资性质的情况。

【例 9－1】 2×21 年 4 月 1 日，顺达房地产开发企业采用现房销售方式，将一栋开发完成的写字楼出售给 M 公司，其价款为 50 000 000 元，该写字楼的开发成本为 20 000 000 元，增值税税率 9%，价款一次性付清。会计分录如下：

（1）确认商品房销售收入时：

借：银行存款　　54 500 000

　　贷：主营业务收入——商品房销售收入　　50 000 000

　　　　应交税费——应交增值税（销项税额）　　4 500 000

（2）结转商品房销售成本时：

借：主营业务成本——商品房销售成本　　20 000 000

　　贷：开发产品——写字楼　　20 000 000

2. 销售折扣的核算。房地产开发企业为了进一步扩大销售，在销售过程中往往采用商业折扣、现金折扣等手段进行促销。当发生商业折扣、现金折扣时，收入的入账金额应分别按照下列原则确定。

（1）商业折扣。商业折扣是指企业根据市场供需情况，或针对不同的顾客，在商品标价上给予的扣除。商业折扣是企业最常用的促销方式之一。企业为了扩大销售、占领市场，对于批发商往给予商业折扣，采用销量越多、价格越低的促销策略。其特点是折扣在实现销售的同时发生。

在商业折扣的情况下，房地产企业销售收入入账金额应按扣除销售折扣以后的实际销售金额加以确认。

（2）现金折扣。现金折扣是指债权人为了鼓励债务人在规定的期限内付款，而向债务人提供的债务扣除。现金折扣通常发生在以赊销方式销售商品及提供劳务的交易中，企业为了鼓励客户提前付款，可能与债务人达成协议，债务人在不同的期限内付款可享受不同比例的折扣，付款时间越短（越早），折扣越大。

现金折扣，会计上有两种处理方法可供选择，一是总价法，二是净价法。但是我国会计法明确规定，针对现金折扣采用总价法，即企业在确定销售商品收入金额时，不考虑各种预计可能发生的现金折扣。现金折扣实际上是企业为了尽快回笼资金而发生的理财费用，应在实际发生时计入当期财务费用。

【例 9 - 2】2×21 年 4 月 10 日，顺达房地产开发企业将开发完成的商品房对外出售，售房合同中规定的现金折扣条件为：2/10，N/30。客户李某购买了其中的一套，其售价为 4 800 000元。该套商品房的实际成本为 2 600 000 元。会计分录如下：

(1) 4 月 10 日，按售价确认商品房销售收入时：

借：应收账款——李某　　5 232 000

　　贷：主营业务收入——商品房销售收入　　4 800 000

　　　　应交税费——应交增值税（销项税额）　　432 000

(2) 结转商品房销售成本时：

借：主营业务成本——商品房销售成本　　2 600 000

　　贷：开发产品——房屋　　2 600 000

(3) 4 月 20 日及其之前收到客户李某的购房款时：

借：银行存款　　5 136 000

　　财务费用　　96 000

　　贷：应收账款——李某　　5 232 000

(4) 4 月 20 日之后收到客户李某的购房款时：

借：银行存款　　5 232 000

　　贷：应收账款——李某　　5 232 000

3. 销售折让的核算。销售折让是指企业因售出产品质量不合格等原因而在售价上给予的减让。销售折让可能发生企业确认收入之前，也可能发生在确认销售收入之后。对于企业在销售收入确认之前发生的销售折让，则相当于商业折扣，可以采用与处理商业折扣相同的方法进行处理；对于企业在销售收入确认之后发生的销售折让，应在实际发生时，冲减发生当期的收入。

【例 9 - 3】2×21 年 4 月 20 日，顺达房地产开发企业出售商品房一套，其售价为 8 400 000元，该套商品房的成本为 3 700 000 元。房屋交付使用后，客户发现房屋有轻微的质量问题。经双方协商同意在价格上给与 3% 的折让，并办妥了相关手续。假定此前该企业已确认了该套商品房的销售收入，货款尚未收到。其会计处理如下：

(1) 销售实现时：

借：应收账款　　8 720 000

　　贷：主营业务收入——商品房销售收入　　8 000 000

　　　　应交税费——应交增值税（销项税额）　　720 000

(2) 结转商品房销售成本时：

借：主营业务成本——商品房销售成本　　3 700 000

　　贷：开发产品——房屋　　3 700 000

(3) 发生销售折让时：

借：主营业务收入——商品房销售收入　　240 000

　　应交税费——应交增值税（销项税额）　　21 600

　　贷：应收账款　　261 600

(4) 实际收到款项时：

借：银行存款　　8 458 400

贷：应收账款　8 458 400

4. 销售退回的核算

销售退回是指企业售出的商品，由于质量、品种不符合要求等原因而发生的退货。销售退回如果发生在企业确认收入之前，处理就比较简单，只需将已记入发出商品账户的商品成本转回“库存商品”账户；如果企业已经确认收入，又发生销售退回的，不论是当年销售的，还是以前年度销售的（除属于资产负债表日后事项外），均应冲减退回当月的销售收入，同时冲减退回当月的销售成本。

【例 9-4】 2×21 年 4 月 28 日，顺达房地产开发企业对外出售商品房一套因有严重的质量问题被退回。该商品房售价为 1 650 000 元，其成本为 730 000 元。已办妥了退房手续。假定此前该企业已确认了该套商品房的销售收入，货款尚未收到。其会计处理如下：

（1）销售实现时：

借：应收账款　1 798 500
　贷：主营业务收入——商品房销售收入　1 650 000
　　应交税费——应交增值税（销项税额）　148 500

（2）结转商品房销售成本时：

借：主营业务成本——商品房销售成本　730 000
　贷：开发产品——房屋　730 000

（3）发生销售退回时：

借：主营业务收入——商品房销售收入　1 650 000
　应交税费——应交增值税（销项税额）　148 500
　贷：应收账款　1 798 500
借：开发产品——房屋　730 000
　贷：主营业务成本——商品房销售成本　730 000

第三节　其他业务收入的核算

房地产开发企业的其他业务收入是指企业除主营业务收入以外的其他收入。如商品房屋售后服务收入、材料销售收入、固定资产出租收入、无形资产转让收入等。

一、设置的会计科目

为了核算和监督其他业务收入的实现情况，以及与其他业务收入相配比的成本、税金的结算和结转情况，房地产开发企业应设置下列会计科目。

1. “其他业务收入”科目。此科目属于损益类科目，用来核算房地产开发企业除主营业务活动以外的其他经营活动实现的收入，包括商品房屋售后服务收入、材料销售收入、固定资产出租收入、无形资产转让收入。贷方登记企业本期确认的其他业务收入；借方登记期末转入“本年利润”科目的其他业务收入；期末结转后本科目应无余额。本科目可按其他业务收入的种类进行明细核算。

2. “其他业务成本”科目。此科目属于损益类科目，用来核算房地产开发企业除主营业务活动以外的其他经营活动所发生的成本，包括商品房屋售后服务成本、材料销售成本、固定资产出租成本、无形资产转让成本。借方登记房地产开发企业发生的其他业务成本；贷方登记期末转入“本年利润”科目的主营业务成本；期末结转后本科目应无余额。本科目可按其他业务成本的种类进行明细核算。

二、其他业务收入的核算

【例 9-5】2×21 年 4 月 1 日，顺达房地产开发企业对其开发的房屋进行出租，取得租金收入 24 000 元。该房屋本月应摊销的出租房屋的成本为 8 000 元。其会计处理如下：

（1）维修过程中发生各项成本费用时：

借：其他业务成本——商品房出租成本	8 000	
贷：出租开发产品——出租产品摊销		8 000

（2）取得租金收入时：

借：银行存款	26 160	
贷：其他业务收入——商品房出租收入		24 000
应交税费——应交增值税（销项税额）		2 160

第四节　费用

一、费用的概念及特征

费用是指企业在日常活动中发生的、会导致所有者权益减少的、与向所有者分配利润无关的经济利益的总流出。费用具有以下特点：

（一）费用是企业在日常活动中发生的经济利益的总流出

费用形成于企业日常活动的特征使其与产生于非日常活动的损失相区分。企业从事或发生的某些活动或事项也能导致经济利益流出企业，但不属于企业的日常活动。例如，企业处置固定资产、无形资产等非流动资产，因违约支付罚款，对外捐赠，因自然灾害等非常原因造成财产毁损等，这些活动或事项形成的经济利益的总流出属于企业的损失而不是费用。

（二）费用会导致企业所有者权益的减少

费用既可能表现为资产的减少，如减少银行存款、库存商品等；也可能表现为负债的增加，如增加应付职工薪酬、应交税费（应交营业税、消费税等）等。根据“资产－负债＝所有者权益”的会计等式。费用一定会导致企业所有者权益的减少。企业经营管理中的某些支出并不减少企业的所有者权益，也就不构成费用。例如，企业以银行存款偿还一项负债，只是一项资产和一项负债的等额减少，对所有者权益没有影响，因此，不构成企业的费用。

（三）费用与向所有者分配利润无关

向所有者分配利润或股利属于企业利润分配的内容，不构成企业的费用。

二、成本与费用的关系

费用和成本是两个并行使用的概念，两者之间既有联系也有区别。

成本虽说也是一种耗费，但是和费用不是一个概念。成本是针对一定的成本核算对象而言的；费用则是针对一定的期间而言的。费用与成本都是企业为达到生产经营目的而发生的支出，体现为企业资产的减少或负债的增加，并需要由企业生产经营实现的收入来补偿。企业在一定会计期间内所发生的生产费用是构成产品成本的基础，成本是按一定对象所归集的费用，是对象化了的费用。产品成本是企业为生产一定种类和数量的产品所发生的生产费用的汇集，两者在经济内容上是一致的，并且在一定情况下费用和成本可以相互转化。

成本和费用之间也是有区别的。企业一定期间内的费用构成完工产品生产成本的主要部分，但本期完工产品的生产成本包括以前期间发生而应由本期产品成本负担的费用，如待摊费用；也可能包括本期尚未发生、但应由本期产品成本负担的费用，如预提费用；本期完工产品的成本可能还包括部分期初结转的未完工产品的成本，即以前期间所发生的费用。企业本期发生的全部费用也不都形成本期完工产品的成本，它还包括一些应结转到下期的未完工产品上的支出，以及一些不由具体产品负担的期间费用。

三、期间费用的核算

期间费用是指企业本期发生的、不能直接或间接归入营业成本，而是直接计入当期损益的各项费用。包括销售费用、管理费用和财务费用等。

1. 销售费用。企业在销售过程中所发生的费用。对房地产企业而言，销售费用是指企业在销售产品、自制半成品和工业性劳务等过程中发生的各项费用以及销售本企业产品而专设销售机构的各项费用。具体包括应由企业负担的运输费、装卸费、包装费、保险费、展览费、销售佣金、委托代销手续费、广告费、租赁费和销售服务费用，专设销售机构人员工资、福利费、差旅费、办公费、折旧费、修理费、材料消耗、低值易耗品摊销及其他费用。

为了核算和监督销售费用的发生及结转情况，房地产开发企业应设置“销售费用”科目。该科目属于损益类科目。借方登记实际发生的各项销售费用；贷方登记期末转入“本年利润”科目的销售费用；期末结转后该科目应无余额。该科目可按费用项目进行明细核算。

【例 9-6】顺达房地产开发企业 2×21 年 4 月发生下列有关销售费用的经济业务。

（1）以银行存款支付广告公司广告费 40 000 元。其会计处理如下：

借：销售费用	40 000	
贷：银行存款		40 000

（2）应客户要求，对已售的商品房进行改装，发生改装费 20 000 元，款项尚未支付。其会计处理如下：

借：销售费用	20 000	
贷：应付账款		20 000

（3）计提本月专设销售机构的固定资产折旧费 3 000 元。其会计处理如下：

借：销售费用	3 000	

贷：累计折旧　3 000

(4) 分摊本月应付专设销售机构职工的工资 25 000 元。其会计处理如下：

借：销售费用　25 000

贷：应付职工薪酬　25 000

(5) 月末，结转本月发生的销售费用。其会计处理如下：

借：本年利润　88 000

贷：销售费用　88 000

2. 管理费用。管理费用是指企业行政管理部门为组织和管理生产经营活动而发生的各种费用。在股份有限公司，管理费用包括公司的董事会和行政管理部门在公司的经营管理中发生的，或者应由公司统一负担的公司经费（包括行政管理部门职工工资、修理费、物料消耗、低值易耗品摊销、办公费和差旅费等）、工会经费、待业保险费、劳动保险费、董事会费（包括董事会成员津贴、会议费和差旅费等）、聘请中介机构费、咨询费（含顾问费）、诉讼费、业务招待费、房产税、车船使用税、土地使用税、印花税、技术转让费、矿产资源补偿费、无形资产摊销、职工教育经费、研究与开发费、排污费、存货盘亏或盘盈（不包括应计入营业外支出的存货损失）、计提的坏账准备和存货跌价准备等。

为了核算和监督管理费用的发生及结转情况，房地产开发企业应设置"管理费用"科目。该科目属于损益类科目。借方登记实际发生的各项管理费用；贷方登记期末转入"本年利润"科目的管理费用；期末结转后该科目应无余额。该科目可按费用项目进行明细核算。

【例 9－7】 顺达房地产开发企业 2×21 年 4 月发生下列有关管理费用的经济业务。

(1) 摊销本月行政管理部门职工工资 230 000 元。其会计处理如下：

借：管理费用　230 000

贷：应付职工薪酬　230 000

(2) 计提管理部门本月固定资产的折旧费 56 000 元。其会计处理如下：

借：管理费用　56 000

贷：累计折旧　56 000

(3) 购买办公用品 4 300 元，以现金支付。其会计处理如下：

借：管理费用　4 300

贷：库存现金　4 300

(4) 以银行存款支付某工程技术咨询服务公司咨询费 32 000 元。其会计处理如下：

借：管理费用　32 000

贷：银行存款　32 000

(5) 月末，结转本月发生的管理费用。其会计处理如下：

借：本年利润　322 300

贷：管理费用　322 300

3. 财务费用。企业为进行资金筹集等理财活动而发生的各项费用。财务费用主要包括利息净支出而发生的各项费用。财务费用主要包括利息净支出、汇兑净损失、金融机构手续费和其他因资金而发生的费用。利息净支出包括短期借款利息、长期借款利息、应付票据利息、票据贴现利息、应付债券利息、长期应付融资租赁款利息、长期应付引进国外设备款利息等，企业银行存款获得的利息收入应冲减上述利息支出；汇兑损失指企业在兑换外币时因市场汇价与实际兑换汇率和不同形成的损失或收益，以脱离因汇率变动期末调整外币账户余额而形成的损失或收益，当发生收益时应冲减损失；金融机构手续费包括开出汇票的银行手续费等。

为了核算和监督财务费用的发生及结转情况，房地产开发企业应设置“财务费用”科目。该科目属于损益类科目。借方登记实际发生的各项财务费用；贷方登记期末转入“本年利润”科目的财务费用；期末结转后该科目应无余额。该科目可按费用项目进行明细核算。

【例 9－8】顺达房地产开发企业 2×21 年 4 月发生下列有关财务费用的经济业务。

（1）计提本月应付银行的短期利息 50 000 元。其会计处理如下：

借：财务费用	50 000	
贷：应付利息		50 000

（2）收到银行通知，已从企业存款账户扣收本月银行结算业务的手续费 1 000 元。其会计处理如下：

借：财务费用	1 000	
贷：银行存款		1 000

（3）收到银行通知，已将本月存款利息收入 4 000 元转入企业的存款账户。其会计处理如下：

借：银行存款	4 000	
贷：财务费用		4 000

（4）月末，结转本月发生的财务费用。其会计处理如下

借：本年利润	47 000	
贷：财务费用		47 000

第五节　房地产企业利润形成的核算

一、利润的含义及构成构成

利润是企业在一定会计期间的经营成果。利润包括收入减去费用后的净额、直接计入当期损益的利得和损失。

企业利润的构成与计算分为三个层次：营业利润、利润总额和净利润。

（一）营业利润

营业利润是企业进行生产经营活动所获得的利润，这种生产经营活动是企业的日常业务，具有经常性、稳定性的特点，是企业利润的主要来源。其计算公式如下：

营业利润＝营业收入－营业成本－税金及附加－管理费用－财务费用－资产减值损失＋公允价值变动收益＋投资收益

1. 营业收入。营业收入是指企业经营业务所确认的收入总额，包括主营业务收入和其他业务收入。

2. 营业成本。营业成本是指企业经营业务所发生的实际成本总额，包括主营业务成本和其他业务成本。

3. 税金及附加。税金及附加是指企业经营业务所发生的土地增值税、城市维护建设税、教育费附加等相关税费。

4. 期间费用。期间费用是指企业本期发生的、不能直接或间接归入营业成本，而是直接计入当期损益的各项费用。包括管理费用、销售费用和财务费用等。

5. 投资收益。投资收益（或损失）是指企业以各种方式对外投资所取得的收益（或发生的损失）。

6. 公允价值变动收益。公允价值变动收益（或损失）是指企业交易性金融资产等公允价值变动形成的应计入当期损益的利得（或损失）。

7. 资产减值损失。资产减值损失是指企业计提各项资产减值准备所形成的损失。

（二）利润总额

利润是指企业在一定会计期间的经营成果。利润总额包括收入减去费用后的净额、直接计入当期损益的利得和损失等。其计算公式如下：

利润总额 = 营业利润 + 营业外收入 - 营业外支出

1. 营业外收入。营业外收入是指与企业生产经营活动没有直接关系的各种收入，主要包括：非流动资产处置利得、非货币性资产交换利得、债务重组利得、政府补助、盘盈利得、捐赠利得等。

2. 营业外支出。营业外支出是指与企业生产经营活动没有直接关系的各种支出，主要包括：非流动资产处置损失、非货币性资产交换损失、债务重组损失、公益性捐赠支出、非常损失、盘亏损失等。

（三）净利润

企业的净利润为企业利润总额扣除所得税后的净额，税法规定，企业在获取利润后，应按一定比例缴纳所得税。所得税作为企业的一种费用，可以从利润总额中扣减，从而得到净利润。其计算公式为：

净利润 = 利润总额 - 所得税费用

所得税费用是指企业确认的应从当期利润总额中扣除的所得税费用。

【例 9 - 9】 顺达房地产开发企业 2 ×21 年 5 月的营业收入总金额为 5 600 万元，相应成本为 3 400 万元，发生税金及附加 315 万元。另外，该公司当月取得投资收益 210 万元，5 月销售费用为 63 万元，管理费用为 89 万元，财务费用为 43 万元。其营业利润计算如下：

营业利润 = 营业收入 - 营业成本 - 营业税金及附加 - 销售费用 - 管理费用 - 财务费用 - 资产减值损失 + 公允价值变动收益 + 投资收益

营业利润 = 5 600 - 3 400 - 315 - 63 - 89 - 43 + 210 = 1 900（万元）

二、利润总额的核算

房地产企业实现的利润（或亏损）总额一律通过“本年利润”科目核算。期末，企业应将各损益类科目的余额转入“本年利润”科目。结转后，“本年利润”科目余额如在借方，则表示本期亏损额，余额如在贷方，即为本期净利润。

【例 9 - 10】 顺达房地产开发企业 2 × 21 年 5 月的收入科目和费用科目的余额，如表 9 - 1 所示。

表 9 - 1　部分科目余额表　　单位：万元

收入科目	金额	费用科目	金额
主营业务收入	5 480	主营业务成本	3 320
其他业务收入	120	其他业务成本	80
投资收益	210	管理费用	89
营业外收入	32	销售费用	63
		财务费用	43
		税金及附加	186
		营业外支出	45

会计分录如下：

（1）结转各种收入。

借：主营业务收入　54 800 000
　　其他业务收入　1 200 000
　　投资收益　2 100 000
　　营业外收入　320 000
　　贷：本年利润　58 420 000

（2）结转各种费用。

借：本年利润　38 260 000
　　贷：主营业务成本　33 200 000
　　　　其他业务成本　800 000
　　　　销售费用　630 000
　　　　管理费用　890 000
　　　　财务费用　430 000
　　　　税金及附加　1 860 000
　　　　营业外支出　450 000

经过收入与支出的对比后，“本年利润”科目的期末贷方余额 2 016 万元，为本年实现的净利润。

本章小结

房地产企业的利润是由收入和费用的差额形成的，在计算利润时首先要对收入和费用进行确认和计量。

收入包括主营业务收入和其他业务收入。收入的核算通过"主营业务收入""其他业务收入"以及与之相配比的"主营业务成本""其他业务成本"等科目来进行核算。

费用主要包括管理费用、销售费用、财务费用等期间费用。它们通过"管理费用""销售费用""财务费用"等科目来进行核算。

企业利润的构成与计算分为三个层次：营业利润、利润总额和净利润。会计期末，要将收入和费用类的科目进行结转至"本年利润"科目，这样就可以计算出相关的利润。

一、本章关键词

主营业务收入（prime operating revenue）
主营业务成本（prime operating cost）
其他业务收入（other operating revenue）
其他业务成本（other operating cost）
税金及附加（taxes and surcharges）
期间费用（period expense）
营业外收入（non - operating revenue）
营业外支出（non - operating expenses）
营业利润（operating profit）
利润总额（profit before Tax）
净利润（net profit）

二、思考题

1. 房地产企业的收入确认的条件有哪些？
2. 房地产企业主营业务收入在不同的销售形式下如何核算？
3. 什么是费用？费用有哪些特征？费用和成本的关系是什么？
4. 房地产企业利润的构成有哪些要素？

三、基础训练测试

（一）单项选择题

1. 下列各项中，符合收入会计要素定义，可以确认为收入的是（　　）。
A. 出售无形资产的净收益　　B. 出售固定资产的净收益
C. 投资性房地产取得的租金收入　　D. 出售长期股权投资的净收益
2. "本年利润"科目的贷方余额表示（　　）。
A. 利润分配金额　　B. 亏损总额

C. 利润总额　　D. 净利润

3. 下列交易或事项中，不影响房地产企业利润表中营业利润金额的是（　　）。

A. 计提存货跌价准备　　B. 出售原材料并结转成本

C. 按产品销售数量支付专利技术转让费　　D. 清理管理用固定资产发生的净损失

4. 房地产企业发生的现金折扣应计入（　　）科目。

A. 管理费用　　B. 销售费用

C. 财务费用　　D. 营业外支出

5. 下列各项业务中，不应通过“营业外收入”科目核算的有（　　）。

A. 存货盘盈　　B. 转销无法偿付的应付账款

C. 接受现金捐赠　　D. 固定资产报废净收益

（二）多项选择题

1. 下列各项中，属于收入确认条件的有（　　）。

A. 企业已将商品所有权上的主要风险和报酬转移给购货方

B. 企业既没有保留通常与所有权相联系的继续管理权，也没有对已售出的商品实施有效控制

C. 收入的金额能够可靠地计量

D. 相关的经济利益很可能流入企业，且相关的已发生或将发生的成本能够可靠地计量

2. 下列有关收入确认的表述中正确的有（　　）。

A. 广告的制作费应在相关广告或商业行为开始出现于公众面前时，确认为劳务收入

B. 与商品销售收入分开的安装费，应在资产负债表日根据安装的完工程度确认为收入

C. 对附有销售退回条件的商品销售，如不能合理地确定退货的可能性，则应在售出商品退货期满时确认收入

D. 在劳务结果能够可靠估计的情况下，应在资产负债表日按完工百分比法确认收入

3. 房地产企业的收入包括（　　）。

A. 主营业务收入　　B. 其他业务收入

C. 营业外收入　　D. 投资收益

4. 下列各项属于期间费用的是（　　）。

A. 销售费用　　B. 财务费用

C. 管理费用　　D. 所得税费用

5. 在计算房地产企业的利润总额时，下列涉及的项目有（　　）。

A. 销售费用　　B. 税金及附加

C. 营业外支出　　D. 所得税费用

6. 下列各项中，会影响房地产企业营业利润的项目是（　　）。

A. 管理费用　　B. 其他业务成本

C. 出售原材料收入　　D. 资产减值损失

7. 下列各账户的余额，期末应结转到“本年利润”科目的有（　　）。

A. 主营业务收入　　B. 营业外支出

C. 税金及附加　　D. 资产减值损失

8. 房地产企业发生的下列费用中，应计入管理费用的有（　　）。

A. 应缴纳的土地增值税

B. 业务招待费

C. 行政部门用固定资产计提的折旧

D. 产品展览费

（三）业务题

某房地产公司 2×21 年 5 月发生以下业务：

1. 1 日，该房地产公司采用现房销售方式，将一栋开发完成的写字楼出售给红星公司，其价款 6 000 万元，该写字楼的开发成本为 320 万元，价款一次性付清。

2. 3 日，该房地产公司销售商品房一套，售房合同中规定的现金折扣条件为：2/10，1/20，N/30，其售价为 1 200 万元。该套商品房的实际成本为 650 万元。款项未收。

3. 4 日，上月已确认销售收入的一套售商品房因有严重的质量问题被退回。该商品房售价为 420 万元，其成本为 180 万元。已办妥了退房手续。

4. 8 日，该房地产公司收到对外出租的门面房的本月租金 18 万元。存入银行。

5. 12 日，该房地产公司对其出售的房屋进行维修服务，取得维修服务收入 6 500 元。在房屋维修过程中发生的人工费 2 500 元、材料费 800 元，以及以银行存款支付的其他费用 450 元。

6. 13 日，以银行存款支付本月的广告费 100 000 元。

7. 20 日，收到银行通知，扣除本月的支付结算手续费 2 000 元。

8. 25 日，开出转账支票一张 6 000 元，为行政管理部门购买办公用品。

9. 31 日，摊销管理部门本月应负担的职工工资 38 000 元。

10. 31 日，计提本月固定资产的折旧 65 000 元。

11. 结转本月的收入和费用。

要求：根据上面的各项业务，编制相关的会计分录。

第十章　财务报告

学习目标

知识目标： 要求学生熟悉会计报告的概念、作用和种类，报表附注的作用和内容，掌握房地产会计报表的特点，重点掌握资产负债表、利润表、现金流量表、所有者权益变动表的概念、作用和编制方法。

能力目标： 能利用“资产 = 负债 + 所有者权益”编制资产负债表；能够利用“利润 = 收入 - 费用”编制利润表；能够对现金流量表和所有者权益变进行理解；通过掌握本章知识点的学习对企业对外报出的四张报表进行理解和应用。

教学建议

综合运用启发式、提问式、互动式教学方法及案例讨论等方式，结合 PPT 多媒体课件等教学手段，使学生对房地产企业的财务报告的相关内容进行理解和掌握，提升学生的专业应用技巧与能力，扩展学生的知识面与思维方式。

本章导读

深圳市 YH 房地产开发有限公司，近期计划在深圳宝安区开发其第一个商住项目——YH 碧海项目。项目总建筑面积 92 510 平方米，总投资约 63 845 万元，预计可实现销售收入达人民币 9 亿元。公司为该项目向银行申请人民币 40 000 万元的开发贷款。

银行在受理过程中要求该公司提供的主要资料如下：营业执照、组织机构代码证、税务登记证、验资报告、缴税证明、财务报表等。在银行信贷部门的审核中，财务报表是决定银行向该公司贷款的关键因素。这是为什么呢？

第一节　房地产企业财务报告概述

财务报告是指企业对外提供的对企业财务状况、经营成果和现金流量的结构性表述。企业的财务报告由会计报表和附注组成。

会计报表是财务报告的主干部分，它用表格的形式简明扼要地反映企业在一定时点上的财务状况和一定期间的经营成果和现金流量。包括资产负债表、利润表、现金流量表、所有者权益（或股东权益）变动表。

会计报表附注是为了帮助报表使用者理解会计报表的内容而对会计报表的编制基础、编制依据、编制原则和方法以及主要项目等所作的解释。

这些内容是相互联系的一个整体文件，而财务报表的中心内容就是会计报表。这些会计报表分别从不同的角度说明企业的财务状况、经营成果和现金流量情况。各种会计报表的内容既相互区别，又相互补充，指标相互衔接，构成了一个完整的指标体系，从而充分地揭示了会计信息的本质。

一、财务报表的作用和种类

（一）财务报表的作用

财务报表的作用有以下几点：

1. 向投资者、潜在投资者和债权人提供经济信息，使之能做出正确的投资决策。

2. 向政府机关（财政、税务、市场监管等部门）提供企业完成社会义务和责任的情况。主要是企业是否执行财经法规，是否及时足额缴纳税金，企业发展方向是否符合产业政策等，以便政府加强对经济发展的宏观控制和管理。

3. 通过编制和报送财务报表，向债权人提供企业偿债履约情况和偿债能力情况。特别是银行等金融机构，可以根据企业提供的财务报表，检查企业各种借款的使用情况及物资保证，通过对企业偿债能力和履约情况的分析，决定是否对企业发放贷款。

4. 通过编制和公布有关财务报表，能够向企业管理当局和其他管理部门提供企业的经营水平和获利情况，以便企业管理当局进行决策，决定利润的分配等。

5. 通过编制财务报表和一定数量、质量的内部会计报告，为企业经营管理提供决策信息，指导企业的生产经营活动。

（二）会计报表的种类

作为财务报表核心内容的会计报表按不同的标准划分为不同的类型。

1. 按反映的经济内容的不同，分为资产负债表、利润表、现金流量表、所有者权益（股东权益）变动表。

2. 按照会计报表的编报时间税务不同，可以分为月报、季报、半年报（又称中期报告）和年报。其中，月报要求简明扼要、及时；年报要求揭示完整、反映全面；季报在会计信息的详细程度方面，介于月报和年报之间。股份有限公司应编制半年报，半年报比年报提供的资料略为简单。

3. 按照会计报表反映财务活动方式的不同，可以分为静态会计报表和动态会计报表。静态报表是指反映企业一定时点资产、负债和所有者权益情况的会计报表，一般根据各个账户的“期末余额”填列；动态报表是指反映企业一定时期内资金耗费和资金回收情况的报表，一般根据有关账户的“发生额”填列。

4. 按照会计报表编制的范围不同，可以分为个别会计报表和合并会计报表。个别会计报表是指独立核算的企业用来反映其本身经营活动和财务状况的会计报表；合并会计报表则是指由母公司编制的，包括所有控股子公司会计报表的有关数字，反映整个企业集团经营成果和财务状况的会计报表。

二、财务报表的编制要求

1. 数字真实。编制财务报表必须如实反映财务状况的经营情况，不能用估计数代替实际数，更不能弄虚作假、篡改数字、隐瞒谎报，必须做到按期结账，认真对账和进行财产清查，以保证财务报表的真实性。

2. 内容完整。财务报表必须全面反映会计主体的财务状况、经营成果和现金流量情况。应按规定的财务报表的构成内容编报会计报表和附注，对统一财务报表中规定的各项指标都应填写完整。

3. 说明清楚。对财务报表需要加以说明的问题，应附有简要的文字说明；对财务报表中主要指标的构成和计算方法，本报告期发生的特殊情况，如经营范围的变化、经营结构变更以及本报告期经济效益影响较大的各种因素，都必须加以说明。

4. 报送及时。根据及时性原则，为了便于报表使用者及时利用会计报表资料，会计报表必须按照规定的期限和程序及时编制与报送。

5. 手续齐备。对于报出的会计报表，应依次编定页数，加具封面，装订成册，加盖公章。封面上应注明：企业名称、地址、开业年份、报表所属年度、月份、送出日期等，并由企业领导、总会计师和会计主管人员签章。

三、房地产企业财务报表的特点

房地产企业财务报表与其他行业企业财务报表所反映的内容有很大的差别，这种差别产生的根源在于行业的经营特点，房地产行业最大的特点主要体现为两点：一是从产品来看，房地产企业的产品是不动产，从建设到竣工需要很长的周期。二是从销售来看，房地产企业存在预售制度，在建设阶段可以对产品进行销售并收取销售款。

从以上房地产行业的特点来看，房地产企业财务报表具有以下特点：

（1）大量预收账款导致短期负债剧增，影响了对企业偿债能力的判断。房地产企业预售取得的房款通过“预收账款”科目核算，由于房地产企业从项目建设到竣工需要很长的周期，导致预收账款长期挂账，形成了企业名义上的负债，进而造成项目竣工前资产负债率较高，影响了对企业偿债能力的判断。

（2）开发成本准确计量和分摊难度较大，影响了对企业真实资产总量的判断。房地产项目开发周期长、时间跨度大，开发成本准确计量和分摊难度较大，直接影响到企业会计利润的核算。

（3）管理费用和销售费用全部计入当期损益，影响了对企业经营成果的判断。按《企业会计准则》的要求，房地产企业在开发经营过程中发生的管理费用和销售费用作为期间费用，直接计入当期损益，在项目尚未竣工验收决算、大量预收账款未转销售收入前将出现巨额亏损，很难通过财务报表反映企业真实的盈利水平。

第二节　房地产企业的资产负债表

一、资产负债表的概念

资产负债表是指反映企业在某一特定日期的财务状况的会计报表。它是根据“资产＝负债＋所有者权益”这一会计恒等式，按照一定的分类标准和一定的顺序，把企业在特定日期的资产、负债、所有者权益等项目予以适当编排，并对日常工作中形成的大量数据进行高度浓缩整理后编制而成的。资产负债表集中反映了企业在该特定日期所拥有或控制的经济资源、所承担的经济义务和所有者对净资产的要求权。资产负债表是企业的主要财务报表之一，每个独立核算的企业都必须按期编制资产负债表。

二、资产负债表的作用

资产负债表的作用，主要体现在以下几方面：

1. 反映企业拥有或控制的经济资源及其分布情况。资产负债表把企业所拥有或控制的资产按经济性质、用途分成流动资产、长期投资、固定资产、无形资产及其他资产等类别。在各类别下，又分成若干明细项目。这样，报表的使用者就可以一目了然地从报表上了解到企业在某一特定日期所拥有或控制的资产总量及其结构。

2. 反映企业的权益结构。所谓权益结构，是指在企业的权益总额中负债和所有者权益（业主权益）的相对比例。企业资金的提供者，无外乎债权人和所有者，相应的，企业的权益也由他们享有。资产负债表把企业的权益分成负债和所有者权益两大类。同时，又把各种不同性质的负债分为流动负债和非流动负债；把所有者权益分为股本（或实收资本）、资本公积、盈余公积和未分配利润。这样，报表的使用者就可以清楚地从资产负债表上了解到企业在某一特定日期的资金来源及其构成。

3. 反映企业的流动性和财务实力。所谓流动性，又称变现能力，是指资产转换成现金或负债到期清偿所需的时间。资产转换成现金或负债到期清偿所需的时间越短，表明企业的流动性越强。由于资产负债表上的资产项目是按其流动性排列的，通过研究资产项目的构成及其比例，企业资产的流动性就可以得到充分的反映。

所谓财务实力，是指企业运用其财务资源以适应环境变化的能力。企业的财务实力，取决于企业的资产结构和其权益结构（或称资本结构）。保持合理的资产和资本结构，既可使企业以较低的成本获得资金，也可增强企业的财务弹性。资产负债表所显示的资产、负债及所有者权益，有助于评估企业的财务实力。

4. 提供进行财务分析的基本资料。通过对资产负债表上有关的项目进行分析，我们可以解释、评价和预测企业的短期偿债能力、长期偿债能力、财务弹性和企业的绩效，帮助管理部门作出合理的经营决策。如通过资产负债表我们可以计算出流动比率、速动比率等，了解企业的短期偿债能力，并进而做出正确的投资和融资决策。

三、资产负债表的格式及编制方法

（一）资产负债表的格式

资产负债表一般有表首、正表两部分。其中，表首概括地说明报表名称、编制单位、编制日期、报表编号、货币名称、计量单位等。正表是资产负债表的主体，列示了用以说明企业财务状况的各个项目。资产负债表正表的格式一般有两种：报告式资产负债表和账户式资产负债表。报告式资产负债表是上下结构，上半部列示资产，下半部列示负债和所有者权益。具体排列形式又有两种：一是按“资产 = 负债 + 所有者权益”的原理排列；二是按“资产 - 负债 = 所有者权益”的原理排列。账户式资产负债表是左右结构，左边列示资产，右边列示负债和所有者权益。不管采取什么格式，资产各项目的合计等于负债和所有者权益各项目的合计这一等式不变。

在我国，资产负债表采用账户式。每个项目又分为“期末余额”和“年初余额”两栏分别填列。采用企业会计准则的非金融企业的资产负债表格式，如表 10 - 2 所示。

（二）资产负债表的编制方法

根据我国企业会计准则的规定，企业提供的资产负债表是一种比较资产负债表，需要分别列示“年初数”和“期末数”。通过对比，使报表的使用者能够了解企业财务状况的变动情况及发展趋势。以下分别说明各栏目的填列方法。

1. 资产负债表“年初余额”栏的填列方法。资产负债表的“年初余额”栏通常根据上年末有关项目的期末余额填列，且与上年末资产负债表“期末余额”栏一致。

企业在首次执行新准则时，应当按照《企业会计准则第 38 号——首次执行企业会计准则》对首次执行新准则当年的“年初余额”栏及相关项目进行调整；以后期间，如果企业发生了会计政策变更、前期差错更正，应当对“年初余额”栏中的有关项目进行相应调整。此外，如果企业上年度资产负债表规定的项目名称和内容与本年度不一致，应当对上年年末资产负债表相关项目的名称和数字按照本年度的规定进行调整，填入“年初余额”栏。

2. 资产负债表“期末余额”栏的填列方法。资产负债表“期末余额”栏内各项数字，一般应根据资产、负债和所有者权益类科目的期末余额填列：

（1）根据总账科目的余额填列。“交易性金融资产”“工程物资”“固定资产清理”“递延所得税资产”“短期借款”“交易性金融负债”“应付票据”“应付职工薪酬”“应交税费”“应付利息”“应付股利”“其他应付款”“专项应付款”“预计负债”“递延所得税负债”“实收资本（或股本）”“资本公积”“库存股”“盈余公积”等项目应根据有关总账科目的余额填列。

有些项目则应根据几个总账科目的余额计算填列。如“货币资金”项目，应根据“库存现金”“银行存款”“其他货币资金”三个总账科目余额的合计数填列。“其他流动负债”项目，应根据有关科目的期末余额分析填列。

（2）根据明细账科目余额计算填列。“开发支出”项目，应根据“研发支出”科目中所属的“资本化支出”明细科目期末余额填列；“应付账款”项目，应根据“应付账款”和“预付账款”两个科目所属的相关明细科目的期末贷方余额合计数填列；“预收款项”项目，应根据“预收账款”和“应收账款”科目所属各明细科目的期末贷方余额合计数填列；

“一年内到期的非流动资产”“一年内到期的非流动负债”项目，应根据有关非流动资产或负债项目的明细科目余额分析填列；“未分配利润”项目，应根据“利润分配”科目中所属的“未分配利润”明细科目期末余额填列。

（3）根据总账科目和明细账科目余额分析计算填列。“长期借款”项目，应根据“长期借款”总账科目余额扣除“长期借款”科目所属的明细科目中将在资产负债表日起一年内到期且企业不能自主地将清偿义务展期的长期借款后的金额计算填列；“长期待摊费用”项目，应根据“长期待摊费用”科目的期末余额减去将于一年内（含一年）摊销的数额后的金额填列；“其他非流动资产”项目，应根据有关科目的期末余额减去将于一年内（含一年）到期偿还数后的金额填列。

（4）根据有关科目余额减去其备抵科目余额后的净额填列。“可供出售金融资产”“持有至到期投资”“长期股权投资”“在建工程”“商誉”项目，应根据相关科目的期末余额填列，已计提减值准备的，还应扣减相应的减值准备；“固定资产”“无形资产”“投资性房地产”“生产性生物资产”“油气资产”项目，应根据相关科目的期末余额扣减相应的累计折旧（摊销、折耗）填列，已计提减值准备的，还应扣减相应的减值准备，采用公允价值计量的上述资产，应根据相关科目的期末余额填列；“长期应收款”项目，应根据“长期应收款”科目的期末余额，减去相应的“未实现融资收益”科目和“坏账准备”科目所属相关明细科目期末余额后的金额填列；“长期应付款”项目，应根据“长期应付款”科目的期末余额，减去相应的“未确认融资费用”科目期末余额后的金额填列。

（5）综合运用上述填列方法分析填列。主要包括：“应收票据”“应收利息”“应收股利”“其他应收款”项目，应根据相关科目的期末余额，减去“坏账准备”科目中有关坏账准备期末余额后的金额填列；“应收账款”项目，应根据“应收账款”和“预收账款”科目所属各明细科目的期末借方余额合计数，减去“坏账准备”科目中有关应收账款计提的坏账准备期末余额后的金额填列；“预付款项”项目，应根据“预付账款”和“应付账款”科目所属各明细科目的期末借方余额合计数，减去“坏账准备”科目中有关预付款项计提的坏账准备期末余额后的金额填列；“存货”项目，应根据“材料采购”“原材料”“发出商品”“库存商品”“周转材料”“委托加工物资”“生产成本”“受托代销商品”等科目期末余额合计，减去“受托代销商品款”“存货跌价准备”科目期末余额后的金额填列，材料采用计划成本核算，库存商品采用计划成本核算或售价核算的企业，还应按加或减材料成本差异、商品进销差价后的金额填列。

【例 10－1】 顺达房地产开发企业 2×21 年 6 月 30 日的科目余额表，如表 10－1 所示。

表 10－1　　**科目余额表**

2×21 年 6 月 30 日　　单位：万元

科目名称	借方余额	科目名称	贷方余额
库存现金	110	短期借款	630
银行存款	1 000	应付票据	95
其他货币资金	20	应付账款	660
应收票据	560	预收账款	1 600
应收账款	780	应付职工薪酬	450

续表

科目名称	借方余额	科目名称	贷方余额
坏账准备	60	应交税费	340
预付款项	100	长期借款	1 300
原材料	760	实收资本	7 840
开发产品	1 300	资本公积	620
交易性金融资产	45	盈余公积	780
固定资产	6 500	未分配利润	320
累计折旧	350		
固定资产减值准备	45		
在建工程	3 200		
工程物资	650		
无形资产	65		
合计	14 635		14 635

根据表 10 - 1 的资料，编制该企业 2 ×21 年 6 月 30 日的资产负债表，如表 10 - 2 所示（其中年初余额为已知数）。

表 10 - 2　　**资产负债表**

编制单位：顺达房地产开发企业　　2 ×21 年 6 月 30 日　　单位：万元

资产	期末余额	年初余额	负债和所有者权益（或股东权益）	期末余额	年初余额
流动资产：		略	流动负债：		略
货币资金	1 130		短期借款	630	
交易性金融资产	45		交易性金融负债		
应收票据	560		应收票据	95	
应收账款	720		应收账款	660	
预付款项	100		预收款项	1 600	
应收利息			应付职工薪酬	450	
应收股利			应交税费	340	
其他应收款			应付利息		
存货	2 060		应付股利		
一年内到期的非流动资产			其他应付款		
其他流动资产			一年内到期的非流的负债		
流动资产合计	4 615		其他流动负债	3 775	
非流动资产			流动负债合计		
可供出售金融资产			非流动负债		
持有至到期投资			长期借款	1 300	
长期应收款			应付债券		
长期股权投资			长期应付款		

续表

资产	期末余额	年初余额	负债和所有者权益（或股东权益）	期末余额	年初余额
投资性房地产			专项应付款		
固定资产	6 105		预计负债		
在建工程	3 200		递延所得税负债		
工程物资	650		其他非流动负债		
固定资产清理			非流动负债合计	1 300	
生产性生物资产			负债合计	5 530	
油气资产			所有者权益（或股东权益）		
无形资产	65		实收资本（或股本）	7 840	
开发支出			资本公积	620	
商誉			减：库存股		
长期待摊费用			盈余公积	780	
递延所得税资产			未分配利润	20	
其他非流动资产			所有者权益（或股东权益）合计	9 560	
非流动资产合计	10 020				
资产总计	14 635		负债和所有者权益（或股东权益）总计	14 635	

第三节　房地产企业利润表

一、利润表的概念

利润表是反映企业在一定会计期间经营成果的报表。例如，年度利润反映的是某年度1月1日至12月31日的经营成果。由于表内数据是说明某一期间的情况，因此，利润表属于动态报表。

利润包括收入减去费用的净额、直接计入当期利润的利得和损失等。因此，利润主要是根据“收入-费用=利润”这一等式，依照一定的分类标准和顺序，将企业一定会计期间的各种收入、费用支出和直接计入当期利润的利得和损失进行适当分类、排列而成的，它也是企业的主要财务报表之一。

二、利润表的作用

利润表的作用主要表现在以下几个方面：

（1）反映企业在一定期间内的经营成果。利润表可以反映企业在一定期间内的经营成果，或者说它可以反映企业这段时间是赚钱还是赔钱，企业可以从中得到一个结果，以便评价自身的经营成果与效率水平，从而衡量自身在经营管理上的成功程度。

（2）有助于评价企业的获利能力。评价一个企业是否具有持久的盈利能力，主要看主营业务利润或营业利润。如果一个企业主营业务利润多，或营业利润多，则企业具有盈利能力；如果企业的营业外收入很多，可以认为企业能够创造利润，但不能判断企业是否具有盈利能力。根据利润表提供的经营成果数据，比较企业在不同时期以及与同一行业的不同企业在相同时期的有关指标，分析与企业利润相关的情况，可以评估、预测企业的获利能力，从而做出相关决定。

(3) 可以帮助判断企业的价值。对一个企业的价值进行衡量时，企业的获利能力通常是评价其价值的一个重要因素。比如某企业是一个上市企业，该企业本身的价值与其获利能力是有联系的，所以可以借助于获利能力来评价企业的价值。

(4) 预测企业未来盈利变化的趋势。从横向看，利润表可以反映现金的来源与金额，企业的利息，有多少钱需要偿还以及企业的利润，通过这些数字，可以预测企业未来盈利能力。从纵向来看，通过分析企业各项收入、成本、费用与利润的变动关系，可预测企业今后的发展趋势和获利能力。

三、利润表的格式及编制方法

（一）利润表的格式

利润表的格式主要有单步式利润表和多步式利润表表两种。

1. 单步式利润表。单步式利润表是将当期所有的收入列在一起，将所有的费用列在一起，两者相减得出当期净损益。该报告格式直观、简单，避免了项目分类上的困难，但其提供的信息量较少，不利于报表使用者分析企业经营业绩的主要来源和构成，不利于比较不同单位之间的利润构成，也不利于预测企业未来的盈利能力。

2. 多步式利润表。多步式利润表是通过对收入、费用按性质加以归类，按利润形成的主要环节列示一些中间性利润指标，分步计算当期净损益。该报告格式虽然计算较为复杂，但提供的信息量丰富，它把不同项目予以归类，可以揭示不同性质的收入与费用之间的配比关系，不仅可以反映企业最终的经营成果，而且还能反映不同业务的盈亏水平，可以反映企业经营成果的不同来源和形成过程，便于报表使用者分析企业净利润增减变动原因，评价净利润质量及其风险，有助于预测企业未来的盈利能力。

我国房地产企业的利润表采用多步式，其格式如表 10－4 所示。多步式利润表分为四个层次：第一层次计算营业利润，第二层次计算利润总额，第三层次计算净利润，第四层次计算综合收益总额。

（二）利润表的编制方法

利润表中的“本期金额”栏反映各项目的本期实际发生数，在编报中期财务会计报告时，填列上年同期累计实际发生数，在编报年度财务会计报告时，填列上年全年累计实际发生数，并将“本期金额”栏改成“上期金额”栏。如果上年度利润表的项目名称和内容与本年度利润表不相一致，应对上年度报表项目的名称和数字按本年度的规定进行调整，并按调整后的数字填入报表的“上期金额”栏。

(1) “营业收入”项目，反映企业经营主要业务和其他业务所确认的收入总额。本项目应根据“主营业务收入”和“其他业务收入”账户的贷方发生额扣除借方发生额后的净额计算填列。

“营业成本”项目，反映企业经营主要业务和其他业务发生的实际成本总额。本项目应根据“主营业务成本”和“其他业务成本”科目的借方发生额扣除贷方发生额后的净额计算填列。

（2）“营业税金及附加”项目，反映企业经营业务应负担的消费税、城市维护建设税、资源税、土地增值税和教育费附加等。

（3）“销售费用”项目，反映企业在销售商品过程中发生的包装费、广告费等费用和为销售本企业商品而专设的销售机构的职工薪酬、业务费等经营费用。“管理费用”项目，反映企业为组织和管理生产经营发生的管理费用。“财务费用”项目，反映企业筹集生产经营所需资金等而发生的筹资费用。

企业发生勘探费用的，应在“管理费用”和“财务费用”项目之间，增设“勘探费用”项目反映。

（4）“资产减值损失”项目，反映企业各项资产发生的减值损失。

（5）“公允价值变动净收益”项目，反映企业按照相关准则规定应当计入当期损益的资产或负债公允价值变动净收益，如交易性金融资产当期公允价值的变动额。如为净损失，以“—”号填列。

（6）“投资净收益”项目，反映企业以各种方式对外投资所取得的收益。如为净损失，以“—”号填列。企业持有的交易性金融资产处置和出售时，处置收益部分应当自“公允价值变动损益”项目转出，列入本项目。

（7）“营业外收入”“营业外支出”项目，反映企业发生的与其经营活动无直接关系的各项收入和支出。其中，处置非流动资产净损失，应当单独列示。

（8）“利润总额”项目，反映企业实现的利润总额。如为亏损总额，以“—”号填列。

（9）“所得税费用”项目，反映企业根据所得税准则确认的应从当期利润总额中扣除的所得税费用。

（10）“净利润”项目，反映企业实现的净利润。如为亏损，以“—”号填列。

普通股或潜在普通股已公开交易的企业，以及正处于公开发行普通股或潜在普通股过程中的企业，还应当在利润表中列示每股收益信息，包括基本每股收益和稀释每股收益两项指标。

【例 10－2】 顺达房地产开发企业 2×21 年 6 月损益类科目“本年累计数”的金额，如表 10－3 所示。

表 10－3 **损益类科目本年累计数** 单位：万元

科目名称	借方发生额	贷方发生额
主营业务收入		6 500
其他业务收入		240
主营业务成本	2 280	
其他业务成本	160	
税金及附加	220	
管理费用	560	

续表

科目名称	借方发生额	贷方发生额
销售费用	280	
财务费用	50	
公允价值变动损益		
资产减值损失		
投资收益	60	
所得税费用		
营业外收入		
营业外支出	30	
所得税费用	805	

根据上述资料编制该企业 2×21 年度的利润表，如表 10－4 所示。

表 10－4　　利润表

编制单位：顺达房地产公司　　2×21 年 8 月　　单位：万元

项目	本期金额	上期金额
一、营业收入	6 740	
减：营业成本	2 440	
税金及附加	220	
销售费用	280	
管理费用	560	
财务费用	50	
资产减值损失		
加：公允价值变动收益（损失以“—”号填列）		
投资收益（损失以“—”号填列）	60	
其中：对联营企业和合营企业的投资收益		
二、营业利润（亏损以“—”号填列）	3 250	
加：营业外收入		
减：营业外支出	30	
三、利润总额（亏损总额以“—”号填列）	3 220	
减：所得税费用	805	
四、净利润（净亏损以“—”号填列）	2 415	
五、每股收益：		
（一）基本每股收益		
（二）稀释每股收益		

第四节　房地产企业的现金流量表

一、现金流量表的概念

现金流量表是以现金为基础编制的反映公司财务状况变动的报表，它反映出上市公司一定会计期间内有关现金和现金等价物的流出和流入的信息。在上市公司对外提供的三张会计报表中，现金流量表反映上市公司一定期间内现金的流入和流出，表明公司获得现金和现金等价物的能力。

根据会计准则的规定，现金是指公司库存现金以及可以随时用于支付的存款。此处的现金有别于会计上所讲的现金，不仅包括“现金”科目核算的现金，而且还包括公司“银行存款”科目核算的存入金融机构、随时可以用于支付的存款，也包括“其他货币资金”科目核算的外埠存款、银行汇票存款、银行本票存款和在途货币资金等。

现金等价物是指公司持有的期限短、流动性强、易于转换为已知金额现金、价值变动风险很小的投资。现金等价物虽然不是现金，但其支付能力与现金的差别不大，可视为现金。

现金流量是某一段时期内公司现金流入和流出的数量。如公司出售商品、提供劳务、出售固定资产、向银行借款等取得现金，形成公司的现金流入；购买原材料、接受劳务、购置固定资产、对外投资、偿还债务等而支付现金，形成公司的现金流出。现金流量信息表明公司经营状况是否良好、资金是否紧缺、公司偿付能力大小等，从而为投资者、债权人、公司管理者提供非常有用的信息。同时还应注意，公司现金形式的转换不会产生现金的流入和流出，如：公司从银行提取现金，是公司现金存放形式的转换，并未改变现金流量；同样，现金与现金等价物之间的转换也不改变现金流量，如公司将一个月前购买的有价证券变现，收回现金，并不增加和减少现金流量。

现金流量表以现金的流入和流出反映公司在一定期间内的经营活动、投资活动和筹资活动的动态情况，反映公司现金流入和流出的全貌。

二、现金流量表的作用

现金流量表的主要作用有：

（1）现金流量表能够说明企业一定期间内现金流入和流出的原因。现金流量表将现金流量划分为经营活动、投资活动和筹资活动所产生的现金流量，并按照流入现金和流出现金项目分别反映。

（2）现金流量表能够说明企业的偿债能力和支付股利的能力。现金流量表完全以现金的收支为基础，消除了会计核算中由于会计估计等所产生的获利能力和支付能力。通过现金流量表能够了解企业现金流入的构成，分析企业偿债和支付股利的能力，增强投资者的投资信心和债权人收回债权的信心；通过现金流量表，投资者和债权人可了解企业获取现金的能力和现金偿付的能力，从而使有限的社会资源流向最能产生效益的地方。

（3）现金流量表可以用来分析企业未来获取现金的能力。现金流量表反映企业一定期间内的现金流入和流出的整体情况，说明企业现金从哪里来，又运用到哪里去。现金流量表中的经营活动产生的现金流量，代表企业运用其经济资源创造现金流量的能力；投资活动产生的现金流量，代表企业运用资金产生现金流量的能力；筹资活动产生的现金流量，代表企业筹资获得现金流量的能力。通过现金流量表及其他财务信息，可以分析企业未来获取或支付现金的能力。

（4）现金流量表可以用来分析企业投资和理财活动对经营成果和财务状况的影响。现金流量表提供一定时期现金流入和流出的动态财务信息，表明企业在报告期内由经营活动、投资和筹资活动获得多少现金，企业获得的这些现金是如何运用的，能够说明资产、负债、净资产变动的原因，对资产负债表和利润表起到补充说明的作用。现金流量表是连接资产负债表和利润表的桥梁。

（5）现金流量表能够提供不涉及现金的投资和筹资活动的信息。现金流量表除了反映企业与现金有关的投资和筹资活动外，还通过补充资料（附注）方式提供不涉及现金的投资和筹资活动方面的信息，使会计报表使用者或阅读者能够全面了解和分析企业的投资和筹资活动。

三、现金流量表的内容及格式

（一）现金流量表的内容

现金流量表应当分为经营活动、投资活动和筹资活动列报现金流量，每类活动又分为各具体项目。现金流量应当分为按照现金流入和现金流出总额列报。

1. 经营活动现金流量。经营活动，是指小企业投资活动和筹资活动以外的所有交易和事项。经营活动产生的现金流量应当单独列示反映下列信息的项目：

（1）销售产成品、商品、提供劳务收到的现金；

（2）购买原材料、商品、接受劳务支付的现金；

（3）支付的职工薪酬；

（4）支付的税费。

2. 投资活动现金流量。投资活动，是指小企业固定资产、无形资产的购建和短期投资、长期债券投资、长期股权投资及其处置活动。投资活动产生的现金流量应当单独列示反映下列信息的项目：

（1）收回短期投资、长期债券投资和长期股权投资收到的现金；

（2）取得投资收益收到的现金；

（3）处置固定资产和无形资产收回的现金净额；

（4）短期投资、长期债券投资和长期股权投资支付的现金；

（5）购建固定资产和无形资产支付的现金。

3. 筹资活动现金流量。筹资活动，是指导致小企业资本及债务规模和构成发生变化的活动。筹资活动产生的现金流量应当单独列示反映下列信息的项目：

（1）取得借款收到的现金；

（2）吸收投资者投资收到的现金；

（3）偿还借款本息支付的现金；

（4）分配利润支付的现金。

（二）现金流量表的格式

我国房地产企业的现金流量表包括正表和补充资料两部分。其一般格式如表 10－5、表 10－6 所示。

表 10－5　　**现金流量表**

编制单位：　　2×21 年×月　　单位：元

项　目	本期金额	上期金额
一、经营活动产生的现金流量：		
销售商品、提供劳务收到的现金		
收到的税费返还		
收到其他与经营活动有关的现金		
经营活动现金流入小计		
购买商品、接受劳务支付的现金		
支付给职工以及为职工支付的现金		
支付的各项税费		
支付其他与经营活动有关的现金		
经营活动现金流出小计		
经营活动产生的现金流量净额		
二、投资活动产生的现金流量：		
收回投资收到的现金		
取得投资收益收到的现金		
处置固定资产、无形资产和其他长期资产收回的现金净额		
处置子公司及其他营业单位收到的现金净额		
收到其他与投资活动有关的现金		
投资活动现金流入小计		
购建固定资产、无形资产和其他长期资产支付的现金		
投资支付的现金		
取得子公司及其他营业单位支付的现金净额		
支付其他与投资活动有关的现金		
投资活动现金流出小计		
投资活动产生的现金流量净额		
三、筹资活动产生的现金流量：		
吸收投资收到的现金		
取得借款收到的现金		
收到其他与筹资活动有关的现金		
筹资活动现金流入小计		
偿还债务支付的现金		
分配股利、利润或偿付利息支付的现金		

续表

项　目	本期金额	上期金额
支付其他与筹资活动有关的现金		
筹资活动现金流出小计		
筹资活动产生的现金流量净额		
四、汇率变动对现金及现金等价物的影响		
五、现金及现金等价物净增加额		
加：期初现金及现金等价物余额		
六、期末现金及现金等价物余额		

表 10－6　现金流量表补充资料

补充资料	本期金额	上期金额
1. 将净利润调节为经营活动现金流量：		
净利润		
加：计提的资产减值准备		
固定资产折旧		
无形资产摊销		
长期待摊费用摊销		
待摊费用减少（减：增加）		
预提费用增加（减：减少）		
处置固定资产、无形资产和其他长期资产的损失（减：收益）		
固定资产报废损失		
财务费用		
投资损失（减：收益）		
递延税款贷项（减：借项）		
存货的减少（减：增加）		
经营性应收项目的减少（减：增加）		
经营性应付项目的增加（减：减少）		
其他		
经营活动产生的现金流量净额		
2. 不涉及现金收支的投资和筹资活动：		
债务转为资本		
一年内到期的可转换公司债券		
融资租入固定资产		
3. 现金及现金等价物净增加情况：		
现金的期末余额		
减：现金的期初余额		
加：现金等价物的期末余额		

续表

补充资料	本期金额	上期金额
减：现金等价物的期初余额		
现金及现金等价物净增加额		

第五节 房地产企业的所有者权益变动表

一、所有者权益变动表的概念及作用

所有者权益变动表是反映公司本期（年度或中期）内至截至期末所有者权益变动情况的报表。其中，所有者权益变动表应当全面反映一定时期所有者权益变动的情况。

所有者权益变动表能全面反映一定时期所有者权益变动的情况，不仅包括所有者权益总量的增减变动，还包括所有者权益增减变动的重要结构性信息，特别是要反映直接计入所有者权益的利得和损失，让报表使用者准确理解所有者权益增减变动的根源。

2007 年以前，公司所有者权益变动情况是以资产负债表附表形式予以体现的。新准则颁布后，要求上市公司于 2007 年正式对外呈报所有者权益变动表，所有者权益变动表将成为与资产负债表、利润表和现金流量表并列披露的第四张财务报表。

二、所有者权益变动表的格式及编制方法

所有者权益变动表以矩阵的形式列示：一方面，列示导致所有者权益变动的交易或事项，即所有者权益变动的来源，对一定时期所有者权益的变动情况进行全面反映；另一方面，按照所有者权益各组成部分（即实收资本、资本公积、盈余公积、未分配利润和库存股）列示交易或事项对所有者权益各部分的影响。所有者权益变动表的格式，如表 10－7 所示。

表 10－7 **所有者权益变动表**

编制单位： 年度 单位：元

项 目	实收资本（或股本）	资本公积	减：库存股	盈余公积	未分配利润	所有者权益合计	实收资本（或股本）	资本公积	减：库存股	盈余公积	未分配利润	所有者权益合计
一、上年年末余额												
加：会计政策变更												
前期差错更正												
二、本年年初余额												
三、本年增减变动金额（减少以“—”号填列）												

续表

项 目	实收资本（或股本）	资本公积	减：库存股	盈余公积	未分配利润	所有者权益合计	实收资本（或股本）	资本公积	减：库存股	盈余公积	未分配利润	所有者权益合计
（一）净利润												
（二）直接计入所有者权益的利得和损失												
1. 可供出售金融资产公允价值变动净额												
2. 权益法下被投资单位其他所者权益变动的影响												
3. 与计入所有者权益项目相关的所得税影响												
4. 其他												
上述（一）和（二）小计												
（三）所有者投入和减少资本												
1. 所有者投入资本												
2. 股份支付计入所有者权益的金额												
3. 其他												
（四）利润分配												
1. 提取盈余公积												
2. 对所有者（或股东）的分配												
3. 其他												
（五）所有者权益内部结转												
1. 资本公积转增资本（或股本）												
2. 盈余公积转增资本（或股本）												
3. 盈余公积弥补亏损												
4. 其他												
四、本年年末余额												

1. 所有者权益变动表各项目的列报方法。

（1）“上年年末余额”项目，反映企业上年资产负债表中实收资本（或股本）、资本公积、盈余公积、未分配利润的年末余额。

(2)“会计政策变更”和“前期差错更正”项目，分别反映企业采用追溯调整法处理的会计政策变更的累积影响金额和采用追溯重述法处理的会计差错更正的累积影响金额。为了体现会计政策变更和前期差错更正的影响，企业应当在上期期末所有者权益余额的基础上进行调整得出本期期初所有者权益，根据“盈余公积”“利润分配”“以前年度损益调整”等科目的发生额分析填列。

(3)“本年增减变动额”项目分别反映如下内容：

①“净利润”项目，反映企业当年实现的净利润（或净亏损）金额，并对应列在“未分配利润”栏。

②“其他综合收益”项目，反映企业当年根据企业会计准则规定未在损益中确认的各项利得和损失扣除所得税影响后的净额，并对应列在“资本公积”栏。

③“净利润”和“其他综合收益”小计项目，反映企业当年实现的净利润（或净亏损）金额和当年计入其他综合收益金额的合计额。

④“所有者投入和减少资本”项目，反映企业当年所有者投入的资本和减少的资本。其中：“所有者投入资本”项目，反映企业接受投资者投入形成的实收资本（或股本）和资本溢价或股本溢价，并对应列在”实收资本”和“资本公积”栏。“股份支付计入所有者权益的金额”项目，反映企业处于等待期中的权益结算的股份支付当年计入资本公积的金额，并对应列在“资本公积”栏。

⑤“利润分配”下各项目，反映当年对所有者（或股东）分配的利润（或股利）金额和按照规定提取的盈余公积金额，并对应列在“未分配利润”和“盈余公积”栏。其中：“提取盈余公积”项目，反映企业按照规定提取的盈余公积。

“对所有者（或股东）的分配”项目，反映对所有者（或股东）分配的利润（或股利）金额。

⑥“所有者权益内部结转”下各项目，反映不影响当年所有者权益总额的所有者权益各组成部分之间当年的增减变动，包括资本公积转增资本（或股本）、盈余公积转增资本（或股本）、盈余公积弥补亏损等项金额。为了全面反映所有者权益各组成部分的增减变动情况，所有者权益内部结转也是所有者权益变动表的重要组成部分，主要指不影响所有者权益总额、所有者权益的各组成部分当期的增减变动。其中：“资本公积转增资本（或股本）”项目，反映企业以资本公积转增资本或股本的金额。“盈余公积转增资本（或股本）”项目，反映企业以盈余公积转增资本或股本的金额。“盈余公积弥补亏损”项目，反映企业以盈余公积弥补亏损的金额。

(4)“本年年末余额”项目，反映企业当年资产负债表中实收资本（或股本）、资本公积、盈余公积、未分配利润的年末余额。

2. 上年金额栏的列报方法。所有者权益变动表“上年金额”栏内各项数字，应根据上年度所有者权益变动表“本年金额”栏内所列数字填列。如果上年度所有者权益变动表规定的各个项目的名称和内容同本年度不相一致，应对上年度所有者权益变动表各项目的名称和数字按本年度的规定进行调整，填入所有者权益变动表“上年金额”栏内。

3. 本年金额栏的列报方法

所有者权益变动表“本年金额”栏内各项数字一般应根据“实收资本（或股本）”“资本公积”“盈余公积”“利润分配”“库存股”“以前年度损益调整”等科目的发生额分析

填列。

企业的净利润及其分配情况作为所有者权益变动的组成部分，不需要单独设置润分配表列示。

第六节　房地产企业的报表附注

一、会计报表附注的概念及作用

之所以要编制会计报表附注，首先，是因为它拓展了企业财务信息的内容，打破了三张主要报表内容必须符合会计要素的定义，又必须同时满足相关性和可靠性的限制。其次，它突破了揭示项目必须用货币加以计量的局限性。再次，它充分满足了企业财务报告是为其使用者提供有助于经济决策的信息的要求，增进了会计信息的可理解性。最后，它还能提高会计信息的可比性。比如，通过揭示会计政策的变更原因及事后的影响，可以使不同行业或同一行业不同企业的会计信息的差异更具可比性，从而便于进行对比分析。

会计报表附注是为了便于会计报表使用者更好地理解会计报表的内容，而对会计报表的编制基础、编制依据、编制原则和编制方法及其主要项目等所作的进一步解释和说明。

由于会计报表本身的局限性，使会计报表所提供的信息受到一定的限制。会计信息使用者希望能够了解更多的企业信息，既要有定量的信息，又要有定性（非定量）的信息，以便进行投资、经营决策。定量的会计信息大都可以通过会计报表及其附表提供，但还有许多非定量的会计信息是会计报表无法提供的，会计报表附注便产生了。编制和提供会计报表附注的主要作用是便于会计报表使用者全面、正确地理解会计报表。

二、会计报表附注的内容

它是为了便于会计报表使用者理解会计报表的内容而对会计报表的编制基础、编制依据、编制原则和方法及主要项目等所做的解释。

一般地讲，会计报表附注至少应当包括下列内容：

1. 不符合会计核算前提的说明。

2. 重要会计政策和会计估计的说明。

3. 重要会计政策和会计估计变更的说明，以及重大会计差错更正的说明，主要包括以下事项：

（1）会计政策变更的内容和理由；

（2）会计政策变更的影响数；

（3）累积影响数不能合理确定的理由；

（4）会计估计变更的内容和理由；

（5）会计估计变更的影响数；

（6）会计估计变更的影响数不能合理确定的理由；

（7）重大会计差错的内容；

（8）重大会计差错的更正金额。

4. 或有事项的说明。

（1）或有负债的类型及其影响，包括：

①已贴现商业承兑汇票形成的或有负债；

②未决诉讼、仲裁形成的或有负债；

③为其他单位提供债务担保形成的或有负债；

④其他或有负债（不包括极小可能导致经济利益流出企业的或有负债）；

⑤或有负债预计产生的财务影响（如无法预计，应说明理由）；

⑥或有负债获得补偿的可能性。

（2）如果或有资产很可能会给企业带来经济利益时，则应说明其形成的原因及其产生的财务影响。

5. 资产负债表日后事项的说明。应说明股票和债券的发行、对一个企业的巨额投资、自然灾害导致的资产损失以及外汇汇率发生较大变动等非调整事项的内容，估计对财务状况、经营成果的影响；如无法作出估计，应说明其原因。

6. 关联方关系及其交易的说明。

（1）在存在控制关系的情况下，关联方如为企业时，不论他们之间有无交易，都应说明如下事项：

①企业经济性质或类型、名称、法定代表人、注册地、注册资本及其变化；

②企业的主营业务；

③所持股份或权益及其变化。

（2）在企业与关联方发生交易的情况下，企业应说明关联方关系的性质、交易类型及其交易要素，这些要素一般包括：

①交易的金额或相应比例；

②未结算项目的金额或相应比例；

③定价政策（包括没有金额或只有象征性金额的交易）。

（3）关联方交易应分别关联方以及交易类型予以说明，类型相同的关联方交易，在不影响会计报表使用者正确理解的情况下可以合并说明。

（4）对于关联方交易价格的确定如果高于或低于一般交易价格的，应说明其价格的公允性。

7. 重要资产转让及其出售的说明。

8. 企业合并、分立的说明。

9. 会计报表重要项目的说明。企业应当以文字和数字描述相结合，尽可能以列表形式披露报表重要项目的构成或当期增减变动情况，并且报表重要项目的明细金额合计，应当与报表项目金额相衔接。在披露顺序上，一般应当按照资产负债表、利润表、现金流量表、所有者权益变动表的顺序及其项目列示的顺序。例如，资产负债表中重要项目的说明，应按照交易性金融资产、应收款项、存货、可供出售金融资产、持有至到期投资、长期股权投资、投资性房地产、固定资产、无形资产、交易性金融负债、应付职工薪酬、应交税费、短期借款和长期借款、应付债券、长期应付款等项目的顺序进行披露说明；利润表中重要项目的说明，应按照营业收入、公允价值变动收益、投资收益、资产减值损失、营业外收支、所得税费用、每股收益等项目的顺序进行披露说明。

10. 其他需要说明的重要事项。

本章小结

财务报告是指企业对外提供的对企业财务状况、经营成果和现金流量的结构性表述。企业的财务报告由会计报表和附注组成。

资产负债表是指反映企业在某一特定日期的财务状况的会计报表。以“资产 = 负债 + 所有者权益”这一会计恒等式为编制依据。

利润表是反映企业在一定会计期间经营成果的报表。属于动态报表。主要是根据“收入 - 费用 = 利润”这一等式编制而成。

现金流量表是以现金为基础编制的反映公司财务状况变动的报表，它反映出上市公司一定会计期间内有关现金和现金等价物的流出和流入的信息。

所有者权益变动表是反映公司本期（年度或中期）内至截至期末所有者权益变动情况的报表。能全面反映一定时期所有者权益变动的情况。

会计报表附注是为了便于会计报表使用者更好地理解会计报表的内容，而对会计报表的编制基础、编制依据、编制原则和编制方法及其主要项目等所作的进一步解释和说明。

一、本章关键词

财务报表（financial statements）

资产负债表（balance sheet）

利润表（income statement and profit appropriation）

现金流量表（cash flow statement）

所有者权益变动表（statement of changes in equity）

财务报表附注（foot - notes to financial statements）

二、思考题

1. 房地产企业的财务报告都有哪些内容？
2. 资产负债表的作用是什么？格式是怎样的？如何编制？
3. 利润表的作用是什么？格式是怎样的？如何编制？
4. 现金流量表的作用是什么？格式是怎样的？如何编制？
5. 所有者权益表的作用是什么？格式是怎样的？如何编制？
6. 附注的作用是什么？包含的内容都有哪些？

三、基础训练测试

（一）单项选择题

1. 财务报告是反映会计主体财务状况、经营成果和财务状况变动情况的书面文件，由（　　）组成。

A. 资产负债表、利润表、财务状况变动表及有关附表

B. 资产负债表、利润表、现金流量表

C. 会计报表、报表附注及有关附表
D. 对外报送的会计报表、会计报表附注和财务情况说明书
2. 利润表是反映企业在一定期间内（　　）的报表。
A. 财务状况和盈利能力　　B. 经营成果及其分配情况
C. 营业利润、利润总额、利润分配　　D. 营业收入、营业利润、利润分配
3. 多步式利润表是通过多步计算求出当期损益，通常把利润计算分解为（　　）。
A. 主营业务利润、营业利润、利润总额和净利润
B. 毛利、营业利润和应税利润额
C. 营业收入、营业利润和可分配利润
D. 毛利、营业利润和利润总额
4. 资产负债表的项目，按（　　）的类别，采用左右相平衡对照的结构。
A. 资产、负债和所有者权益
B. 收入、费用和利润
C. 资产、负债、所有者权益、收入、费用、利润
D. 资金来源、资金运用
5. 会计报表中有关报表项目的金额，其直接来源是（　　）。
A. 原始凭证　　B. 日记账
C. 记账凭证　　D. 账簿记录

（二）多项选择题

1. 财务报告的使用者有（　　）。
A. 投资者　　B. 债权人
C. 上级主管部门和国家经济管理机关　　D. 企业内部管理人
2. 会计报表的编制必须做到（　　）。
A. 数字真实　　B. 计算准确
C. 内容完整　　D. 编报及时
3. 会计报表附注是为帮助理解会计报表的内容而对报表的有关项目等所作的解释其主要内容包括（　　）。
A. 所采用的主要会计处理方法
B. 会计处理方法的变更情况、变更原因以及对财务状况和经营成果的影响
C. 非经常性项目的说明
D. 会计报表中有关项目的明细资料以及其他有助于理解和分析报表需要说明的事项
4. 会计报表按其反映的经济内容分类，分为反映（　　）的报表。
A. 财务状况　　B. 经营成果
C. 财务状况变动情况　　D. 内部经营管理
5. 资产负债表中的“存货”项目应根据“（　　）”科目的期末余额合计数填列。
A. 物资采购　　B. 原材料
C. 生产成本　　D. 库存商品
6. 根据明细分类账户余额直接填列的项目有（　　）。
A. 应收账款　　B. 待处理流动资产净损失

C. 预付账款　　D. 待处理固定资产净损失

7. 年内资产负债表中的“未分配利润”项目填制的依据是（　　）。

A. 实收资本　　B. 本年利润

C. 应付利润　　D. 利润分配

8. 下列项目中，影响营业利润的有（　　）。

A. 主营业务收入　　B. 管理费用

C. 营业外收入　　D. 税金及附加

（三）判断题

1. 财务情况说明书是财务报告的有机组成部分。（　　）

2. 资产负债表是反映企业在某一特定期间财务状况的报表。（　　）

3. 资产负债表的格式有单步式和多步式。（　　）

4. 利润表是反映企业在某一日期经营成果及其分配情况的报表。（　　）

5. 会计报表对重要的经济业务应当单独反映。（　　）

6. 资产负债表是动态报表。（　　）

7. 会计报表中各项目的资料来源于总分类账户的本期发生额和期末余额。（　　）

8. 资产负债表中的“存货”项目应根据“原材料”“库存商品”科目的期末余额合计数填列。（　　）

9. 在任何情况下，“预收账款”项目都是根据“应收账款”“预收账款”科目的明细账计算填列。（　　）

10. 不论何种格式的利润表都是按照收入减费用计算利润的。（　　）

（四）业务题

某房地产企业2×21年5月的科目余额表及损益类科目“本年累计数”的金额，如表10－8、表10－9所示。

表10－8　　科目余额表

2×21年5月31日　　单位：万元

科目名称	借方余额	科目名称	贷方余额
库存现金	80	短期借款	900
银行存款	650	应付票据	85
其他货币资金	60	应付账款	300
应收票据	450	预收账款	800
应收账款	600	应付职工薪酬	480
坏账准备	30	应交税费	620
预付款项	180	长期借款	1 500
原材料	700	实收资本	8 000
开发产品	900	资本公积	450
交易性金融资产	20	盈余公积	600
固定资产	8 000	未分配利润	150

续表

科目名称	借方余额	科目名称	贷方余额
累计折旧	200		
固定资产减值准备	15		
在建工程	1 500		
工程物资	840		
无形资产	150		
合计	13 885	合计	13 885

表 10－9　　**损益类科目本年累计数**　　单位：万元

科目名称	借方发生额	贷方发生额
主营业务收入		3 800
其他业务收入		260
主营业务成本	2 240	
其他业务成本	170	
税金及附加	203	
管理费用	600	
销售费用	350	
财务费用	25	
公允价值变动损益		
资产减值损失		
投资收益		36
营业外收入		
营业外支出	18	
所得税费用	122.5	

要求：根据表 10－8、表 10－9 的资料，编制该企业 2×21 年 5 月 31 日的资产负债表及 5 月的利润表。

参考文献

[1] 中华人民共和国财政部，《企业会计准则应用指南》[M]. 上海：立信会计出版社，2021 年版。

[2] 财政部会计司编写组，《企业会计准则汇编 2021》[M]. 北京：经济科学出版社，2021 年版。

[3] 企业会计准则编审委员会，《企业会计准则案例讲解》[M]. 上海：立信会计出版社，2021 年版。

[4] 企业会计准则编审委员会，《企业会计准则条文释义与案例讲解》[M]. 北京：人民邮电出版社，2021 年版。

[5] 王玉红主编，《房地产开发企业会计》[M]. 大连：大连出版社，2011 年版。

[6] 周龙腾主编，《房地产开发企业会计》[M]. 北京：中国宇航出版社，2010 年版。

[7] 索晓辉主编，《房地产开发企业会计核算实务》[M]. 北京：北京理工大学出版社，2016 年版。

[8] 包红霏主编，《房地产会计与财务管理》[M]. 北京：机械工业出版社，2018 年版。

[9] 樊剑英主编，《房地产开发企业税收与会计实务大全》[M]. 北京：中国市场出版社，2018 年版。

[10] 平准主编，《房地产会计真账实操全流程演练》[M]. 北京：人民邮电出版社，2018 年版。

[11] 李建军主编，《房地产开发企业营改增实务操作》[M]. 上海：立信会计出版社，2018 年版。

[12] 徐文丽主编，《房地产开发企业会计》[M]. 上海：立信会计出版社，2005 年版。

[13] 徐文丽主编，《房地产开发企业会计习题与解答》[M]. 上海：立信会计出版社，2005 年版。

[14] 刘德英，吴利红，邱红主编，《房地产开发企业会计（第 2 版）》[M]. 北京：清华大学出版社，2011 年版。

[15] 杨进军，刘桔主编，《新会计准则下房地产开发企业会计实务》[M]. 北京：电子工业出版社，2008 年版。

主编简介

弓锋伟，毕业于山西财经大学，西安财经大学商学院会计系副教授，长期以来主要从事房地产开发企业会计和高新技术企业财务管理的教学和研究工作，曾出版《陕西高新技术企业财务管理模式创新研究》等著作，在核心类期刊发表学术论文十余篇，主持完成省部级和厅局级科研项目各一项。

刘总理，山西财经大学毕业，经济学学士、硕士生导师。现任西安财经学院商学院教授，兼任陕西省国防科技与经济发展研究中心副主任。主要研究方向：企业财务管理、国防经济学。近年来主持和参与国家级、省部级、厅局级研究课题二十余项。在《西北大学学报》《工业企业管理》（中国人民大学报刊复印资料全文转载）等期刊发表学术论文三十多篇，其中在核心期刊上发表二十篇。合作完成专著《陕西关中经济区产业集群发展问题研究》《西安国防科技企业"寓军于民"人力资本投资机制研究报告》《消费拉动陕西经济措施研究报告》《中小型科技企业财务机制研究报告》。曾获陕西高校科学技术一等奖、陕西省人民政府教学法研究二等奖等奖项。